Bright star,
would I were steadfast as thou art —

BRIGHT STAR, GREEN LIGHT

我可以近乎孤独地度过一生

［英］

乔纳森·贝特
Jonathan Bate
著

孙峰
译

九州出版社
JIUZHOUPRESS

献给

逆流而上的菲利普·戴维斯

以及

济慈学者凯尔文·埃弗里斯特

并纪念米里亚姆·阿洛特

目　录

"我热爱一切事物中的美的原则"

（约翰·济慈，1820 年 2 月致芳妮·布劳恩）

"传记是最虚假的艺术。那是因为在济慈之前没有济

慈崇拜者"

（弗·斯科特·菲茨杰拉德，未注明日期笔记条目）

"我认为我死后将跻身英国诗人之列"

（约翰·济慈，1818 年 10 月 14 日信件）

"我进入英语文学史的愿望即将实现"

（弗·斯科特·菲茨杰拉德，1930 年夏信件）

"艺术家是美的事物的创造者。

呈现艺术，隐去艺术家是艺术的宗旨。

批评家能把自己对美的事物的印象，转换成另一种

形式，甚至是全新的内容。"

（奥斯卡·王尔德，《道林·格雷的画像》序言，

1890 年）

第一章
平行人生

1818 年圣诞节前不久，约翰·济慈从伦敦写信给他的弟弟乔治和弟媳乔治亚娜。他们远在四千英里[1]外的肯塔基州小镇亨德森，居住在鸟类学家约翰·詹姆斯·奥杜邦的小木屋里。陪伴他们的，有在屋顶上筑巢安家的一只野火鸡、一帮孩子，以及一只脾气古怪的宠物天鹅，名字叫"小号手"。济慈独自一人沉浸在悲痛之中，他写下了关于另一个弟弟的消息，几个月来他们一直牵挂着他："可怜的汤姆在人生最后的时光异常痛苦。"[2]肺结核夺去了他的生命。

济慈自我安慰说，他"对某种品性的不朽没有丝毫怀疑"（scarce a doubt of immortality of some nature

---

1　1 英里约为 1.61 千米。——编者注。除特别说明外，本书注释均为原书注。

2　本书中济慈书信的中文译文，如无特殊说明，均引自 2002 年东方出版社出版的《济慈书信集》，傅修延译，若干处略有改动。——译者注

of other)。"of other" 事实上是 "or other" 的笔误，但却是一个无心插柳的笔误，因为在济慈看来，不朽是与他人的联系，跟上帝和天堂没有关系。"这将是一种伟大的不朽之举，"他继续写道，"没有空间的障隔，因此精神之间的交流唯凭彼此的才智而行。"不朽者"会完全理解对方——而在这个世界上，我们只能在一定程度上互相理解"。他认为，相互理解是衡量爱和友谊的标准。即便乔治和乔治亚娜已经移居美国，他也并不觉得自己与他们离得有多么遥远，因为他能记得他们的每一个细节，他们的思想方式和情感方式，他们快乐或悲愁的样子，他们行走、站立、闲逛、坐着、说笑和打趣的模样。

为了证明与他们之间的联系，济慈决定每个周日上午十点读一段莎士比亚的作品，并且建议他们和自己在同一时间阅读。莎士比亚会让他们"像同一间屋子里的盲人一样，彼此靠得更近"。这个通过共享式同步阅读来进行的准心灵感应实验，或许已因济慈忽略了时区差异而失败了。[1] 但这并不重要。

1　即便在英国境内，在 19 世纪 40 年代采用统一的"铁路时间"之前，根据太阳位置的不同，每个城镇的时间也不同；国际时区的概念直到 19 世纪末才被引入。

无论时差是六个小时，就像济慈兄弟之间那样，还是两百年，如同济慈与莎士比亚，以及我们与济慈之间那样，阅读行为创造了一个跨越时间的共同体。济慈将过往的伟大作家描述为"古代伟人"。他说，他们"特有的语言""如同美丽的象形文字"；济慈的理想是成为这个他称为"不朽的共济会"的一员。伟大艺术的持久力是他所确信的唯一不朽的东西。

在拿破仑战争结束后的几年里，文学界由一位勋爵（拜伦）和一位后来成为男爵的绅士（沃尔特·斯科特）共执牛耳。彼时，一个名为约翰·泰勒的出版商发掘并资助了两位下层诗人：约翰·济慈，一个马夫领班之子，以及约翰·克莱尔，一个农场工人。1821年初，当从泰勒那儿得知，年仅二十五岁的济慈因肺结核逝于罗马时，克莱尔以隐喻的方式，将这位同行列入不朽的共济会成员之列。他写了一首十四行诗《纪念约翰·济慈》以纪念他，并在诗中称济慈为"真正的诗歌之子"：

　　你将永远活下去——哦，只要有生命存在，

　　灵魂在大自然的喜悦中，像你一样温暖，

用眼睛领略她迷人的魅力，

梦醉心于每一个神圣的形体，

狂热者，你的价值将在这里得到珍爱

你的名字将永远与他在一起，且被膜拜。[1]

　　这是一个美好的愿望：尽管济慈英年早逝，但只要这个星球上还有以大自然为乐的人，只要还有为美而痴迷的梦想者，他就会永远活下去。济慈的名字在读者心中挥之不去，深受爱戴，无论他们身在何处。

　　这些读者可能来自任何地方。比如，美国的中西部，在这个新世界，济慈的弟弟和弟媳开始了他们的新生活。弗·斯科特·菲茨杰拉德出生于明尼苏达州的圣保罗，正是他，让约翰·克莱尔的预言成为现实。菲茨杰拉德对迷人的魅力了如指掌，对神圣的形体异常着迷。济慈的名字一直萦绕在他的脑海里。没有哪个作家能比济慈更让他喜爱了。

1　孙峰译。本书中济慈诗歌的中文译文，如无特别说明，均引自 2022 年人民文学出版社出版的《济慈诗选》，屠岸译。——译者注

*

传记作家和评论家都注意到，济慈是菲茨杰拉德最喜爱的作家。当人们意识到这一点时，众多学术论文便如雨后春笋般涌现，探讨济慈对菲茨杰拉德作品的影响。但是，这种影响的全面程度，其在菲茨杰拉德职业生涯中的普遍性，以及他将自己视为小说界济慈的意义，仍然没有得到足够的重视。

两人的人生惊人地相似。他们都是在一场漫长而毁灭性的战争之后成为作家的。他们都生活在一个自由和实验的时代，但这两个时代却都分别因一场金融危机戛然而止：1825 年的股市恐慌和 1929 年的华尔街股市崩溃。两人都试图通过进入更有利可图的表演艺术领域来赚钱贴补收入不足的老本行——济慈是诗歌，菲茨杰拉德是小说——济慈为伦敦剧院撰写剧本，而菲茨杰拉德则为好莱坞改编电影脚本。

生命的最后几年里，济慈深陷在对芳妮·布劳恩的未竟之爱中，他为她写下了最著名的十四行诗

《明亮的星》[1]。而菲茨杰拉德的写作则深陷在对吉尼芙拉·金的未竟之爱中，后者是《了不起的盖茨比》中黛西·费伊的原型。在文学品味上，两人都不断地回到过去：济慈回到中世纪的浪漫主义，回到他喜爱的英国诗歌（弥尔顿、莎士比亚）；菲茨杰拉德则是回到济慈。

莎士比亚激发了济慈的想象力，但后者试图模仿莎士比亚的无韵诗体戏剧时，却以失败告终。他将莎士比亚的精神注入另一种形式中，即抒情诗，尤其是颂诗时，则大获成功。济慈也激发了菲茨杰拉德的想象力，但后者试图模仿济慈的抒情诗时也失败了。而当他将济慈的精神注入另一种形式，即抒情小说——《了不起的盖茨比》时，他同样获得了成功。

他们两个人都罹患肺结核。菲茨杰拉德还因慢性酒精中毒而备受折磨。假如济慈活得更久些，他可能会对酗酒的乐趣持一种不那么乐观的看法，而不似他在一封后来众所周知的信件中写的那样：

1　即《"亮星！但愿我像你一样坚持"》一诗，本文简称《明亮的星》。——编者注

现在我喜欢红酒了，只要有机会我就喝它——唯有在品尝美味这件事上我才能找到所有的感觉。给你们送去一些葡萄藤不是好点儿吗——是不是？那边可以种植葡萄吗？我要去咨询一番——如果你们能酿出酒来，夏夜里在葡萄藤架下啜饮葡萄酒岂不妙哉！这真的是件美事——落口之后嘴巴里一股清爽之气油然而生，然后凉丝丝地不带火性地往下行，你不会觉得它在找你肝脏的麻烦。

几个月后，济慈在一首诗中写道："来一大杯吧，盛满了南方的温热……我要痛饮呵，再悄悄离开这世界。"菲茨杰拉德的小说《夜色温柔》，书名就源自这首诗。

总之，济慈是浪漫主义诗人的典范；菲茨杰拉德是浪漫主义小说家的典范。

*

"平行人生"这一概念由来已久。两千年前的卢修斯·梅斯特里斯·普鲁塔丘斯——普鲁塔克——在其著作《希腊罗马名人传》中奠定了传记艺术的许多基础，莎士比亚曾读过该书的英译本。普鲁塔克认为，传记是历史最有趣的一部分，因为它提供了极其丰富的叙述和人物："传记故事适合于任何地方，适用于所有人，服务于所有时代，教导生者，使死者复活，远远超过其他书籍。"他的技巧是将希腊和罗马的人物并列在一起比较——例如，军事家亚历山大大帝和尤利乌斯·恺撒，政治演说家德摩斯梯尼和西塞罗。他讲述他们的人生故事，尤其强调能揭示他们性格的轶事和事件，然后指出了两者之间的"平行"之处。

本书是描述两个既相似又不同的天才人物的一次再尝试：一个是 19 世纪早期的英国诗人；另一个是 20 世纪初的美国小说家。济慈与斯科特·菲茨杰拉德的人生都很短暂，但关于他们的许多传记却很长。我无意重复关于两人事无巨细的"从摇篮到坟墓"的故事，它们皆出自敬仰二人的传记作家之手，我试图以普鲁塔克的方式来复活他们：平行的方式以及精挑细选的一系列轶事、时刻和场景，因为在我看来，这可以直击两人生活的本质，揭示他们艺术创作的源泉。本书的主题，是关于济慈那些成熟诗歌的孕育以及菲茨杰拉德小说的创作。若读者想通过济慈的书信来全面了解他，或是对菲茨杰拉德的每一篇短篇小说和醉酒后的出格行为感兴趣，那他们只能另寻他处了。

在假定读者事先对这两位作家并无多少了解的前提下——也许除了《了不起的盖茨比》或济慈的一些颂诗——本书试图向喜爱济慈的读者介绍弗·斯科特·菲茨杰拉德的短暂一生，向喜爱菲茨杰拉德的读者介绍约翰·济慈的短暂一生，同时，本书还介绍了两位作家致力于用文字唤起和创造美的共同努力。换句话说，这是一本从菲茨杰拉德的角度来解读济慈的书，也是一本用济慈的方式来解读菲茨杰拉德的书。

第二章
"绿色幸福"

　　从一本六百页的传记中，斯科特·菲茨杰拉德了解到了约翰·济慈的生平，书的封面为深绿色，正面用烫金字体印着"约翰·济慈——西德尼·科尔文"。1917年，斯克里布纳出版公司在纽约出版了这本书，以纪念济慈第一部诗集出版一百周年。该书全名为《约翰·济慈：生平和诗歌、友人、批评者及成名之后》。作者是英国文化领域中的一位杰出人物。他曾任剑桥大学斯莱德艺术教授，在著名小说家罗伯特·路易斯·史蒂文森英年早逝之前，两人是密友。后来他还成为大英博物馆绘画部管理员。

　　在序言中，科尔文解释说，他的这本书，是全面而系统地描述济慈生平和诗歌的首次尝试。三十年前，他为一个名为"英国文学家"的通俗传记系列写了一本关于这位诗人的小册子，但如今，由于年事已高，无法服兵役，于是他在 1914 年至 1917 年的"惊心动魄的岁月"中"找到了慰藉和追求"。通过全面检视已出版和未出版的资料，科尔文深入研究并撰写了第一部全面的济慈传记。结合济慈朋友的回忆、各种评论和新闻报道，特别是诗人的那些充分揭示自我的信件，科尔文能够以文学传记作家所罕见的翔实与权威，再现传主的日常生活和内心世界。自科尔文之后，优秀的济慈传记层出不穷，它们在心理学、文学批评和历史背景方面都有着丰富的见解，但令人遗憾的是，这些传记中并未出现更多的关于济慈的新材料。济慈可以做我们的向导，就像他曾是菲茨杰拉德的向导一样。

*

托马斯·济慈，或济慈这个姓氏，来自西部。他的家族属于德文郡或康沃尔郡，这两个郡位于英格兰遥远的西南部，濒临大西洋。就像一个世纪后美国西部的人涌向东部纽约寻找财富那样，托马斯也去了东部伦敦。作为乡下人，他对马匹了如指掌。到二十岁时，他已成为一家兼营马车出租的客栈的马夫领班，这家客栈名叫"天鹅与圆环"，从那儿可以俯瞰伦敦城东端的摩尔菲尔德。1794年10月，托马斯娶了雇主约翰·詹宁斯的女儿弗朗西丝，彼时十九岁的她正当青春，充满活力。

一年后，他们的第一个儿子约翰·济慈出生。他就像是在马厩里诞生并成长的现代耶稣，这一想法也在未来激发了这位谦卑天才的浪漫主义才情，但事实上，他的确切出生地已很难考证（关于他是出生在1795年10月29日还是31日，记录也各不相同）。在他三岁时，一家人从客栈楼上的房间搬到了离喧闹的城市道路不远的一所房子里。那时，小约翰已经有了一个名叫乔治的弟弟。一年后，另一个男孩托马斯也诞生了，过了三年，他们又搬回了"天鹅与圆环"客栈。此时，詹宁斯已决定退休，由托马斯·济慈接任经理一职。从此，人们可以从"济慈马厩"买到马匹了。第二年夏天，即1803年6月，弗朗西丝·济慈生下了她唯一的女儿范妮。

科尔文记录了约翰·济慈年幼时的两件轶事。据济慈一家在城市道路边居住时的一位邻居老太太说，当济慈第一次学会说话时，"他没有认真回答大人的问题，而是一边重复别人讲话中的最后一个词，一边咯咯地大笑"。据说济慈非常爱自己的母亲。有一次，母亲生病了，医生嘱咐她要好好休息，小济慈就拿着一把古旧的宝剑守在门口，不让任何人进去打扰她。艺术家本杰明·罗伯特·海登在济慈的人生中扮演了重要的角色，他擅长添枝加叶，从而为这则轶事增添了浓墨重彩的一笔：

> 还是个婴孩的时候，他就脾气暴躁，难以管教。五岁左右时，有一次他拿起一把出鞘的宝剑，关上门执拗地不让任何人出去。他的母亲试图出去，但在他粗暴的威胁下，竟吓得哭泣起来，不得不收起脚步等待，直到有人从窗户外看到她的困境赶来救援，才脱身。

济慈在未来的某天会写道："任何有价值的人生都是个连续不断的象征性故事——很少有人能看到自己生活中的神秘之处——生活就像《圣经》的经文一样象喻丰富。"他接着说，真正的诗人，如莎士比亚，都过着寓言般的生活，他们的作品就是对人生寓言的一种诠释。同样地，文学传记作家可以通过传主的作品推断出他们的性格，并在生活中发现寓言化的事件。因此，济慈是天生的押韵诗人，具有与生俱来的幽默感和丰沛的情感。

1804 年 4 月，济慈八岁时，父亲在深夜骑马回家的途中被绊了一下，跌落下来，头重重地撞在了地上。凌晨一点钟他才被一个守夜人发现，天刚亮就死了。两个月后，弗朗西丝·济慈再婚，新丈夫继任"天鹅与圆环"客栈经理。第二年春天，她的父亲老詹宁斯先生也撒手人寰，给家人留下了一笔数目不菲的遗产。但遗嘱的内容并不十分明晰，弗朗西丝觉得自己被排除在继承者之外，于是向大法官法庭提起诉讼。官司虽以失败告终，但却延缓了济慈兄妹继承遗产的可能性。就在法院做出判决之时，她的第二次婚姻也宣告破裂，有一段时间她从家里消失了，可能是在外买醉不归。

约翰、乔治、汤姆和范妮当时实际上成了孤儿。他们不得不相依为命。从此，弟弟妹妹成为济慈生命中最重要的人。他们不得不搬到埃德蒙顿，和老詹宁斯的遗孀——他们的外祖母住在一起，这是伦敦以北几英里处的一个村庄，靠近一个叫恩菲尔德的村子，约翰和乔治曾在那里上过一所规模不大但很好的学校。

克拉克的学校在"异议"传统中提供了与众不同的教育模式。在过去为培养绅士开设的"公立"寄宿学校里，课程设置几乎完全局限于希腊和拉丁经典。与此不同，校长约翰·克拉克为学生提供了更为丰富的课程：拉丁语仍然是日常学习的主要部分，但也有法语翻译、英国历史、数学、科学（力学、光学，甚至天文学）、植物学和园艺——学校甚至划出许多小地块供学生种植和照料植物。这是一种实用性教育，是在为中产阶级下层的男孩未来从事贸易工作做准备，但同时也传达了这样一个信息，即他们应该为来之不易的英国自由传统、思想和宗教自由，以及混合政体感到自豪。那些在17世纪中叶为反对君主专制主义而斗争并写作的人被视为英雄，其中最著名的就是诗人和小册子作家约翰·弥尔顿。约翰·克拉克是一位和蔼可亲、开明大方的教育者，他在某种程度上扮演了济慈兄弟的父亲角色。

通过三位亲历者的描述，科尔文重现了约翰·济慈孩提时代的学生形象。弟弟乔治这样描述心地善良却脾气暴躁的哥哥："我们时而友爱，时而争吵，时而打斗。"济慈的同窗爱德华·霍姆斯也对这位未来诗人的暴躁脾气做了详细描述。霍姆斯后来成为著名的音乐评论家，并撰写了第一部翔实而深入的莫扎特英文传记。他回忆说，济慈童年时并不喜爱读书："他的嗜好是打架。他可以和任何人打上一架——不论是早上、中午还是晚上，连他的弟弟也不例外。这对他来说是一件乐事。"霍姆斯说，他最终通过和济慈打架，才赢得了他的友谊。他"在各个方面都是激情的化身"：

在所有与对抗有关的运动中，他都表现得很出色……这种暴力和激烈——好斗而开朗的性格，无论表现以激动的眼泪或骇人的大笑，都近乎歇斯底里——将有助于勾勒济慈少年时代的形象。这些特质展现了非凡的人格和丰富的情感，令男孩们无比着迷，没有人比他更受欢迎了。

读到这儿，同样好斗、漂亮和受欢迎的斯科特·菲茨杰拉德简直就是在观看一幅自己的画像——只不过，他是费了一番力气才培养出使自己在同龄人中受欢迎的人格。他们都有一种装腔作势的特质。

在科尔文提到的第三个亲历者、校长之子查尔斯·考登·克拉克的回忆中，济慈性格的戏剧性一面得到了很好的展现。查尔斯年长济慈八岁，对济慈极为喜爱和宽容，仿佛他是一个被惯坏了的弟弟。济慈的模仿天赋，加上"猎犬般的勇气"，使他在男孩中很受欢迎：

> 那位出色的演员埃德蒙·基恩——顺便说一句，他是济慈的偶像——的特征之一就是与济慈长得很相像；这两个人在脸庞和身材方面并没有太大的不同。有一次，一位助理教员（初级教师）因为弟弟汤姆的一些无礼行为，打了他一个耳光，约翰冲上前去，摆出一副不会善罢甘休的姿势，据说与那个老师厮打了起来——对方可是比他高出一大截的。

当济慈发脾气的时候，比他高大强壮的弟弟乔治有时不得不抱紧他以使其安静下来。"然而，这些只不过是些零星之火；因为他对弟弟们有着浓浓的温情，这一点在他们最艰难的时刻也得到了证明。"

查尔斯·考登·克拉克很喜欢济慈，因为他"对卑鄙的动机毫无意识，宽容开朗，慷慨大方"。他在《作家回忆录》中继续说，直到学习生涯行将结束时，济慈才变成一个热爱阅读的人。他觉得，是自己让这个小男孩领略到了诗歌的乐趣，尤其是通过埃德蒙·斯宾塞的《仙后》，这是一部伊丽莎白时代的充满魔幻意象和骑士冒险的仙境史诗。克拉克还记得济慈向自己归还借阅的那本斯宾塞诗集时的情形，他站起身来，魁梧而威严，挑出斯宾塞的一个典型的复合形容词说道："多么了不起的模样——拱起大海波浪的鲸鱼！"

济慈的第一首诗是《仿斯宾塞》。它写的不是一条拱起大海波浪的鲸鱼，而是一只有着"黑玉般眼睛 (jetty eyes)"的天鹅，在独自迤逦而行，"背上斜倚着一个妖媚的仙女（fay）"。文字往往会像天鹅一样飘进作家的潜意识。在《了不起的盖茨比》中，费伊（Fay）会妖媚地斜倚着身子，用渴望的眼神望着码头 (jetty) 那边。

*

1809 年夏天，济慈的母亲再次出现，并来到埃德蒙顿与家人住在一起，但第二年春天，她就死于某种身体"衰竭"——几乎可以肯定是肺结核。约翰是她最疼爱的儿子；据说，他为她做饭，喂她吃药，整晚为她读小说；在母亲去世后，他悲伤不已，甚至躲到了校长书桌底下的角落里。弗朗西丝的去世导致济慈一家的财务状况进一步恶化，外祖母詹宁斯不得不物色新的遗嘱执行人来处理遗产，并让其担任济慈兄妹的法定监护人。承担这一角色的是一位名叫理查德·阿比的茶商，同外祖母一样来自北方的乡间。他让约翰退学，并将其送到埃德蒙顿的一位药剂师那里当学徒，这个药剂师在济慈母亲临终前一直照顾着她。

人们对济慈的学徒岁月知之甚少，只知道他常和师傅吵架；据查尔斯·考登·克拉克说，在这段时间，济慈培养出了对诗歌和自然的新热情。科尔文的传记将这些有限的资料与其自由的想象力结合在一起，描绘出了一幅生动的济慈少年时代的画面：夜晚，他漫步于乡间，这里有"蜿蜒的榆树荫道、茂密的树篱和起伏的牧场，公园和游乐场令人心旷神怡"，他的心灵沉浸在融入大自然的喜悦中，与"他在希腊神话中所读到的那些美丽的画面"融合在一起，他所处的乡村环境的魅力"由于月光的魔力而增强为一种奇怪的超自然的刺激"。科尔文观察到，只有在青春期，人们才能不知不觉地沉浸在这样的快乐中，"没有哪个年轻人像济慈那样沉醉其中"。济慈诗歌中丰富的自然意象，以及那些他从时常翻阅的约翰·伦普里尔的《神话大系》中收集到的神话典故，都源自这段年少时期的乡村生活。当时，伦敦郊区正在缓慢扩张，乡村已经开始逐渐消失。济慈曾就读的克拉克学校停办后，校舍就被改建为火车站。现如今，恩菲尔德和埃德蒙顿之间已经看不见任何草地和灌木丛了。

*

在生命的最后阶段，斯科特·菲茨杰拉德试图引导自己最后一位情人希拉·格雷厄姆完成他所谓的"一人大学"：这是一门雄心勃勃的课程，集文学、历史和哲学作品的阅读于一体。在他为她准备的济慈作品阅读清单上，有一首简短的抒情诗，以"十二月凄凉的寒夜里"开头。它将自然和人类进行了对比。树是"快乐的"（幸运的），因为在十二月，风在枝干上"呼啸逞强"时，它从来不牵记春天的"绿色幸福"。溪涧是"快活的、快活的"，因为当它冻结的时候，它不记得曾在"太阳神阿波罗夏日的容颜"下汩汩流淌。但对我们来说就不一样了。我们不得不带着悲伤回顾我们自己的"绿色幸福"，即失去的青春欢乐：

> 啊，但愿少男少女们
> 都跟你们的遭际相似！
> 但是他们之中有谁人
> 对欢乐消逝不心痛神驰？
> 世事无常，人们都感知，
> 这种创伤，却无法医治，
> 麻木也不能使变化停止——
> 这些从未表露在诗内。[1]

1　济慈《"啊，十二月凄凉的寒夜里"》片段。——译者注

"世事无常，人们都感知"（The feel of not to feel it）是令人惊叹的一行诗句，尽管济慈的朋友理查德·伍德豪斯认为这句诗给人以不舒服的感觉。伍德豪斯是一位受过伊顿公学教育的律师，文学修养颇高，整理并保存了许多济慈诗歌的手稿：他不喜欢"feel"被当作名词使用，认为"feeling"才是正确形式。当这首诗在济慈去世后出版时，伍德豪斯把这一句改成了平淡无奇的"To know the change and feel it"，这样做显然破坏了这首诗的原创性。当一个人处于痛苦的状态时，对过往幸福的回忆会增加其痛苦，这是一个古老的诗歌主题。但济慈却独辟蹊径：用诗歌来麻痹悲伤，从而创造出一种不为世事无常而遗憾的感觉。菲茨杰拉德的悲剧在于，酒精越来越多地取代写作，成为他麻痹感官的方式，使自己感知不到失去了年轻时的"绿色幸福"。

*

约翰·济慈没有留下关于他童年的记录，也很少直接提及自己的早年生活，弗朗西斯·斯科特·基·菲茨杰拉德却小心翼翼地保存着自己的早期记忆。欧内斯特·海明威记得，1925 年的一天，斯科特和泽尔达邀请他和妻子去他们位于蒂尔西特街的那所又暗又闷的巴黎公寓共进午餐。房间里似乎没有什么东西是属于菲茨杰拉德夫妇的，除了几本斯科特的书，封面用浅蓝色皮革装订，书名是金色的。斯科特还颇为自豪地向客人展示了自己的另一本书，那是他的总账本：一本十三又四分之三英寸[1]高的"标准空白簿"，于他写作生涯刚开始时，购自明尼苏达州圣保罗的文具制造商布朗-布洛吉特与斯佩里公司。他把空白簿的每一页分成几栏，就像账本那样，一丝不苟地记录下所有小说的出版细节和收入情况，以及改编电影剧本的收入。令海明威感到不解的是，这些记录"就像航海日志一样事无巨细"，"斯科特把总账本展示给我们夫妇看，那样子好似博物馆的馆长"。他介绍着自己的这些收入，就好像是在一所"看不见风景"的公寓里介绍窗外风景一样。这似乎与菲茨杰拉德看似随心所欲的混乱生活大相径庭，他和海明威在里昂的一次冒险中所遭遇的种种意外就证明了这一点，当时他和

1　1 英寸为 2.54 厘米。——编者注

海明威只是为了开回一辆拆掉了顶棚的汽车。

　　海明威没有提到总账本的最后四十页。但正是在这四十页里，菲茨杰拉德表现出了对自己的收入与人生同等重视的态度。慢慢地，他以"我的人生大纲"的形式，将这本珍贵之书的后半部分填满了。对早年人生的回忆记录包括，成年菲茨杰拉德认为塑造了他身份的那些东西。第一页写着：

　　1896 年 9 月 24 日　　下午 3 点 30 分，爱德华和莫莉的儿子弗朗西斯·斯科特·基·菲茨杰拉德诞生。日子是星期天。体重是 10 磅 6 盎司[1]。地点是明尼苏达州圣保罗劳雷尔大街 481 号。

　　　　　　10 月　　他受洗了，并第一次被带出门，去了劳雷尔大街上的兰伯特街头

1　1 磅约为 0.45 千克；1 盎司为 28.35 克。——编者注

	小店。
11 月	患疝气。
1897 年 2 月	第一次会笑。
5 月	学会爬行——冒出第一颗牙，也头一次得感冒。
7 月	第一次会说话。说的是单音节词"*up*"。

这些直白的记录既揭示了事实，也掩藏了事实。其中没有提到的是，他的名字源自其父 19 世纪早期的一位远房亲戚弗朗西斯·斯科特·基。这位远亲曾是一个名不见经传的诗人，最著名的作品名为《保卫麦克亨利堡》，一首爱国主义抒情诗，灵感来自 1812 年英美战争中的一次战斗。这首诗后来被谱曲并命名为《星条旗之歌》。1916 年，在第一次世界大战激战正酣之际，伍德罗·威尔逊总统批准这首歌可以在军事和公共场合被正式使用（十五年后，国会通过一项法案，这首歌正式成为美国国歌）。可以这么说，歌词中的"晨光初现""黄昏的余晖"和"历经炮火洗礼的亮星"早早就被写进了

弗朗西斯·斯科特·基·菲茨杰拉德的基因中。

"他受洗了"，这里的未尽之意是，他受洗成了罗马天主教徒。这在圣保罗并不是一件什么难事。他受洗的天主教大教堂的存在表明，这座城市忠于传统价值观，这与邻近的明尼阿波利斯形成鲜明对比，后者是新教投机暴发户的故乡。但斯科特的天主教背景也意味着，当身处普林斯顿和纽约时，他永远无法真正融入属于特权阶级的白人盎格鲁-撒克逊新教徒圈子。他的父亲爱德华·菲茨杰拉德出生于内战前的南方邦联，具有爱尔兰血统，所以对那里一直充满怀旧之情。在这个以商业为导向的北方城市，爱德华总是显得有点格格不入，像个局外人。同时，在经济上他也是个失败者，依靠妻子继承的财产过活。妻子名叫莫莉·麦奎兰，是明尼苏达州一位杂货批发商的女儿，其父小时候即随全家自爱尔兰移民至此，后靠白手起家致富。

婚后不久，爱德华·菲茨杰拉德创办了一家名为"美国藤柳工厂"的公司。它在几年之内就破产了，也许是因为处在美国最寒冷的州之一，户外柳条家具的市场并不大。他不得不设法在宝洁公司谋到一份推销员的差事，这也解释了斯科特早年为什么会背井离乡：总账的记录显示，他两岁前，全家搬到布法罗，在冬天搬到华盛顿特区，春天又搬回布法罗，四岁时，全家搬到锡拉丘兹，六岁时又搬回布法罗。十一岁时，父亲失业了，全家又回到圣保罗。斯科特从而习惯了这种漂泊的生活。成年后，他从未真正在某个地方安顿下来过。

菲茨杰拉德以第三人称的方式，为自己绘就了一幅生动的人生图景。通过患疝气和感冒，以及两岁时"他的母亲担心他会得肺病"的例子，他暗示了自己患忧郁症的可能。对第一次学会笑的记录（可能是通过他的母亲），展现了他的幽默感，和济慈一样，幽默感是他生存的机制之一。他声称自己学会的第一个单词是"up"，这展现出一个向上爬的形象，表明他对社会地位以及那些他鄙视但又无法抗拒的富人非常迷恋。

他六岁时就开始记事了。当回忆过往时，第三人称的面具偶尔会滑落：

他开始记得许多事情，一块肮脏的空地，死猫常出现的地方，令人心惊胆战的四轮马车，那个父亲因说谎而坐牢的小女孩，和杰克·巴特勒之间的拉伯雷式[1]事件，又被这同一个男孩——一个军官之子——用球棒击打在头上，在~~我~~他的前额正中留下一道永远闪耀的伤疤，父亲给我买的一本关于美国的历史书；他成了美国革命之子。在父亲的怂恿下，他还和杂货店老板的儿子埃德加·米勒打了一场拳击。

他仿佛在为自己未来的文学主题提前撰写模板：那片躺着死猫的肮脏空地，预示着《了不起的盖茨比》中东卵和西卵之间布满灰尘的垃圾场；飞驰的四轮马车预示了他20世纪20年代小说中奔跑和碰撞的汽车；因说谎而入狱的父亲为他塑造幻想家和见不得人的骗子提供了启示；含混的拉伯雷式事件暗示了他的小说中不时出现的性恶作剧，但他很少对其进行明确的描述；打斗和拳击让我们为他的酒后斗殴做好心理准备，也让他意识到自己的渺小，并希望通过参军来证明自己是个男子汉。那位"美国革命之子"唤起了他对一战前那个旧美国

---

1 Rabelaisian，指夸张和讽刺的写作风格。拉伯雷，法国作家、《巨人传》作者。——编者注

（他在重建自己的早期人生，注意，是1919年），甚至是内战前的那个美国的忠诚。回忆完这一波事情之后，他立刻记起了自己去南方马里兰的姑姑家看望她的经历，还在他表妹塞西莉亚的婚礼上担任了"执花人"。"婚礼结束后，他开始捉弄他的两个黑人[1]朋友罗斯科和福里斯特，在一个乞丐男孩的协助下，他试图用绳子把他们捆起来"：这是他记忆中最早的恶作剧，但是这个恶作剧让他体会到了旧南方的种族紧张关系以及贫富之间的冲突。

过完九岁生日两个月后，"我他去了舞蹈学校，并爱上了南希·加德纳"。十岁时，他就在阁楼里排演戏剧，"全部取材于美国独立战争"。在这个年纪，他开始有了英雄崇拜的倾向：家里的一个朋友"带他去看篮球比赛，他狂热地崇拜一个深色头发的男孩，那个男孩打球时，眼神忧郁而又充满挑衅"。第二年，他去忏悔，用颤抖的声音对神父撒谎说："哦，不，我从不说谎。"这就为他的短篇小说《赦免》播下了种子，这篇小说对他的写作生涯起到了至关重要的作用。这时，他已经爱上了另一个女孩

---

1 他说的"黑人"可能指"黑爱尔兰人"。

姬蒂，他在一个"接吻派对"上频繁地亲吻她。大约在这个时候，他的父亲从宝洁公司失业了。一听到这个消息，他就把游泳钱还给了母亲。

回到圣保罗后，全家搬去和他的外祖母一起住。他进入圣保罗学院就读，那是一所私立学校，里面大多数学生都家境优渥。入学第一年，他因为爱炫耀且喜欢夸夸其谈，所以并不受人欢迎。"有谁能毒死斯科特或有办法让他闭上嘴不"，学校里那个"最有活力的小子"恨恨地说（斯科特不仅将这段记忆记录在总账中，还以《最有活力的小子》写了一篇短篇小说）。斯科特总是有说不完的话，因为他养成了在床上阅读到深夜的习惯。

他不幸得了阑尾炎。在篮球方面，他一直处于第三梯队，从来没有升入过第二梯队；在棒球方面，他学会了如何投球。他还写剧本和小说。与母亲同行的暑假旅行让他得以一睹五大湖畔富人的住宅模样。在寒冷的冬天，那里的人们玩雪橇、滑冰和滑雪。在十几岁的时候，他有一段时间信仰宗教。在学院的最后一年，他进入了足球队，但在一场关键的比赛中踢丢了一球。十四岁半的时候，他开始满脑子都是女孩子，组建秘密俱乐部，不遵守校规：

"舞蹈学校。玛丽。爱。三角恋……创立'丑闻侦探'俱乐部。我开始抽烟……淘气的六人组……爱之链。"那年夏天，也是他在圣保罗学院的最后一个夏天，他打网球、打棒球、不做作业、逃学。他偷糖果、驾船出游、在铁路上玩耍，还听到了一个叫吉尼芙拉·金的女孩的名字。

当年秋天，他被父母送到了一所寄宿学校就读。这所纽曼中学位于新泽西州，从纽约乘地铁过去只需四十分钟，旨在为富有的罗马天主教家庭的孩子进入耶鲁或普林斯顿大学做准备。他踌躇满志，相信自己"有个性、有魅力、有吸引力、有风度，还有支配他人的能力"。不过，入学后的第一年并不顺利。他在学业上挣扎；他不擅长运动；他英俊的外表也遭受了质疑。情况在第二年好转起来。受大都市的诱惑，他去了纽约看演出。他开始努力学习，普林斯顿是他的志向。他加入校园生涯的第二支棒球队并成为投球手。他变得善于辩论，写了更多的故事和喜剧。他获得了西戈尼·费伊神父的庇护，费伊神父是董事会一位非常有教养的成员，他参观了这所学校，并精心培养了一些长相英俊、有智力潜能的男孩。

费伊主要是通过辞藻华美的书信，向菲茨杰拉德介绍了一种新的文化涵养，拓宽了他的学识与视野，同时还使他把目光投向了欧洲。在华盛顿特区的一次拜访中，十六岁的斯科特有幸和主教共饮，并结识了来访的英国作家沙恩·莱斯利。莱斯利魅力十足，是一位准男爵的儿子，有一半爱尔兰血统，信仰天主教，毕业于伊顿公学和剑桥大学，温斯顿·丘吉尔和他是表兄弟，菲茨杰拉德后来激动地写道："他坐在托尔斯泰脚边，和鲁珀特·布鲁克[1]一起游泳，他是属于统治阶级的英国年轻人，正如康普顿·麦肯齐[2]所说，这种感觉一定和做罗马公民的感觉一模一样。"在莱斯利和费伊的影响下，菲茨杰拉德眼中的天主教堂看起来如同"耀眼的金色之物"，那些精心安排的礼拜仪式，散发出"青春期梦想的浪漫魅力"。菲茨杰拉德在他们深刻的影响下，梦想着有朝一日能成为美国历史上首位伟大的天主教小说家。

1　鲁珀特·布鲁克（1887—1915），英国"战争诗人"代表人物。——编者注
2　康普顿·麦肯齐（1883—1972），英国作家、编剧。——编者注

*

　　他勉强考进了普林斯顿大学。在那里的经历孕育出了他的第一部小说《人间天堂》，但在大二的圣诞节假期，他的感情经历发生了重大转折。总账中1915 年的第一条记录是"遇见吉尼芙拉"。这是一件他永远不会忘记的事，但在某种程度上，他还是希望把它抹去。

　　正是从玛丽·赫西那里，他第一次听说了吉尼芙拉·金的名字，在十四岁的斯科特的总账条目"玛丽。爱。三角恋"中，玛丽·赫西是主角之一。两个女孩是韦斯托弗学校的同班同学，该校是康涅狄格州一所规模较小的私立高中。吉尼芙拉容貌姣好，身材苗条，有着深色的头发，棕色的眼睛忽闪忽闪的，她是来明尼苏达州看望朋友的。当时她十六岁，斯科特十八岁。他们在位于圣保罗山顶富人区的玛丽家见面，而菲茨杰拉德一家则住在那里一所简陋的房子里。斯科特本应当晚乘火车返回东部，但他多待了一天，以便参加为吉尼芙拉举行的舞会。下午，两人并排坐在朋友汽车的后座，一起前往明尼阿波利斯；在派对上，他们几乎整个晚上都在一起跳舞。但后来他不得不去赶夜班火车。"他十一点坐车回普林斯顿了——唉！——"金在日记中写道，并补充说她已经"彻底喜欢上"他了。第二天，他通过特快专递写信给她，他们有时每天都要通信。两人以前都没有写过这么长的信。他们在信中调情（她问，在舞会分别的时候，你为什么不"吻我"），有时是开玩笑的，但更多的时候是浪漫的和情意绵绵的。

当年夏天，他们又见面了，一次在纽约，一次在森林湖，后者是芝加哥北岸的高档社区，她的家人住在这里的一栋大房子里。菲茨杰拉德在那里觉得自己就是个穷小子，浑身不自在。据吉尼芙拉统计，他们在一起总共不过十五个小时，但他确信自己遇到了一生的至爱。第二年冬天，他开始变得心烦意乱。由于健康状况不佳，成绩也很糟糕，他被迫暂停了在普林斯顿的学业。这意味着，当吉尼芙拉坐在前排，观看他和同学埃德蒙·威尔逊（昵称作"邦尼"）共同创作的滑稽剧，以及大学的戏剧三角俱乐部在芝加哥巡演时，他无法到现场。

他们有着共同的幻想，那就是在一起度过一个"完美时刻"。但事情未能如愿。第二年夏天，当再次去森林湖看她时，有人对他说："穷小子休想娶富家女。"1917年1月，也即这段罗曼史开始两年后，两人已经互通了许多情书，但接吻的次数却寥寥无几，他在自己的总账本上记录了"与吉尼芙拉最终分手"。六个月后，她销毁了他的来信，一年后，她写信告诉他她要结婚了。在收到这封信的几天前，他遇到了一位名叫泽尔达·塞尔的南方姑娘。那是在1918年7月。在当年总账的下一页他是这样写的：

> 生命中最重要的
> 一年。每种情绪和
> 我毕生的使命已决定。
> 痛苦和狂喜，
> 但却是巨大的成功。
> 9月 在7日坠入爱河

1918年9月7日标志着这段关系的开始，并将对他的余生产生深远影响。三天前，吉尼芙拉举行了婚礼。他没有出席，而是把请帖贴在了自己的剪贴簿上。查尔斯·加菲尔德·金先生和夫人曾邀请他光临他们的女儿吉尼芙拉与威廉·汉密尔顿·米切尔先生在芝加哥的婚礼，米切尔是陆军航空队的一名少尉，也是非常富有的伊利诺伊州信托储蓄银行主席约翰·J.米切尔之子。

以吉尼芙拉为原型的形象在斯科特·菲茨杰拉德的小说中反复出现。黛西·费伊很大程度上就是依据她来塑造的——菲茨杰拉德曾公开承认，黛西的密友乔丹·贝克的原型来自吉尼芙拉的密友伊迪丝·卡明斯，后者后来还成了高尔夫冠军。吉尼芙拉的不同版本出现在许多标题具有济慈风格的故事中，如《约翰·杰克逊的阿卡狄》和《飞行与追求》。在他后来创作的精彩故事《罗勒与克利奥帕特拉》中，她是被铭记的爱情对象。故事结尾，主人公跳完舞，独自走到阳台上，一场早雪纷纷扬扬落下。他仰望星空，天上的群星是他"野心、奋斗和荣耀"的象征，他注意到"一颗星星已消失不见"。

1922 年发表在《大都会》杂志上的一篇名为《冬天的梦》的短篇小说，让人重新记起了他与吉尼芙拉若有似无的浪漫故事。小说中的梦中情人，朱迪·琼斯，显而易见源自"我十八至二十岁时的初恋，她反复出现在我的小说中，永远不会被忘记"。

这篇小说也许是菲茨杰拉德对济慈在《"呵，十二月凄凉的寒夜里"》一诗中提出的疑问的回答。

第一次邂逅的地点从舞会转换到湖边的高尔夫球场。小说中，菲茨杰拉德笔下的德克斯特·格林是个球童，这表明他出身卑微；朱迪·琼斯则是个娇生惯养的富家小女孩，年仅十一岁。若干年后，德克斯特在外发了财，又回到这里故地重游。晚上，他借着星光游到湖面的一个浮码头上，躺在那里，他感受到了一种心醉神迷的归属感，"此时此刻，他觉得自己在世上真是如鱼得水，周围的一切都是那么辉煌、那么迷人，此情此景，这辈子怕不会再有第二回了"。突然，一艘快速驶来的汽艇停在浮码头旁，令他毫无防备。接下来就是，朱迪·琼斯请他替自己驾驶汽艇，她则跑到系在船尾的那个高高翘起头的冲浪板上玩滑水。朱迪现在已经出落成了一个大美人，住在湖边的一所大房子里。她邀请他去家里做客，那里常常有一群受过良好教育的年轻人围着她转，他充满磁性的声音赢得了她的关注（"你的声音像戏剧中的男主角"）。她送给德克斯特一个吻，这是菲茨杰拉德在遇见吉尼芙拉那天晚上不敢求的东西：

突然，她那双乌黑的眼睛直直地望向他，嘴角向下微弯，脸蛋像花朵一样绽开。他屏声息气，感受到了来自她的某种无形的力量；他深切地体会到财富能够禁锢和留存青春与神秘，锦衣华服可以带来清新之姿，这些都安然凌驾于激烈挣扎的穷人之上。

　　她家的门廊沐浴在财富所带来的灿烂星辰下，显得明亮辉煌；她的眼睛似乎在命令他，于是他搂住了她，时髦的柳条长靠椅发出嘎吱的声响。随后他吻上了她那美妙、可爱的双唇，下决心一定要赢得她。

　　这是德克斯特·格林的"绿色幸福"时刻。这两段是整个故事中最优美的文字，瞬间捕捉到了年轻人激情澎湃的爱情气息、大房子的富丽堂皇、叙述者作为局外人的感觉，以及"财富所带来的灿烂星辰"与柳条长靠椅的吱吱声之间微妙而不协调的并置（出自失败的柳条家具制造商儿子之笔）。考虑到写作技巧方面的因素，菲茨杰拉德在1926年重印短篇小说集《那些忧伤的年轻人》时删去了《冬天的梦》中的这一段落，这看起来似乎有些令人不解。

但他有充分的理由，因为当时他已经把这几段重新用于别处了：

> 她家的门廊沐浴在财富所带来的灿烂星辰中，显得明亮辉煌；当她转向他时，时髦的柳条长靠椅发出嘎吱的声响，随后他吻上了她那美妙、可爱的双唇。她着了凉，这使得她的声音比平常更沙哑、更动听，于是盖茨比深切地体会到富人拥有和保持的青春与神秘，体会到他们的各种华服是怎样地让人清新靓丽，体会到黛西，像镀了一层白银一样，熠熠生辉，安然自得地高居于穷苦人激烈的生存斗争之上。[1]

通过这样的段落，人们或许会明白，当菲茨杰拉德与海明威驾驶一辆拆掉顶棚的雷诺小汽车，在里昂返回巴黎的狂热之旅中时，为什么两人的状态是截然相反的了。海明威是一位散文大师。《流动的盛宴》让这次冒险之旅广为人知，在书中，他说，埃兹拉·庞德"教会了我不要信赖使用形容词，正

---

1 《了不起的盖茨比》段落。——编者注

如我后来学会了在某些情况下不信赖某些人那样"（这一观点的说服力因重复使用不确定形容词"某些"而有所减弱）。而深受济慈风格影响的菲茨杰拉德，则用形容词淹没了读者：璀璨的星光是买来的，穷人的生存斗争是激烈的，而且黛西的嘴唇是美妙和可爱的，声音是沙哑且动听的，整个人也是安然而高傲的。

在一段短暂的恋情之后，朱迪·琼斯抛弃了德克斯特·格林，并与另一个男人订了婚。之后婚姻又被解除了，当他们再次见面时，德克斯特已经和别人订了婚。朱迪说她想嫁给他。他们一起共度良宵。他为她毁掉了婚约，但随后她却反悔了，"他爱朱迪，只要没到老得爱不得的那一天，他就会一直爱下去——可是这姑娘他是无法拥有的了"。自此以后，他再也没见过她，但多年后，他从一个朋友那里得知，她已人老珠黄。

梦消散了。他身上有什么被带走了。心慌意乱中他将双眼埋进手掌，努力地回想：谢利岛上拍岸的湖水、月光下的走廊、高尔夫球场上的条纹球衫、炽热的阳光，还有她脖颈四周细软汗毛上泛着的金色；她回应他亲吻时温润的嘴唇、她满含忧郁和哀伤的双眼，还有她的风姿，就像早晨崭新的细亚麻布一样清新。唉，这些事物都已一去不复返了！它们一度存在，如今不会再有了。

但是他再也无法找回当年的感觉了。这种感觉已经消失殆尽。"他想去关心，他无处关心"：他抹去了自己的绿色幸福。他创造了济慈所说的"世事无常，人们都感知"："他即便有过什么悲痛，也都遗落在那充满幻想的世界里了，遗落在那青春的世界里了，遗落在那生活丰富多彩的世界里了，那里是他大做冬天之梦的地方。"

第三章
"黄金的邦土"

三月的一天，上午十一点刚过，一个名叫塞缪尔·赫尔的人走进一家酒吧。他走到了妻子跟前，当时她正站在吧台边喝着一杯甜酒。伴随着一道闪光和一声枪响，赫尔夫人倒在了地上，鲜血从她后脑勺的一个巨大伤口中喷涌而出。赫尔被人们当场抓住。一位名叫瓦斯菲尔德的绅士夺下他的手枪并将他扭送警察局关押起来。赫尔夫人被紧急送往盖伊医院。

当案件进入庭审时，赫尔承认是他开的枪，因为他的妻子抛弃了他，和另一个男人住在了一起。幸免于难的赫尔夫人说，她不想起诉他，因为这是她自己的行为造成的，她所遭受的一切都是她罪有应得。她的头部伤势已经完全恢复，并能够在法庭上做证，这一事实证明她在医院得到了很好的医治。给她做过手术的外科医生也被传唤做证。当时的报纸记录了他在证人席上做证时的情况：

> 济慈先生是盖伊医院的一位外科医生，他说赫尔夫人是 3 月 25 日被送进医院的。她的后脑勺被一颗手枪的子弹击中，伤势严重；子弹击穿她的耳垂，沿着枕骨方向，打到脖子里，证人从那里取出了子弹。济慈先生拿出了那颗子弹，它与从犯人身上找到的手枪相匹配。

非常巧合的是，该报紧邻的一栏刊登了另一则消息，内容是关于拜伦勋爵和夫人签署了离婚法律文书，结束了他们的婚姻，而且就在这一天，这位贵族勋爵将动身前往欧洲大陆。他再也不会回到英国了。在 1816 年 4 月 23 日的《纪事晨报》上，济慈的名字第一次出现在出版物上，而且还是与拜伦这位欧洲最著名诗人的大名并列出现的。只不过济慈的身份是外科医生，而不是诗人。但仅仅过了十二天，他就第一次发表了诗歌，是一首名为《哦，孤独》的十四行诗，在诗中，他表达了想要独自待在乡下，而不是身处"叠架的一栋／灰楼里"的愿望。作为一名外科医生，他是"济慈先生"；对于这首诗来说，署名仅仅是全名缩写"J. K."。

他在证人席上拿出手枪子弹的那一刻颇富戏剧性。但他可以理所当然地为自己感到高兴：他救了赫尔夫人的性命，尽管他并不是一个严格意义上的外科医生，而是一个"包扎助手"——而且还是一个新任命的包扎助手。

由于同师傅发生争吵，济慈提前结束了诊所学徒生涯并搬到了伦敦市中心。来此之前，他已具备配药、放血、拔牙和接骨等方面的知识。尽管没有完成五年的学徒期，但他第一次就通过了药剂师协会的考试，这一成就是许多同时代人无法企及的。他在克拉克学校接受了良好的古典文学教育，这对他助益很大：拉丁语考试对许多人来说是一个绊脚石，但他却学得很好，因为在业余时间他翻译了许多维吉尔的诗歌。这个考试的通过，使他具备了药剂师和人们常说的普通（初级保健）执业医师的资格。不过，或许是出于自己的理想，或许是出于监护人阿比先生对家庭经济状况的考虑，他选择了进入盖伊医院继续学习。在那儿，他开始学习医学课程，并观摩解剖演示。

没过多久，他又获得了一项额外任务，担任外科医生威廉·卢卡斯的包扎助手。据他当时的同学回忆，卢卡斯是

> 一个身材高大、行动笨拙的人，背部微驼，走路时常拖着脚，耳朵像木桩一样聋，脑子也不太灵光，但是脾气很好，为人随和，大家都很喜欢他。他的外科知识极其有限，手术也通常都做得马虎草率，手法笨拙，甚至比这更加糟糕。

鉴于这种情况，赫尔夫人也许是幸运的，因为取出手枪子弹的任务交给的是这位新手而不是那位有资质但水平糟糕的外科医生。外科手术中，包扎助手承担大部分任务是很平常的事。据当时的人记载，除了大手术外，只要"他接受了足够长时间的训练，手不会颤抖"，确实可以做较小的和最常规的手术。包扎助手实际上"是一名助理外科医生，因为所有的情况都靠他来处理和判断。他在手术后缝合血管、缠上绷带，在无数的旁观者面前扮演着重要的角色"。然而，令人惊讶的是，济慈自担任包扎

助手伊始，就在处理头部受伤的病人时表现得异常娴熟。

作为证人对"枕骨"的专业解释表明，他一直很重视解剖学训练，这一训练始于他的学徒时期，并在盖伊医院的学习中得到了进一步提高。"枕骨碎裂"，他在课堂笔记中潦草地写道，"很少发生"。他在解剖与外科等课上都做了笔记，包括当时最杰出的解剖学家阿斯特利·库珀的课。有时他也会在页边空白处涂鸦花朵。在他的一位同学看来，他们口中的"小济慈"（他们认为济慈"即使完全发育，身高也不超过五英尺[1]"）经常表现得心不在焉。他总是坐在靠窗的座位上，似乎沉浸在遥远的思绪中，"他的心思有时候在听课上，有时候又似乎神游于其外"。但这些都是在济慈有了诗名之后的后话了。没有任何理由可以质疑他不是个好学生。哪怕是笔记本中画着花的那一页，也显示出他对讲课内容的密切关注：当得知嘴巴张开，下颌经常会因轻微刮擦而脱臼时，他注意到了相关的解剖学特征（"下颌髁移位到颧骨弓下方；有时髁突会突出于颧骨弓的

<hr/>

1　1英尺约为 0.30 米。——编者注

前部”）和正确的复位方法（"用手帕裹住大拇指，伸入口腔按压下颌底部，其余手指握住下颌骨体向上推"）。济慈常常将医学知识注入诗歌创作中，他的诗中反复出现脉搏和心脏的跳动，皮肤的潮红和苍白，头痛、口疮和体液，发烧、口渴和呼气等医学元素。由其早期的一首长诗可知，他曾穿行于弥留之人的病房，这给他留下了难以磨灭的印象。在这首诗中，他想象自己置身于清晨清新的空气中，踮着脚尖站在一座小山上（可能在汉普斯特德西斯公园），远离医院的景象、声音和气味。他似乎渴望打开医院的窗户，让一阵治愈的微风吹拂进来：

> 微风缥缈、纯净，
>
> 潜入虚掩的窗格，慰藉
>
> 憔悴的患者，安抚其燥热的睡眠，
>
> 使他们进入深沉的梦乡。
>
> 很快，他们醒来，神清目明，不再焦渴急切，
>
> 指尖和鬓角也不再灼热难当。[1]

---

1 《我踮起了脚站在小山上》片段，译文出自 2018 年广西师范大学出版社出版的《水中的音符：济慈诗选》，罗美玲译。——译者注

同样，草药方面的知识，也让他诗歌中经常出现的植物意象更加精确。《忧郁颂》里的乌头和龙葵，《夜莺颂》里的毒芹，以及《秋颂》里的罂粟花，药剂师济慈都了如指掌：这些毒药和麻醉剂如果服用过量会致命，但如果使用得当，可以用作利尿剂、麻醉剂或镇静剂。

济慈思维敏捷，善解人意，本可以成为一名优秀的医生。然而，他告诉朋友查尔斯·考登·克拉克，他志不在行医。克拉克记得济慈曾说："有一天，在上课的时候，一束阳光照射进教室，光线里有一大群微小生物飘浮其中；于是我便和它们一起神游到奥伯龙仙王及他的仙境去了。"济慈曾对另一个朋友讲起他的最后一次手术：那是做一个颞动脉的开口术，他做得"非常精确"。但是，他说："回想当时在脑海中闪过的念头，我的灵巧简直就是一个奇迹，而我从此再也没有拿起过柳叶刀。"1817年3月，在作为卢卡斯包扎助手的任期结束后，他离开了医院。

他收到了自己刚刚出版第一卷诗集。他下决心从事诗歌创作这项前途未卜的事业。一个同为药剂师的学徒形容他是个"游手好闲，迷恋写诗的家伙"。他的朋友查尔斯·布朗说，济慈十八岁时，模仿埃德蒙·斯宾塞的风格和诗节韵律，写出了人生第一首诗。斯宾塞体（前八行为抑扬格五音步，结尾为亚历山大诗行，韵式为 ababbcbcc）从此成为他最喜欢的诗体之一。随后济慈又创作了一首十四行诗——使用了另一种他喜爱的诗体——以纪念拿破仑政权的垮台和对法战争的结束，这场战争贯穿了他的一生。

搬到伦敦后不久的一个夏日，他在沃克斯豪尔游乐花园无意中见到一位美丽的女士。她的形象自此一直萦绕在他的脑海里——柔和的肤色，明亮的双眸，还有她那"双乳，人间唯一的天堂"。他觉得，忘掉她的唯一办法，就是在碗里盛满酒，然后将某种"用来/将女人从我的脑海中驱逐出去"的药物溶解在里面。如果她能给他一个微笑，他就会从"悲伤的喜悦"中解脱出来，但事实上，她将成为他余生的"记忆光环"。如此看来，这首诗似乎是某种浪漫欲望的缩影，而这种欲望后来则成为菲茨杰拉德许多小说的特征，但在这首诗中，充溢的情感被诗歌的轻盈所缓和。这首诗采用的是四行诗节形式，包含简单的押韵对句，这种风格被称为阿那克里翁诗体，源自古希腊抒情诗人阿那克里翁，他曾写过歌颂爱情和美酒的歌曲。现在读来，济慈诗中的对句"我要深深地沉醉，一如在忘川河中的痛饮"[1]，听起来就像《夜莺颂》中某个令人难忘的意象的原始版本。从济慈所继承的文学传统来看，该诗显然是模仿了拜伦的朋友、广受欢迎的爱尔兰诗人托马斯·穆尔翻译的一首阿那克里翁的诗歌（济慈添加了关键的"Lethe"一词，意为遗忘之河）。济慈开头的"替我满斟一杯酒"，显然是模仿了穆尔的"替我倒满酒，孩子，像从前一样灌满，像从前一样畅饮"。

受益于克拉克学校的古典教育，济慈在诗歌手稿的开头引用了古罗马喜剧作家泰伦提乌斯最负盛名的戏剧《阉奴》中的一句话："多么无与伦比的美！自此刻起，我将把所有其他女人从脑海中抹去。"[2] 这为揭示这个女人的身份提供了线索，她

1　该诗首次发表于1905年，故未出现在菲茨杰拉德的1899年剑桥版济慈诗集中；不过，科尔文在其济慈传记中专门对该诗做了讨论（第259页），菲茨杰拉德曾将收入该诗的1910年牛津版济慈诗集送给希拉·格雷厄姆。本章所涉该诗译文出自本书译者。——译者注
2　手稿原件现藏于纽约摩根图书馆，该句出自泰伦提乌斯《阉奴》第2幕第3场（济慈误作第4场）。

姣好的面容深深地吸引了济慈。通过泰伦提乌斯《阉奴》中某个人物之口可知，他无意间看到一个异常美丽的奴隶女孩，于是开始费尽心机地想要得到她。那些他发誓要从脑海中抹去的女人都是"mulieres"——受人尊敬的女人、潜在的妻子。他只想占有奴隶女孩美丽的身体。最终，他奸污了她，然后不得不娶了她。与此同时，他的弟弟爱上了那个女奴同样美丽的妹妹，她是一个妓女。位于沃克斯豪尔游乐花园[1]深处的那些更隐蔽的道路，被称为"黑暗之路"，以色情幽会而臭名昭著。沃克斯豪尔是性工作者从事性交易的地方。1814年夏天，如果一个女人半裸着乳房独自走在游乐花园中，她很可能是一个妓女。济慈手稿中的题词实际上是一种默认，即他所渴求的美，很可能，正如他所说，已因他人的使用而受到了玷污。

乍看起来，人们也许不应该过度解读这首小诗。济慈似乎常常为了好玩而以阿那克里翁体匆匆写就一首。据他在盖伊医院的室友回忆，"他在我的化学课程大纲封面上，涂鸦了许多诗句"。在他回忆

1　后文"沃克斯豪尔"的简称亦指此处。——编者注

此事时，那个封面早已被撕掉，不知所踪，但仍有一个"打油押韵段落"保留了下来。它是一段略带亵渎神明意味的阿那克里翁体俏皮话：

> 给我女人、葡萄酒和鼻烟壶。
>
> 直至我喊道："停下，已足够！"
>
> 你只需供应不止，
>
> 直到世界的末日，
>
> 我对它们痴迷倾心，
>
> 宛如挚爱的圣父、圣子与圣灵。[1]

　　济慈还喜欢给认识的正经人家女孩写调情诗，比如安妮和卡罗琳·马修。她们是一位酵母商人的女儿，通过济慈善于交际的弟弟乔治认识了济慈，乔治当时在阿比先生的账房做伙计。1815年夏天，在和乔治结伴去海边游玩之后，她们送给济慈一个形状奇特的贝壳和一本手抄的托马斯·穆尔诗集。而他则写了两首诗作为回赠。次年2月，他为乔治

---

[1] 出自亨利·斯蒂芬斯致济慈朋友 G. F. 马修的信件（1847年），这是一份关于济慈在盖伊医院时期的颇有价值的回忆资料，斯蒂芬斯略去了该诗的最后两行，可能因其包含对上帝的亵渎；所略两行可参见现藏于剑桥大学三一学院的原始手稿。（此处诗歌孙峰译。——译者注）

代笔，给另一个女孩玛丽·弗罗格里写了一首情人节诗。这首诗是他描绘中世纪骑士世界的首次尝试，同时也是一次机会，让他沉浸于半透衣服下年轻女性胸部之美中。他想象着在骑士时代结束之前的过去，她会是什么样子：

> 哦！我瞥见你那泛着银色光泽
> 飘动的刺绣衣裳
> 覆盖着你一半的象牙色乳房：
> 天啊！我应有一睹之幸，
> 可是残酷的宿命
> 在那里安放了一副金色的胸衣；
> 以保守美丽的秘密。[1]

正值青春年少的男孩，被女性的美丽所吸引，但由于过于害羞和自卑，无法体验到真正的浪漫爱情，所以以这种方式来宣泄他懵懂的欲望，也是情理之中的。但是，济慈在沃克斯豪尔看见的这个女人，似乎唤起了他异常深刻的欲望。从他后来的一

---

[1] 《假如你生活在过去》，收录于济慈1817年诗集中。(此处诗歌孙峰译。——译者注)

首更为知名的诗中可知，他一直无法将她从脑海中抹去。

　　据济慈的朋友理查德·伍德豪斯说，这短暂的一瞥是济慈三年半后所写的一首十四行诗的灵感来源——尽管在诗中，时间间隔显示是整五年。这首诗在济慈死后被收入《济慈的生平、书信和文学遗存》一书，题为《给——》，脚注指出该诗的主题是关于"他在沃克斯豪尔偶遇的一位女士"：

> 自从我陷入了你的美貌的网罗，
> 被俘于你那脱去手套的裸手，
> 时间的海潮经历了五年的涨落，
> 漫长的时辰反复地渗过了沙漏。
> 可是，如今我只要仰望夜空，
> 依然会见到记忆中你的目光；
> 我只要见到玫瑰花瓣的嫣红，
> 我的灵魂就飞驰到你的颊上。
> 我只要一眼看见鲜花初绽，
> 我深情的耳朵就幻想在你的唇旁
> 等着听一声爱的言语，饱餐
> 它的甘美而沉入错觉：你已让

甜蜜的回忆冲淡了所有的喜悦，

　　你给我心中的欢乐抹上了悲切。

　　此时，济慈已全身心沉浸在莎士比亚的十四行诗中，专心阅读，并不时在自己的莎翁缩印本中画出喜爱的词句。三组四行诗节和一个对句的结构、通过潮汐的变化渲染时间的流逝、固定的抑扬格节奏、重复的句式结构（"我只要见到……就"）和诉诸自然的美（"玫瑰花瓣的嫣红"和"鲜花初绽"），都是从大师那里学来的。对女人脱去手套露出裸手的迷恋，被描绘得细致入微，仿佛就是诗人记忆中在沃克斯豪尔的那次相遇，它深深地烙印在记忆中，或者至少是，在"甜蜜的回忆"中想象出来的。女人的美丽给济慈留下了刻骨铭心的印象，所以他将午夜天空中明亮的星星，比喻成她那双与他相遇不过一瞬间的眼睛。即使他们从未交谈过，她甚至可能没有注意到他，但无论她在现实生活中是什么样的人，哪怕是一个妓女，对于济慈来说，她仍然是美的化身。这种美之所以经久不衰，是因为它只作为一种记忆而存在，是因为它从未被使用所蹂躏，也从未被时间的摧残所削弱。这是菲茨杰拉德终极理想中的吉尼芙拉，也是盖茨比终极理想中的黛西。

济慈早期的诗作与 1818 年 2 月所写的《给 ——》等十四行诗相比，就质量而言，简直有天壤之别。就在 1817 年 3 月将要离开盖伊医院之际，他等到了自己《约翰·济慈诗集》的出版，其中的许多诗都有着明显的斧凿痕迹，很难给人留下深刻印象。他受斯宾塞伊丽莎白式的典丽风格（在当时还是新鲜的，但到济慈的时代已经过时）和诗人兼政治散文家利·亨特华丽语言的影响太大了。

科尔文的济慈传记让菲茨杰拉德看到了一个生动的亨特形象："他比济慈大十一岁，其父是一位雄辩、优雅、放纵、奢侈无度的时尚传教士，出身于一个世代居于巴巴多斯的家庭，娶了一位来自费城的女士，后来移居英国，在伦敦北郊继续他的传教事业。"对济慈而言，亨特既是文学导师，也是政治导师。利·亨特和哥哥一起创办了一本名为《观察家》的自由派杂志。查尔斯·考登·克拉克回忆说，他会把父亲的《观察家》杂志借给济慈，从而奠定了"他对公民和宗教自由的热爱"的基础。克拉克总能弄到最新的一期，一旦阅读完，他就会借给如饥似渴的济慈。当济慈还在盖伊医院的时候，亨特曾因诽谤摄政王而入狱。他在监狱里继续写诗，编辑杂志，他还通过设计装饰自己的监舍来打发监禁时光："他用玫瑰花格纸装饰了他在马贩巷监狱的监舍，并把天花板点缀成夏日天空的样子，据查尔斯·兰姆称，这样房间看起来就像童话里的一样，他还预支了一些钱，把后院改造成一个栽满灌木和鲜花的花园。"1815 年 2 月他获释的那天，查尔斯·考登·克拉克去迎接他；在路上，济慈把一首新写的十四行诗塞到亨特的手里，这首诗赞美了他在狱中的阅读和写作，"他在斯宾塞的厅堂和亭院里徜徉，/ 采撷那令人迷恋的鲜花"。

亨特在汉普斯特德西斯公园边上的一个小村庄安顿下来，那里只有四栋房子和十间小屋。曾经泥泞潮湿的地方，后来被排干了水，改名为"健康谷"。亨特的周围很快聚集起了一个文学圈。1816 年秋，在考登·克拉克的陪同下，济慈第一次拜访了亨特。他们很快成为朋友，亨特成了他们的良师益友。在一个难忘的夜晚，亨特布置了一项任务，要求他们每人在规定的时间内写一首以"蝈蝈与蟋蟀"为主题的十四行诗。济慈率先完成。他的第一句诗是"大地的歌吟永远也不会终了"。"多么生机勃勃的开头！"亨特赞叹道。结尾的几行诗，得到了更高的赞美——"在冬天落寞的傍晚，眼看严霜／把一切冻入静寂……"——"妙啊！济慈，写得好啊！"

有些时候，济慈会在晚上借着月光徒步回城里，满脑袋都是酒精和谈论的诗歌。还有些时候，他会留宿在亨特家里，睡在小客厅的沙发上，客厅里摆满了书、油画、半身像和版画集，这让他有机会欣赏到了普桑的田园牧歌画《花神的王国》和提香的情色画《黛安娜与阿克泰翁》。《睡与诗》被视为济慈的第一篇诗歌宣言，在这首以押韵对句形式写成的四百行长诗中，他再现了克拉克所说的亨特家的"艺术装饰"，这首诗也是他第一部诗集中的精品。在表达献身于自己的艺术时，他借鉴了亨特的语言和普桑的意象：

啊，给我十年吧！我可以待在诗里
征服自己；我可以大有作为，
听从我灵魂对我自己的指挥。

我可以遍历各国，看国土成串

在我的眼前展开，我还将不断

品尝各地的清泉。我首先前往

花神和牧神之国：我睡在草地上，

吃的是紫色的草莓，红色的苹果，

凭我的幻想去寻找种种欢乐；

抓住仙女的玉手在隐蔽的树荫，

恳求躲避的面颊给一串甜吻，——

抚弄纤指，触摸白皙的肩膀，

使她们娇嗔地退缩，却硬硬心肠

用嘴唇蜇了我一口：终于同意，

我们将共读人生的美好故事。

　　受健康谷的启发，济慈逐步培养了自己对大自
然的敏锐感知，这不仅体现在那些苹果和草莓上，
还体现在天气和光线的效果上。他还试图把诗歌变
成一种诱惑的形式，想象着从躲避的面颊到在赤裸
的肩膀上狠蜇一口的过程。隐蔽树荫中的玉手意象，
甚至让人联想起沃克斯豪尔游乐花园的黑暗之路上，
那个未戴手套的女人的低语。与此同时，受亨特客
厅里油画和雕刻的启迪，他开始思考艺术战胜时间

和死亡的力量。在他展示给亨特的几首早期诗歌中，有一首的开头是这样的："多少诗人把光阴镀成了黄金。"现在，他决心自己也要成为这样一个吟游诗人。

济慈的首部诗集于 1817 年 3 月出版，扉页上印有埃德蒙·斯宾塞的一段诗句，以及一位戴着桂冠花环的诗人肖像，原型来自埃文河畔斯特拉特福德圣三一教堂莎士比亚坟墓附近其纪念碑上的半身像。几个月后，济慈和他在牛津的朋友本杰明·贝利去那里朝圣，并和数百名其他游客一起，在莎士比亚诞生的房屋的墙上写下了自己的名字。伊丽莎白时代的诗人，尤其是莎士比亚，永远是他诗歌创作的典范。

这本诗集开篇是一首献给利·亨特的十四行诗，诗的首句确立了济慈的风格，也预示了菲茨杰拉德的风格，"壮美和柔美都已经过去，消散"。诗集以长诗《我踮起了脚站在小山上》和《睡与诗》结尾，汇集了准伊丽莎白时代的浪漫主义、给年轻女士的抒情诗、押韵对句的书信体诗文，以及精选的十四行诗。他将女性身体物化的倾向至今仍未过时：

> 轻盈的双脚，深紫色的眼睛，散落的发丝；
> 柔软的酒窝手，白皙的脖子，乳白色的乳房，
> 这些东西都是令人眼花缭乱的感官所能依傍，
> 直到痴迷的眼睛，忘记它们的凝视。[1]

在为自己辩解时，他说，自己确实在这首十四行诗的结尾写到，真正吸引他的是这种身体的魅力与智慧的完美结合。然而，让人感到不适的是，他又声称要用美来滋润自己的味蕾，并把自己比作吞食女人话语的"鲨鱼"。

就技巧而言，这本诗集中最好的部分是十四行诗。它们散发出一种清新和渴望的气息。在济慈的诗歌中，人们仿佛听见了一百年后罗伯特·弗罗斯特的声音：

> 刺骨的寒风阵阵，在林中回旋，

1　孙峰译。济慈《"女人！当我见到你爱虚荣"》片段。——译者注

低鸣，树叶一片片枯萎，凋零；

天上的星星看上去那么冷峻，

而我呀还有多少里路程要赶。[1]

*

有一首十四行诗尤其引人注目。

考登·克拉克经常与济慈分享书籍。不过并不是所有的书都是他自己的。《泰晤士报》的一名记者，也是亨特的支持者，借给了克拉克一本精美的大型对开本英译《荷马史诗》，由伊丽莎白时代的乔治·查普曼翻译。他和济慈一起仔细研读了这本书，并将其中的段落与亚历山大·蒲柏版本中优美的奥古斯都对句进行比较。当奥德修斯为他的船员在海难中丧生而哭泣时，蒲柏说："咸咸的洪流由口鼻奔流而出，/整个人陷入悲怆的痛哭。"克拉克和济慈认为这种表达缺乏活力，而查普曼对这段文字的扩充则令他们感到惊叹。济慈读着读着，眼睛开始放光：

---

1 济慈《"刺骨的寒风阵阵，在林中回旋"》。——编者注

> 然后他踉跄而出，双膝发软，两个
>
> 有力的手臂垂于身边，沾满泡沫
>
> 他的脸上涕泗横流，号啕和喘息
>
> 使他力竭，颓然倒下并陷入昏迷。
>
> 无情的海水已经浸透了他的身心。[1]

这是一种顿悟。"整个人陷入悲怆的痛哭"（Lost in lassitude lay all the man）是拉丁式的，模糊而抽象。而"无情的海水已经浸透了他的身心"（The sea had soak'd his heart through）则是盎格鲁-撒克逊式的，直接而感性。画面与身体相协调，与眼泪和呼吸的丧失相一致。这是真实的情感之声，是悸动的诗歌。

第二天早上，考登·克拉克下楼吃早餐。他发现桌子上有一封信，里面除了一首十四行诗以外，再没有别的了：

> 我曾经旅行过许多黄金的邦土，
>
> 见到过许多州郡和王国美好；
>
> 我还曾经居住在西方的诸岛——

---

1 孙峰译。——译者注

那曾被诗人们献给阿波罗的岛屿。

我时常听人说起那广袤的疆域——

荷马的领土，在那里他蹙额思考，

但只有恰普曼发了言，慷慨高蹈，

我才吸到了那里的清气馥郁。

于是我自觉仿佛守望着苍天，

见一颗新星向我的视野流进来，

或者像壮汉柯忒斯，用一双鹰眼

凝视着太平洋，而他的全体伙伴们

都面面相觑，带着狂热的臆猜——

站在达连的山峰上，屏息凝神。[1]

　　济慈曾获得过一本由学校奖励的《天文学导
论》。其中有一章名为"新行星"，描述了威廉·赫
歇尔爵士在1781年发现了一颗当时还不为人知的
行星，他将其命名为乔治王之星（这个名字没有得
到国际认可，最终改称天王星）。"星空守望者"将
发现的这本优美诗集比喻为读者心灵苍穹中的一颗
明亮的星星。在克拉克学校时，济慈还曾读过威

1　济慈《初读查普曼译荷马史诗》。此处保留了参考屠岸译文中的译法，
"恰普曼"即"查普曼"，"柯忒斯"即"科尔特斯"。——编者注

廉·罗伯逊的《美洲史》，书中有一段令人难忘的描述：西班牙征服者瓦斯科·努涅斯·德·巴尔博亚登上了达连（今巴拿马）的一座山峰，成为第一个见到太平洋的欧洲人。他双膝跪地，感谢上帝带领他进入了一个新的天地，他可以以西班牙帝国的名义占领这个地方。"他的随从们，"罗伯逊写道，"目睹他的狂喜，冲上去加入他，一起惊叹、欢呼和感激。"济慈巧妙地定格了这些人冲上前的那一瞬间，并将他们在目瞪口呆中的"狂热的臆猜"，与他和朋友研读查普曼用伊丽莎白时代的语言诠释荷马作品时的惊奇感觉联系起来。

济慈已经有好几年没有读过他的那本美洲史了，在彻夜与克拉克研读、讨论诗歌后，他一回到家就马上拿起笔，于是这首十四行诗一挥而就，只是，他把巴尔博亚和另一位征服者埃尔南·科尔特斯（在一幅利·亨特认为是由提香创作的肖像画中，他的确魁梧健壮）弄混淆了，不过这情有可原。菲茨杰拉德当然原谅了他，他和希拉·格雷厄姆一起读这首十四行诗时，还专门从查普曼的《伊利亚特》中摘录了一段作为补充阅读："斯科特指出了济慈将科尔特斯当成巴尔博亚的错误——'站在达连的山峰上，屏息凝神。''像济慈这样伟大的人犯了错误，'他说，'那错误也是伟大的。'"

这首十四行诗很快被视为济慈第一首成熟的诗歌。亨特不遗余力地向当时公认的知识分子推介此诗，比如哲学家威廉·戈德温和批评家威廉·哈兹利特等，他们对此诗也是大加赞赏。1816 年 12 月，亨特在《观察家》杂志上发表了一篇题为《崭露头角的诗人们》的文章，目的是向公众介绍三位诗人，他说，这三位诗人组成了一个"新诗派"，将复兴自然诗歌。前两位分别是珀西·比希·雪莱和约翰·汉密尔顿·雷诺兹，雷诺兹是一位风趣但二流的诗人，后来成为济慈的密友。第三位是约翰·济慈，他是"他们中最年轻的，也是正当年龄的"。他写了一首关于查普曼译《荷马史诗》的十四行诗，尤其是后六行，"有力而安静"，这一点体现在对动词"swims"恰如其分的选择上 [1]。

在过完二十一岁生日几周后，济慈可以说已经是一位公认的诗人了 —— 尽管他与利·亨特的交往可能会给他带来致命的影响。

---

1 该诗"一颗新星向他的视野流进来"一句的原文为"When a new planet swims into his ken"。——编者注

第四章
"心头骚动"

他们两人在同一所华屋里居住，

怎能不心头骚动，思念成病；

他们坐下来进餐，只要相互

偎依在一起，怎能不感到称心；

确实，他们在同一屋顶下入睡，

怎能不梦见对方，夜夜流泪。

每天早晨，他们的柔情更浓，

每天傍晚，他们的痴情更深；

他无论在屋里，田间，园中走动，

眼睛里见到的全是她的倩影；

……

（济慈，《伊莎贝拉，或罗勒花盆》）

1918 年 7 月。亚拉巴马州热浪滚滚。蒙哥马利乡村俱乐部正在举办一场舞会。这个两层楼的会所坐落在一排橡树下。在它的旁边，有一个水塔，以及一个被松弛的铁丝网围起来网球场。布满灰尘的走廊上，鲜艳的旗帜悬挂在成对的柱子之间，在昏昏欲睡的午后，人们也会在那里搭上吊床小憩一会儿。俱乐部低矮的橡子下面，人们情绪饱满，气氛热烈。

泽尔达·塞尔的十八岁生日就在这个月，她大胆叛逆，特立独行，觉得自己可以做任何事情并能免受惩罚，因此名声在外。当时她刚从高中毕业，被选为班上"最具魅力"的女孩。她成为大家口中完美的毕业生形象。当地报纸的社会版也经常会出现她的名字，"她拥有蒙哥马利市最挺直的鼻子，最小巧玲珑的下巴和最蓝的眼睛"。她也是城里最好的舞者。第二年春天，在城市礼堂举行的一次舞会上，她穿着黄黑相间的小丑服装，象征"愚蠢"，并以微型气球为道具，表演了《愚蠢之舞》，赢得了众人热烈的掌声。在乡村俱乐部，她又在大家的邀请下表演了《时辰之舞》[1]。

1　蓬基耶利歌剧《歌女乔康达》中的片段。——编者注

在地球另一端泥泞的佛兰德斯，成千上万的年轻人丧生于一场旷日持久的战争。这场战争已经持续得太久了，以至于几乎没有人记得它是如何或为什么开始的。不过结束终于在望了。美国已经宣布参战，蒙哥马利市充斥着来自美国北部和西部的不同口音：士兵和飞行员正在接受训练，等待着奔赴欧洲的召唤。他们中的许多人已做好了战死沙场的准备。第六十七步兵团的弗·斯科特·菲茨杰拉德少尉自视为美国的鲁珀特·布鲁克，将注定成为永垂不朽的作家，因为自己的生命在达到巅峰之前将会戛然而止。

　　菲茨杰拉德口袋里揣着乡村俱乐部的会员卡，正和一群来自附近谢里登兵营的军官待在一起，过去几周他所在的部队一直驻扎在那儿。他注意到了那个正在跳舞的女孩，金色的长发伴随着舞姿自由飞舞。她的头发披散着，不像那些大一点的女孩那样束起来别上发夹。身上的褶边连衣裙俏皮活泼，散发出青春少女的气息。她整个人陶醉于舞蹈中——抑或是陶醉于从吧台里偷喝的潘趣酒所产生的眩晕中。

　　据菲茨杰拉德后来回忆，他第一次见到她时，整个人都融化了。他立刻舍弃了本应陪同的上级军官，径直走到那女孩跟前，做了自我介绍。随后，他们开始一起跳舞，她觉得他身上的味道如他二十一岁的脸一般清新。他就像一家高档布料店里的新货，浆过的衣领"流露出细纺和亚麻布的华丽与精致感"。他的军装是由纽约市的布鲁克斯兄弟公司专门定制的。

两人开始约会后，他带她再次回到乡村俱乐部，并把他们的名字刻在门柱上，以纪念曾在此邂逅。他的名字刻得比她大，因为他说，有一天他会成为知名人物，而她将仍是那个默默无名的泽尔达小姐。几周后，他在自己的总账上记下了与泽尔达一起跳舞的日期，并写道，在那些夏天和他一起跳过舞的所有漂亮南方女孩中，泽尔达是最有魅力的。9月："在7日坠入爱河。"那年冬天，他还没来得及上战场便不得不退伍了，于是从纽约给她发了电报：

　　我的爱人，雄心、热情和信念，在我看来每样都是荣耀无比的。人生就是一场游戏，只要拥有你的爱，万事皆有可能。我身处这片充满抱负与成功的土地之上，唯一的希望和信念就是能马上和你在一起。

*

成名的第一年，斯科特·菲茨杰拉德在《星期六晚邮报》的一篇专题文章中，向公众讲述了自己成名之前的故事。他以坦诚自嘲的方式，描述了自己在普林斯顿大学的本科生涯。他说，在高中时，他看了一部名为《贵格会女孩》的音乐喜剧，于是开始在笔记本上写下自己对音乐喜剧的想法。高中最后一年临近尾声时，他注意到，自己钢琴上为某场演出准备的一份乐谱，曾由普林斯顿大学三角剧社演出过。他说，正是这一点促使他决定去普林斯顿大学，在那里，他花费了整个大一时光为三角剧社写了一部轻歌剧："为了写这部剧，我的代数、三角、坐标几何和卫生课程都挂科了。"好在，三角剧社接受了他的剧本，他也在暑假期间得到了一位导师在学习上的帮助，并被允许重新参加考试，这样就能以大二学生的身份重返校园了，同时他还打算在自己的音乐剧中扮演一个合唱队女孩。但后来他的健康状况恶化，这一年剩下的时间他都没有再来过学校。"在离开之前，我唯一能记得的事情是，躺在医务室的床上，一边发着高烧，一边为三角剧社当年的戏剧撰写最后一首歌词。"

这样的叙述无疑与事实有所出入：事实上，他只是在大一的时候几何不及格，尽管有补习，在重修后还是未能及格；这就意味着大二的时候，他被禁止参加任何课外活动，但这并没有阻止他为三角剧社写作，并当选为秘书。事实上他是在大三退学的，也就是说他在1916年至1917年因重修而重读了大三。

这个时候，按照他自己的说法，他开始把精力从舞台剧转向诗歌："我意识到，诗歌是唯一值得我付出的东西，伴随着脑海里回荡的斯温伯恩的韵律和鲁珀特·布鲁克的事迹，整个春天我都在写十四行诗、民谣和回旋诗，常常写到三更半夜。"他认为"伟大的诗人无不在二十一岁之前就写出自己的伟大诗篇"，所以他只有一年的时间来写出"一本令人叹为观止的诗集"。然而，一战随之就爆发了。他在普林斯顿学生文学杂志上发表的大多数诗歌只能用"对鲁珀特·布鲁克的拙劣模仿"来形容：

我卧于自己心上。目光如手

紧握湿透的枕头。黎明之泪

流过她浸湿的胸脯，溅于夜衫

之上；泪眼蒙眬，她在草坪上撒出一片

细碎……[1]

　　至于济慈，菲茨杰拉德知道自己的能力还不足以去模仿，于是就用戏仿的方式，改写了他钟爱的《希腊古瓮颂》，作为一名学生对一部未曾打开的希腊文学作品的致敬。通过阅读赏析查普曼英译《荷马史诗》，济慈试图弥补他对希腊语了解的不足，而菲茨杰拉德在《致我未使用过的希腊语书（向济慈致谢）》中以戏谑的口吻，为自己不做功课开脱，辩称与其让学生的拙劣翻译谋杀（事实上是"强奸"）一部古代经典著作，倒不如不去读它：

　　你这宁静的未受玷污的新妇，

　　你这个未来恐惧的不祥预兆，

1　斜体部分为菲茨杰拉德所作。（此处诗歌孙峰译。——译者注）

饶舌的异邦人，你想表达什么

上帝保佑，永远不会落在我的耳朵上。

何等的韵律和道理能塑造你的形象

在无数的教学大纲里都找不到吗？

有什么剽窃和抄袭，有什么大肆作弊，

你用更清晰的音调唱出了一切。

让你在教室里遭受野蛮的强暴？

不！最好还是待在自己的位置里吧。[1]

"trots（剽窃）"和"ponies（抄袭）"都是"cribs（作弊）"的俚语表达法，也就是说，学生们在希腊语课程学习或考试时，经常会不恰当地进行直译。

事实上，他对诗歌的热爱自大一就开始培养起来了，这主要得益于一个年长的同学对他的影响，两人后来成为密友。这个同学名叫约翰·皮尔·毕肖普，也是菲茨杰拉德自传体处女作小说中托马斯·帕克·丹维里埃这个角色的原型。小说主人公艾默里·布莱恩，也即作者的化身，在入学后对普林斯顿大学感到失望，因为他觉得身边的同学"一

---

[1] 孙峰译。此诗为菲茨杰拉德模仿济慈《希腊古瓮颂》第一节而作。——译者注

部分是十足的平庸之人，一部分是完完全全的埋头苦读的人"，直到他发现丹维里埃是一个与自己志趣相合的人，能"滔滔不绝地谈论济慈"。丹维里埃向他介绍了奥斯卡·王尔德的作品和济慈的《冷酷的妖女》，让他觉得"世界变得苍白而有趣"。晚年，在就文学教育给女儿提供建议时，菲茨杰拉德承认自己从毕肖普那儿受益颇多。他认为，在无人指导的情况下，要想进入诗歌领域并非易事："一开始，你需要一些对诗歌充满热情的人在左右，而且他们对诗歌了如指掌——在普林斯顿，约翰·皮尔·毕肖普就是我的这样一位领路人。我一直尝试涉足'诗歌'，但经过几个月的时间，他让我明白了诗歌和非诗歌之间的区别。"这也让他得出结论，即一些讲授诗歌的教授其实"非常讨厌诗歌，也不知道它是关于什么的"。

菲茨杰拉德确实热爱诗歌，也确实知道诗歌是关于什么的，但他敏锐地意识到，与成绩斐然的毕肖普相比，自己的努力简直是微不足道。他在普林斯顿的另一位密友，昵称"邦尼"的埃德蒙·威尔逊，是一位异常敏锐的评论家，他在菲茨杰拉德一首名为《普林斯顿——最后一日》的诗中，发现了本以为他不具备的"深度和尊严"。威尔逊是一位富有律师之子，与菲茨杰拉德年纪相仿，但他已经顺利完成了学业并按时毕业。读了这首诗后，一贯沉着冷静、老练的威尔逊告诉他的朋友，他正在"成为一名真正的诗人"。但那是 1917 年，也是 T. S. 艾略特出版《普鲁弗洛克及其他》的一年。在芝加哥，哈丽特·门罗的《诗刊》杂志为希尔达·杜利特尔和埃兹拉·庞德等富有创新精神的作家提供了一个平台。相比之下，菲茨杰拉德却无法摆脱来自 19 世纪的英国诗人——济慈、马修·阿诺德、阿尔杰农·查尔斯·斯温伯恩——的影响。向普林斯顿大学作别一诗的开头与马修·阿诺德描写牛津大学的风格很像："最后一缕光渐渐暗淡，飘过这片土地，/ 这片低洼狭长的地方，阳光普照的塔尖之地。"在这首诗中，伴随着梦境和莲花，"黄昏的幽灵"们在弹奏着手中的七弦琴；诗的最后以炽热的余烬唤起"世界的辉煌与悲伤"这类陈词滥调结束。

在《人间天堂》中，菲茨杰拉德通过主人公之口承认了自己的这种局限性。艾默里对着灌木丛朗诵《夜莺颂》。"我永远都成不了诗人"，他在结束时说道：

我其实不是一个真正的感性主义者；只有几样明显的东西我认为具有真正的美：女人、春天的夜晚、夜间的音乐、大海；我感受不到诸如"清亮、狂放的号角"那样微妙的事物。我也许最终会成为一个智力很高的人，但注定只能写出平庸的诗。

　　清亮、狂放的号角出自《圣亚尼节前夕》，这是济慈的另一首诗，也为菲茨杰拉德所喜爱。他与毕肖普及威尔逊一道，沉浸在欧洲浪漫主义传统中，"带着狂喜去探求美"。当在普林斯顿的求学时光行将结束时，他开始意识到，自己的使命是在小说而非诗歌中创造美。

　　1917 年 5 月出版的普林斯顿大学文学杂志，刊载了菲茨杰拉德的《普林斯顿——最后一日》以及《林中宝贝》，并以后者作为开篇，这是他早期最成功的短篇小说。有别于他的那些缺乏生气且一味模仿的诗歌，这个故事新鲜且真实，因为它是发自内心的：小说基于他的真实经历，描述的是他为了参加吉尼芙拉·金的舞会而留在圣保罗的那个晚上。

这篇小说完美地捕捉到了悸动的青春欲望。菲茨杰拉德这样描述吉尼芙拉的性格："她深棕色的大眼睛闪烁着勾魂摄魄的微笑，透过她充满诱惑的身体，散发出迷人的光芒。"这种魅力感染了读者，他们期待着两人的热吻，结果却像济慈《希腊古瓮颂》中那样，恋人在拥抱前的瞬间被定格了。菲茨杰拉德没有试图模仿济慈的语言和诗体，而是将这首诗的感觉移植到了他的个人经历中，并在小说中做了清晰的描述：

今晚一切都那么美妙，尤其是小屋里的浪漫一幕，他们的手紧紧地牵在一起，两人自然而然地越靠越近。在皎洁月光和淡淡的星光下，在温暖的豪华轿车后座上，在停在树下的低矮舒适的敞篷轿车里，她未来生活的前景似乎是一连串这样的场景，没有尽头，只有身边的男孩可能会变换，而这一个是如此美好。"伊莎贝尔！"他的耳语融入了音乐中，他们似乎越靠越近。她的呼吸变得急促起来。"我能吻你吗，伊莎贝尔——伊莎贝尔？"她的朱唇微启，在黑暗中把头转向他。突然，一阵说话

80

声和奔跑的脚步声向他们涌来。肯尼斯迅速抬手打开了灯，房间的门开了，三个男孩冲了进来，其中就有那个渴望跳舞的彼得，一副气势汹汹的样子。他假装翻看着桌上的杂志。而她则一动不动地坐着，平静且自如，甚至还对进来的人报以微笑。但是她的心却怦怦乱跳，不知怎的，整个人感觉好像被剥光了一样。

快乐而痛苦的向往还在继续，因为还没有实现；也许，这就是浪漫的本质。

他知道这个故事写得很好。后来，他把它投给了《上流社会》，赚了三十美元。他用这笔钱买了一把洋红色羽毛扇子，送给了在亚拉巴马遇到的那个女孩。后来，他对这篇小说做了修改并加以润色，将作为自己化身的肯尼斯改为艾默里，写进了《人间天堂》，这部小说包含名为《伊莎贝尔》和《林中宝贝》的两个部分。他选择伊莎贝尔这个名字作为吉尼芙拉的化身，原因可能在于，他还非常喜欢济慈的另一首诗，《伊莎贝拉，或罗勒花盆》[1]，这

1　此后文中简称作《伊莎贝拉》。——编者注

是一个关于爱情和嫉妒的故事，源自薄伽丘的《十日谈》。就像斯科特和吉尼芙拉在圣保罗豪宅内的情形一样，在诗的第一节，洛伦佐和伊莎贝拉"他们两人在同一所华屋里居住，／怎能不心头骚动，思念成病"。

菲茨杰拉德讨厌浪费写过的任何东西。他承认自己不是诗人，于是将《普林斯顿——最后一日》改写成散文，并把它作为《人间天堂》的结尾。这是个聪明的伎俩。

不再等待月亮的暮光

在这幽静星与尖塔的谷深；

一个永恒的欲望之晨

时光流逝，午后尘土飞扬。

这些诗行带有明显的晚期浪漫主义诗歌风格。但改写成散文后——"在这与世隔绝的星光与尖顶的幽谷里，不再等待月亮的暮光，因为一个永恒的、充满渴望的早晨，变成了现实的、平凡的午后"——它们变成了一个具有抑扬格韵律的句子，读起来如同一个浪漫的年轻叙述者，有意识地将学生时代的记忆升华为一篇异常抒情的散文。正如菲茨杰拉德后来向女儿所说的那样，写诗的尝试有助于他完善自己的散文艺术："我认为如果人们想要写出简洁的散文，他们至少要曾尝试过写一首优美的抑扬格五音步十四行诗，并且要阅读布朗宁的戏剧短诗，等等——至少这是我个人的散文写作方法。"

*

菲茨杰拉德少尉把写作本藏在一本名为《步兵小常识》的手册后面，在数月枯燥的军事训练中，他以自传体小说《浪漫的自我主义者》为名，写了一段"融合了自身经历及想象的，加工过的历史"，以此来丰富自己的生活。他描述了主人公从少年时代到预科学校，再到普林斯顿大学的过程，一路上经历了各种各样的浪漫邂逅。在为《星期六晚邮报》的"名人录"专栏撰写文章时，他回忆了自己的写作过程：

　　每周六下午一点钟，在一周的训练结束后，我便匆匆赶往军官俱乐部，那里烟雾缭

绕、人声鼎沸，报纸被翻得哗哗作响，我躲在
角落里，花了连续三个月的周末，写出了一部
十二万字的小说。没有任何修改，因为根本没
有时间。每写完一章，我就把它寄给普林斯顿
的一位打字员。与此同时，我也活在那脏兮兮
的铅笔页世界里。演习、行军和《步兵小常
识》组成了一个朦胧的梦。我的整个身心都扑
在小说写作上。

沙恩·莱斯利把稿件寄给了著名的斯克里布
纳出版公司[1]。1918年8月，斯科特收到了一封退稿
信，不过，这封信的内容表明，情况似乎并不那么
糟糕："我们抱着极大的兴趣阅读了《浪漫的自我主
义者》；——事实上很长一段时间以来，还没有哪部
自传体小说能呈现如此多的独创性，因此对于是否
可以依据目前的情况出版这部小说，我们很难做出
决定。"斯克里布纳的编辑麦克斯韦尔·珀金斯的主
要保留意见是，这个故事没有给出一个强有力的结
论，也没有对一些关键事件予以足够的重视，"比如

---

[1]　后文亦简称作"斯克里布纳"。——编者注

和女孩们的风流韵事"。珀金斯非常欣赏这本书在形式上的非传统性——它松散的结构，以及用韵文写的部分章节——但他的商业本能提醒他，不要接受一个主人公既没找到自我，也没找到理想伴侣的故事。菲茨杰拉德对小说做了快速但无关痛痒的修改，包括将结局改得更富戏剧性，但这未能让珀金斯感到满意，在战争结束前两周，他收到了第二次退稿。

这篇刊登在《星期六晚邮报》上的回忆是菲茨杰拉德在 1919 年的生活写照。当年初春，他来到了纽约，二十二岁的他仍在为没能在战争结束前被派往欧洲战场而耿耿于怀。他想象着自己可以"白天追踪杀人犯，晚上写短篇小说"，于是把自己的名片投给了"七位本埠新闻编辑的办公室助手，希望能成为一名记者"，但均被告知，他们不需要他。于是他就成了"一个每月薪酬九十美元的广告人，在乡村有轨电车里写广告词打发无聊的时光"。整个初夏，下班后，他都在不停地写故事，"最快的是一个半小时，最慢的是三天"。

一开始，没有人购买这些广告词：他（不无夸张地）"在房间的楣板上钉了一百二十二张拒收单"。他写过电影脚本、歌词、诗歌、短剧、笑话和

"复杂的广告方案"。6月底，他实现了第一次商业销售：经过修改的《林中宝贝》发表在那年秋天的《上流社会》杂志上。到了7月4日，他开始对自己以及所有的编辑都感到"极度厌恶"，于是返回了圣保罗的家中。"我告诉家人和朋友，我已经辞职回家写小说了。他们礼貌地点了点头，转移话题，非常温和地谈论着我。但这次我清楚自己在做什么。我终于有一部小说要写了，在整整两个月的炎炎夏日里，我不停地写作、修改、编辑和总结。"

他并未在那篇文章中提及自己当时的感情生活。战争的结束并不意味着突然死亡的结束。事实甚至远非如此：当时正是西班牙流感暴发时期。在蒙哥马利受训期间，他不仅和泽尔达约会过，还和一位叫梅·施泰纳的漂亮南方女孩约会过。第二年，在他去了纽约后，她感染了严重的病毒，据泽尔达说，梅一头秀丽的头发都掉光了。于是她计划北上纽约接受治疗，并与斯科特见面。但他已经对梅失去了兴趣。后来，他心怀愧疚地在自己的第二部小说《美丽与诅咒》中加入了这个情节，这部自传体小说的主人公安东尼·帕奇抛弃了一个名叫多萝西·雷克罗夫特的女孩，当——甚至是因为——

她得了重病，而这一次要情节就是根据梅的故事改编的。

另一位西班牙流感患者的死亡对他的影响更大。新年伊始，在从谢里登兵营退伍之前，他收到一封电报，获知了敬爱的导师费伊神父死于肺炎的消息。菲茨杰拉德的总账记录了这件事，同时还记录了与他人的争吵以及自己糟糕的酗酒行为。由于得了流感，菲茨杰拉德不得不待在基地医院，这意味着他不能请假参加葬礼。悲伤加剧了他对泽尔达的思念和情绪的波动。自他去了纽约之后，两人开始近乎"疯狂"地写信和发电报。他送给她一枚母亲当年的订婚戒指。她"把它放进她的战利品盒里"，并写信给他，讲述她和其他男人调情的事，尽管她声称自己也爱他。有一次，她在佐治亚理工学院参加舞会回来时，戴着一个亚特兰大高尔夫球手的兄弟会胸针，此人曾是她的约会对象。她把胸针寄回给他时，附上了一张言辞热情的便条。但是，她却阴差阳错地（或是故意地？）把便条寄给了斯科特，而把写给斯科特的信寄给了那个高尔夫球手。斯科特告诉她不要再给自己写信了，但没过多久，他就乘火车南下，告诉泽尔达他们必须马上结婚。

他在小说《明智之举》中戏剧化地描述了这一场景：

> 他把她揽在怀里，希望通过一番亲吻，让她答应马上嫁给他。见这一招没能奏效，他又开始长篇大论地自怨自艾，直到他意识到这样做让自己在她的眼里显得很丢人时，这才停了下来。他根本没有打算离开，但却威胁说要走；而当她对他说最好还是离开的时候，他却又拒绝了。

她把戒指还给了他。

这次的拒绝促使他辞去纽约的工作，在圣保罗的宁静中度过整个夏天并完成他的小说。"自从我上次见到你之后，"他在给埃德蒙·威尔逊的信中写道，"我曾打算结婚，然后又打算把自己喝死，但最终，就像许多好男人一样，被性和回到文学中来的状态挫败了。"他半开玩笑地说，重写《浪漫的自我主义者》是对禁酒令的回应，也是对泽尔达因他糟糕的经济前景而解除非正式婚约的回应。他暗示，这部新小说将是反抗老一辈人压抑的第一声号角，也是重新赢得泽尔达的一种方式。分手后，他从蒙哥马利回到纽约，据他自己说，长达三个星期，他都处于醉酒状况。让他戒酒的唯一办法是禁酒令的出台。

在短暂的广告职业生涯中，菲茨杰拉德学会了一些销售技巧。济慈需要依赖利·亨特把他推介给公众，而菲茨杰拉德则是一个超级自我推销者。第二年，在小说获得了巨大的成功后，美国书商协会邀请他在大会上演讲，但他却拒绝了，理由是不想谈论自己，因为他在书中已经谈论过很多了。他说，对于这部小说，自己花了三分钟构思，花了三个月写作，却花了一辈子收集资料。他声称，这三分钟是在美国变"干"的那一天出现的，也就是所谓的"禁酒令"出台之时。[1]这部小说是"某种消遣的替代形式"。从他为这部小说所投入的大量时间与精力来看，这种说辞并不可信：它意在表明他可以以天才的速度写作，并进一步树立他作为蔑视长辈禁忌的年轻一代代言人的形象。这篇《作者歉言》被放进了小说的第三版。在歉言里，他套用了法国浪漫主义小说家司汤达的话，即古典主义意味着我们祖

---

1 1919年7月1日，《战时禁酒法》生效，之后美国宪法第十八修正案出台，禁止制造、运输和销售酒类。

先的文学，而浪漫主义则是当下的文学："我的所有写作理论可以用一句话来概括——作家应该为他这一代的年轻人、下一代的批评家以及未来的校长们写作。"

在向威尔逊谈论了自己新小说的第二天，菲茨杰拉德向斯克里布纳出版公司的珀金斯提供了一份关于小说结构的详细描述。1919 年 9 月初，他把书稿寄了出去。书名出自鲁珀特·布鲁克，叫作《人间天堂》。在斯科特二十三岁生日前夕，斯克里布纳接受了这部小说，他在回忆文章《早年成名》中称，这是他一生中最骄傲的时刻。

后来邮差来按响了门铃，于是那天我立刻辞掉工作，兴奋地沿着街道奔跑，拦了辆汽车去告诉亲朋好友——我的小说《人间天堂》被接受出版了。那个礼拜，邮差一遍又一遍地按门铃，我还清了缠身的几笔小债务，又买了一套西装，每天早上醒来的时候，感觉整个世界充满了难以言表的美好与希望。

第五章
"到新的世界过双重生活"

歌唱激情和欢乐的诗人，

你们在尘世留下了灵魂！

你们可也有灵魂在天国，

到新的世界过双重生活？……

这样你们居住在高天，

也就再度生活在人间；

你们留在地上的灵魂

教世人怎样去寻找你们……

你们尘世的灵魂向凡人

述说着自己短促的一生；

讲到一桩桩欢乐和悲苦，

以及一件件激情和怨怒；

倾谈自己的耻辱和荣光，

什么在鼓劲，什么在刺伤。

你们就每天教人以明智，

虽然早已经远离尘世。

（济慈关于诗歌影响的《诗人颂》，菲茨杰拉德抄录在"一人大学"的教学大纲中）

他辞掉的是在北太平洋铁路公司汽车仓库的一份工作。一位老朋友是那里的主管，斯科特的计划是在结束一整个夏天的写作后做些体力劳动。老朋友要他穿着旧衣服来报到，于是斯科特去的时候，穿上了脏兮兮的白色法兰绒马球衫和运动衣，还戴着一顶蓝色的帽子。几天后，他想换掉这身别扭的着装，于是买了几件工装连衣裤，但很快就被偷了。在多年后他所写的回忆文章中还提及了一件事，如果所言非虚的话，那就是他因为敲锤子时坐了下去而遭到了工头的训斥。

菲茨杰拉德的一贯风格是，哪怕最微小的事件也会成为他编织神话的素材。实际情况是，他在那儿没干几天就辞职了，甚至连珀金斯接受他小说的信都还没收到。把自己故意说成因为已经成为职业作家才辞的职，不过是一种自吹自擂的炫耀罢了。在他死后，这种造神的做法仍在继续。1951年，他

92

的首位传记作者曾提到那些脏兮兮的白色法兰绒衣服，但到了1994年出版的传记中，它们已经变成了"优雅的白色法兰绒衣服"，这就把他塑造成了一个时髦的爵士时代男人形象，漫不经心地游荡在手上长满老茧的劳动者的世界里。

《浪漫的自我主义者》的手稿只有几章留存了下来，但它们足以表明，其在内容和形式上都与《人间天堂》的前半部分十分接近。菲茨杰拉德的重写包括大量删减原文，同时将叙事视角从第一人称改为第三人称。这种更超然的叙述方式使菲茨杰拉德既能深入主人公的内心世界，又能对其做客观的描述；既能参与到充满活力的浪漫主义中，又能讽刺自我主义。这是他从济慈那里学来的方法，济慈致力于将自己的诗歌与他所谓的"华兹华斯式或自我主义的崇高"区分开来。生性浪漫的菲茨杰拉德说，自己所有作品的特点是"艰辛"——无论是事业上的失败、女孩的拒绝，还是青春和纯真不可避免的流逝。作为艺术家的他知道，自己独特的风格在于让读者体会某种艰辛的感觉，同时也让其意识到，这样的人物都患有彼得·潘综合征，即拒绝长大。

《浪漫的自我主义者》的主要人物是伊莎贝尔，她是《林中宝贝》中那个自信的女孩，原型来自吉尼芙拉。她在《人间天堂》第一部分中的身份没有发生变化。菲茨杰拉德告诉出版商，修改后的小说第二部分，除了其中一章，其他都是全新的。新的部分以主人公，现改名为艾默里·布莱恩，与初入社交圈的罗莎琳德之间一段热烈而短暂的恋情开始。在《浪漫的自我主义者》中也有一个罗莎琳德，但是据斯科特写给珀金斯的信称，"伊莎贝尔与《浪漫的自我主义者》中的罗莎琳德已经合二为一成新的伊莎贝尔了，而新的罗莎琳德则是一个完全不同的人物"。

　　正是后者对艾默里的拒绝使他在小说接下来的部分陷入了堕落的循环中：一场以禁酒令而告终的狂欢；邂逅了一个名叫埃莉诺·萨维奇的自杀狂女孩；在大西洋城的一家酒店的房间里，当罗莎琳德的兄弟和一名妓女在一起做肮脏勾当被抓住时，他顶包背了黑锅（改编自真实的事件，纽约阿斯特酒店的侦探曾在斯科特的卧室里发现一个裸体女孩）；然后是步行回普林斯顿，其间穿插了一系列关于社会主义优点的长篇大论。小说在最后一页总结了艾默里的心路历程，并明确指出他的精神波动是由于失去了罗莎琳德：

> 他知道，自己心中已经没有上帝；他的思想仍旧在骚动；那儿还有痛苦的记忆；有对逝去青春的遗憾——然而，幻灭之水已然在他的灵魂深处留下了沉积，那是责任感和对生活的热爱，是仍在微微悸动的旧日雄心壮志和未实现的梦想。但是——哦，罗莎琳德！罗莎琳德！……

> "这充其量不过是一个可怜的替代品。"他伤心地说。

这个"新的罗莎琳德"的灵感来自泽尔达。多年后，斯科特在一封信中写道，《人间天堂》描写的是"一段仍在流血的爱情，就像血友病患者皮肤上的伤口一样新鲜"。

出生于1896年，因花了过多时间在课外活动上而从普林斯顿大学退学，拥有远大的文学理想，经济状况糟糕，曾在纽约广告行业谋生：从所有这些方面来看，艾默里·布莱恩就是斯科特·菲茨杰拉德。在某些方面，艾默里是一个理想化的自我形象——他身高近六英尺，不过，和济慈一样，斯科特也为自己没有达到平均身高而感到自卑——但小说人物在文学品味和社会态度上与作者是一致的。他们的相似之处还体现在都喜欢列清单及对生活富于幻想。艾默里梦想着成为世界上最年轻的将军；而斯科特则实现了他的梦想，成为斯克里布纳出版公司畅销榜单上最年轻的作家（济慈是一个象征性例外，他上榜是因为他们出版了科尔文的济慈传记）。对于主人公和作者来说，"他梦见的始终是自己处在转变的过程中，而从来没有梦见过已经完成转变的状态"。

小说中的几段对话，显然是菲茨杰拉德在想象泽尔达和她母亲在谈论自己：

康奈奇太太：哦，我不会干涉的。你已经在一个想象中的天才身上浪费了两个多月，而他却身无分文，那就在他身上继续浪费你的生命吧。我不会干涉。

罗莎琳德：（仿佛在背诵讨厌的课文似的）你知道他有些许收入——你也知道他在广告公

司一礼拜能挣三十五美元——

　　康奈奇太太：这点钱根本不够你买衣服。（她停顿了一下，但罗莎琳德没有接茬。）我告诉你不要和他在一起，否则你会后悔一辈子的，我是打心里在为你的最大利益着想。

斯科特似乎真的相信，当泽尔达读到这本小说时，她会认识到他是多么爱她，一旦小说出版，她对他无法用最时尚的衣服装满她衣橱的担忧，将会被嫁给一位著名作家的美好前景所掩盖。这就是为什么在得知小说可以出版时，他首先关心的不是未来的版税，而是出版的速度。"条款什么的由你来定"，他匆匆忙忙地给珀金斯写了封信（他经常把"什么的"拼错），"但有一件事我不能让步，没有一丝犹豫"：

　　在圣诞节或2月前出版这部小说没有一点可能吗？它的出版对我有着至关重要的意义——当然也关系到一个女孩——我并非期望它能给我带来财富，而是它会对我及我身边的一切产生心理上的影响，此外还能开辟新的领域。我现在每个月都在急切地期待着小说的出版，极力与时间争夺幸福。

他迫不及待地想把一本崭新的小说塞到泽尔达手中。那双手，他想象着，不久将会属于他。

泽尔达有充分的理由从罗莎琳德身上看到自己的样子。关于女主人公，我们首先知道的是："她是那种永远不需要做丝毫努力，就能让男人爱上的女孩。"毫无疑问，泽尔达就是这样的人。只有两种类型的男人能抵抗罗莎琳德的诱惑："愚钝的男人往往害怕她的聪明，而聪明的男人往往害怕她的美貌。"泽尔达也是如此：她在某封信中曾把这些都告诉了斯科特。读者很快还发现，罗莎琳德"有一次对满屋子她母亲的朋友说，女人存在的唯一理由是，男人需要一个能搅得他们心神不宁的人"。在斯科特将这一点写入《人间天堂》前不久，泽尔达在另一封信中对他说，女人真的应该"意识到，她们的借口和解释是搅得男人们心神不宁的根本原因"。

我们不知道泽尔达对斯科特将她信中的一些话编入小说有何反应。但毫无疑问，她会被罗莎琳德身上最吸引人的特征打动："她充沛的热情，她在成长和学习上的意志力，她对无穷的浪漫事件的无尽信念，她的勇气和最基本的诚实。"然后是她的美丽，"所有对罗莎琳德的批评都结束了"：一头光彩照人的金发（"谁要是想学着把头发也弄成她那样，那无疑是帮了染发行业一个大忙"），"永远也让人亲不够的"嘴巴，"灰色的眼睛，完美无瑕的皮肤，尽管有两个几乎不可见的色斑"。

罗莎琳德身材苗条，体形健美，令人垂涎，难以言喻。她说，"每次你见到我，都得重新赢得我一次"。她的标志性动作是从高处飞身而下，用一个优雅的直体向前动作跃入水中。她的姿势像个无忧无虑的孩子："我只是个小姑娘。我喜欢阳光、漂亮的东西和快乐——但我害怕承担责任。我不想去考虑杯碟、锅碗瓢盆和扫帚拖把。我只在乎我的腿会不会在夏天游泳时变得光滑，皮肤会不会变成棕色。"她和艾默里（以及斯科特）有着同样的济慈式浪漫：认为美在于它的短暂，认为所有伟大的幸福都带有些许悲伤，因为玫瑰的香味意味着玫瑰的死亡，认为强烈的快乐会有暴烈的结局，认为"自私的人在某种程度上非常可能拥有伟大的爱情"。总之，罗莎琳德是艾默里／斯科特理想中的女人。

泽尔达不知道的是，"百年一遇"的罗莎琳德，显然是以她自己为原型的，是循环利用的商品。1917年1月，也就是第一次与泽尔达相遇的一年半前，普林斯顿大学的学生文学杂志发表了斯科特的独幕剧《初入社交圈的少女》。1919年11月，这部剧被《上流社会》杂志转载，这是他最早通过公开发表而赚得稿酬的作品之一。剧中的女主人公——美丽、机智、自私、善于操纵——就是以吉尼芙拉·金为原型的。斯科特告诉珀金斯，《人间天堂》中的"初入社交圈的少女"一章完全不是"全新"的作品，而是之前那部独幕剧的修订版。塞西莉亚这样评价罗莎琳德："她对男人的态度很恶劣。她会辱骂他们，挖苦他们，放他们鸽子，还当着他们的面打哈欠——可是那些男人反而乐此不疲地来找罪受。"这看起来似乎是在描述轻佻的泽尔达，但实际上是从《初入社交圈的少女》中逐字逐句抄袭来的。它最初是用来描述轻佻的吉尼芙拉的。

　　这并不是说斯科特在文学上犯了什么罪。所有的作家都会循环利用他们的素材。所有优秀的作家所创造的人物都是经验与想象的结合，而不是真实人物的准摄影肖像。现实中的吉尼芙拉给了斯科特创造《初入社交圈的少女》中虚构的海伦·哈尔西恩的冲动，而现实中的泽尔达则给了斯科特将海伦变成《人间天堂》中更加真实，但仍然是虚构的罗莎琳德的冲动。与此同时，罗莎琳德的塑造也受到了其他虚构人物的影响，包括奥斯卡·王尔德喜剧中那些声音清脆的女主人公，以及菲茨杰拉德所模仿的一系列他人小说中的女性角色。归根结底，和许多文学人物一样，她在莎士比亚作品中也有过先例："罗莎琳德"既是吉尼芙拉与泽尔达的综合，她同时也与《皆大欢喜》中机智独立的女主人公同名。

沙恩·莱斯利向斯克里布纳出版公司推荐了菲茨杰拉德，理由是他是美国的鲁珀特·布鲁克。菲茨杰拉德在小说中融入了他自己的一些布鲁克风格的诗歌，并引用了布鲁克的一句话来作为小说的名字，这句话作为题词恰如其分地印在小说的扉页："唉，这片人间天堂……并没有什么安逸可享。"和他的创造者斯科特一样，据说艾默里·布莱恩看起来像极了照片里英俊潇洒的鲁珀特·布鲁克。

这是那个叫埃莉诺·萨维奇的狂野女孩做的比较。在与她的交往过程中，艾默里自觉地扮演着布鲁克的角色："他说的话，他对生活、对她和对自己的态度，都是这位已故英国人文学格调的反映。"正如她的姓氏（Savage）所暗示的那样，埃莉诺这个角色代表着原始的性欲，而不是理想化的美。与书中其他女性不同的是，她的原型并不是菲茨杰拉德认识的某个人，而是他的精神导师费伊神父向他描述过的一个女人。她体现了天主教将邪恶与性联系在一起，将诱惑与女性联系在一起的倾向，最终可以追溯到《圣经》中夏娃和蛇的故事。菲茨杰拉德向她表达了自己对性的焦虑，但他是通过布鲁克之口来表达的：

> 对艾默里来说，邪恶的问题已经变成了性的问题。他渐渐开始将邪恶与布鲁克的诗歌，以及威尔斯[1]早期作品中强烈的阳具崇拜联系在一起。美与邪恶是密不可分的——美，仍然是一种不断增强的骚动；埃莉诺用柔和的嗓音，在夜晚唱响一首老歌，它穿透生命，恣意宣泄，恰似层叠的瀑布，一半是有节奏的律动，

1　指赫伯特·乔治·威尔斯（1866—1946），英国小说家，科幻小说《时间机器》作者。——编者注

一半是无边的黑暗。艾默里知道，每当他满怀渴望地想要触及这种美的时候，它总会用那张面带邪恶的怪脸向他斜睨。伟大艺术之美，一切欢乐之美，美中之最是女性之美。

诸如此类的段落揭露了一种性（和性别歧视）方面的病态，这是菲茨杰拉德最不会过时的地方之一。同样的病态也揭示，曾一度被奉为偶像的鲁珀特·布鲁克只是一个属于他那个时代和阶级的人，而不是所有时代的诗人。

与小说中的艾默里·布莱恩一样，菲茨杰拉德也有一本布鲁克的诗集。诗集的序言特别称赞了其中名为《忧郁的夜晚》的一首诗。当时还是剑桥大学本科生的布鲁克在诗中写下"四月的暮色映照河面／激起我心上的痛苦"这样的诗句。菲茨杰拉德在《普林斯顿——最后一日》中模仿了这种表达方式："忧郁的夜晚"充满了微光、梦想和"仍然令人欣喜若狂的苍白天空"。"在它对感官的轻声拥抱中，"他会在导言中读到，"在最后宁静的安乐死中，在无语之美的触摸中，它对我来说似乎是一个完整生命的真正象征。"在撰写这篇导言的评论家乔治·爱德华·伍德伯里眼中，布鲁克无疑是济慈的继承者，那个曾写过"那必将消亡的'美'；/ 还有'喜悦'，他的手总贴着嘴唇 / 说再见"的诗人。

布鲁克另一个早期版本的诗集于 1918 年首次出版，开头是由他的文学赞助人爱德华·马什撰写的一篇圣徒式鲁珀特回忆录，在这篇很长的回忆文章中，诗人被比作晚期的济慈，命中注定会在地中海的炎热中生病和早逝。马什详细地将这两位诗人做了比较。布鲁克在剑桥读大学的时候，暑假是在多塞特海岸的卢沃斯度过的。有次坐在岩石上读诗时，他的那本济慈诗集从口袋里滑了出来，被海浪卷到了海里。过了一段时间，他对自己的偶像又有了进一步的认识：

哦，在阅读了济慈诗作后，我发现了最令人惊异的事情。他最后一次去到的地方是卢沃斯。当时他乘坐的帆船因海上无风而停泊在港口外。他和塞汶［他的朋友］离船登岸，在岩石上爬了一整天——这是他最后一个相当快乐的日子。那天晚上，他回到船上，写下了生命中的最后一首诗——那首十四行诗。帆船最终把他带到了意大利，在那里，他咯着血，忍受着地狱般的痛苦折磨，因为他再也见不到芳妮 [他心爱的人] 了。

那首十四行诗就是《明亮的星》，一首同样激发了菲茨杰拉德想象力的诗。

济慈还对另一本书的诞生产生过很大的影响，该书是《人间天堂》的原型。艾默里·布莱恩的故事讲述了纯真的消逝、宗教信仰的丧失和一个女孩的离去，这与迈克尔·费恩在康普顿·麦肯齐的长篇小说《罪恶之街》中的经历颇为相似。《罪恶之街》出版于第一次世界大战前夕，面世后广受好评。[1]特别是亨利·詹姆斯，他认为它是当时最好的小说之一。这部小说以极具抒情色彩的散文形式，讲述了自传式主人公的中学与大学生活、对宗教信仰的沉浸和丧失，以及年轻时的爱情生活，尤其是与一位风尘女孩之间的情感纠葛。早在菲茨杰拉德之前，康普顿·麦肯齐就宣称："现代小说将通过诗歌实现普遍性，因为诗歌在文字的光辉中是不朽

1　这部小说分两部分在美国出版，即《青年的遭遇》（1913 年）和《罪恶之街》（1914 年）。

的。"他还特别指出，正是通过阅读济慈的诗，他学会了写散文。小说第二部分的题记摘自济慈的长诗《恩底弥翁》的序言："男孩的想象力是健康的，男人成熟的想象力也是健康的；但是，二者之间有一段生命的间隙，心灵处于骚动之中，性格尚未定型，生活方式未经确立，志向则缺乏远见。"[1]

　　与济慈的《恩底弥翁》一样，麦肯齐在《罪恶之街》和菲茨杰拉德在《人间天堂》中所探索的，都关于一个年轻人从十几岁到二十岁出头这个人生中间阶段的情感和智力成长。迈克尔·费恩是六年级学生，他在学校一遍又一遍地学习济慈的颂歌，并在《希腊古瓮颂》中发现了"济慈情感的表达"，这首诗一直萦绕在菲茨杰拉德的心头。"树下的美少年，你永远不停止歌唱，……她永远不衰老，尽管摘不到幸福，/ 你永远在爱着，她永远美丽动人！""这些诗句是迈克尔在 6 月份学习的，对他来说，它们永远寄托着他的向往。转瞬即逝的夏

1 《罪恶之街》题记。菲茨杰拉德可能对《生活时代》第 288 卷（波士顿，1916 年）中第 280—288 页的一篇文章很熟悉，该文详细论述了济慈对《罪恶之街》的影响，还引用了麦肯齐 1912 年文章《诗歌与现代小说》中一句非常菲茨杰拉德式的句子："现代小说将通过诗歌实现普遍性，因为诗歌在文字的光辉中是不朽的。"

天从未如此迅速地溜走，他也从未坐下来静观它的消逝……因此，对他来说，这个恍惚的场景将永远存在。"

埃德蒙·威尔逊从来不会让友谊影响他的批判智慧，济慈和《罪恶之街》的双重影响是导致《人间天堂》存在缺陷的原因。他认为，菲茨杰拉德赖以成名的这部小说"几乎拥有作为一部小说可能存在的所有缺点和不足"。最重要的是，这本书是"高度模仿的"："菲茨杰拉德写这本书时，痴迷于康普顿·麦肯齐不能自拔，他的写作就像是一个美国人在尝试重写《罪恶之街》。"威尔逊说，麦肯齐"从济慈那里习得了写出漂亮作品的能力"，但他"既缺乏智力，也缺乏情感想象力，无法赋予他如此丰富的素材以主体和轮廓"：

> 他从济慈的花园——英国打理得最好的花园之一——里采来种子，然后大把地播撒，结果遮蔽了自己的道路。《罪恶之街》的主人公迈克尔·费恩被淹没在一片描述的森林中；他被蔓生植物和耧斗菜压得透不过气来。自从上了牛津大学，他的性格就变得阴郁了……这

导致《人间天堂》的主人公艾默里·布莱恩的连贯性很差：菲茨杰拉德确实赋予了他某种情感生活，这是充满幻觉的迈克尔·费恩所缺乏的；但是，在变幻莫测的事件中，他同样是一个优柔寡断的人，没有主导性的意图来赋予它连贯与力量。简而言之，《人间天堂》的一个主要弱点是，它实际上什么都不是：它的知识和道德内容只不过是一种姿态——一种无限反抗的姿态。

*

在扉页的鲁珀特·布鲁克题词下面，《人间天堂》还引用了奥斯卡·王尔德的一句话："经验是人们给自己所犯错误取的名字。"王尔德是另一个对年轻时期的菲茨杰拉德产生过重要影响的人物。艾默里·布莱恩就像是道林·格雷的孩子。王尔德认为，生活模仿艺术就像——或远甚于？——艺术模仿生活。例如，印象派绘画改变了人们感知周围世界的方式：王尔德说，只有在莫奈之后，日落才变得朦胧。"如果不是因为印象派，我们又能从哪里看到那些奇妙的棕色雾气？它们在街道上蔓延，模糊了煤气灯，把房屋变成了巨大的阴影。……在过去的十年里，伦敦的气候发生了巨大的变化，这完全要归功于这个特殊的艺术流派。"

对菲茨杰拉德的王尔德式解读，将颠覆罗莎琳德是受泽尔达和吉尼芙拉启发的观点，相反，这种解读认为泽尔达和吉尼芙拉是受到了罗莎琳德的启发。也就是说，菲茨杰拉德有着梦想中的女孩——和所有的读者一样，他也是从自己的阅读和幻想中创造出这个梦想的——然后把这个梦想投射到约会的女孩身上。当他还只是一个爱做梦的大学生时，这种梦想只会让他徒增烦恼；当他成为出版作家后，一切都美梦成真了。来自亚拉巴马州默默无闻的泽尔达小姐很乐意借由罗莎琳德而成为他的心上人。

因此，这部小说在斯科特求爱过程中起到了至关重要的作用，就像古代传奇故事中的骑士一样，斯科特赢回了他失去的爱人。在得知斯克里布纳出版公司同意出版小说两个月后，他回到亚拉巴马州，力求让泽尔达回心转意。如同骑士把自己的剑与头盔放在他的女人的脚边那样，斯科特送给她一份小说的打字稿。她的回应是，答应书一出版就嫁给他。他坐火车回了纽约，她在信中写下了自己阅读这部小说的感受："为什么我不能写？我想告诉你，我认为这本书是多么好，多么悲惨，多么彻底，而且——有点突然地——我是你的。"

"为什么我不能写？"事实上泽尔达有能力写。在恋爱期间，她写给斯科特的信比她收到的生动多了。当斯科特赞美自己小说的女主人公时，可以看到罗莎琳德的形象与泽尔达的形象最为接近："她舞跳得特别好，绘画很灵巧，只是稍显粗糙，她的文字表达能力令人吃惊，但只是在情书中才显露。"泽尔达本可以成为一名舞者或是画家。她的情书是用作家的艺术雕琢而成的。晚年时，她曾对女儿说："我本应专注做好一件事，而不是在这么多死胡同里乱闯。"她才华横溢，但缺乏实践。

受未婚夫的启发，在读完《人间天堂》的打字稿后不久，她开始半心半意地写起自己的小说来："但写了两页后，我发现自己还没触及女主人公的性格，而且，我总不能永远写这个虚构人物的迷人之处吧，我开始绝望了。故事的名字叫《放荡的罗密欧》，我想，在结束之前应该要有一个男人出现在某个地方。"这番努力最后化为一封情书里的戏谑：

"故事还没有任何情节，所以我想问问你，如何决定他们要做些什么。"

所以你看，斯科特，我永远做不成任何事情，因为我太懒了，懒得去关心它是否已经完成了，我不想出名，不想受人尊敬——我只想永远年轻，不想承担责任，我觉得生活是自己的——要按照自己的喜好快乐生活，以自己乐意的方式死去。

但是，当斯科特忙着把她的生活变成小说素材，用她的信件，甚至日记中的段落来为罗莎琳德这个角色增添情趣时，她的生活还能完全属于她自己吗？

在某种程度上，"为什么我不能写？"的呐喊声，应该被理解为："为什么我的写作得不到认可？"读了《人间天堂》的打字稿，她会发现，在书的最后几页，当艾默里走进墓地时，有一段十分抒情的描写：

空气中散发着一种暗淡的、轻柔的花香，

天空中有一弯模糊的新月，四下都是阴影。他一时冲动，想打开建在山坡上的一个锈迹斑斑的墓穴铁门。墓穴被冲洗得干干净净，上面覆盖着晚开的、娇艳欲滴的水蓝色花朵，它们仿佛是从死者的眼睛里长出来的，摸起来黏糊糊的，散发出一种令人作呕的气味。

艾默里想要摸摸"威廉·戴菲尔德，1864年"那行碑文。

他不明白为什么坟墓会使人觉得生命是徒劳的。不知怎的，他觉得活到如今并没有什么令人绝望之处。所有这些碎裂的柱子、紧握的手、鸽子和天使都象征着浪漫。他幻想着，一百年后，他也会愿意让年轻人来猜测他的眼睛是棕色的还是蓝色的，他热切地希望自己的坟墓能被笼罩在一种许多许多年前的气氛之中。奇怪的是，在一排北方联盟士兵的坟墓中，有两三个人使他想起了逝去的爱情和已故的爱人，而他们的坟墓却和其他的一模一样，甚至连上面淡黄色的苔藓也一般无二。

这是一个会写作的人笔下的文字。对泽尔达来说，这些文字读起来一定很熟悉。它们构成了这部小说的高潮部分。初夏的时候，就在斯科特重新投入这部小说写作之前几周，她在一封信中对斯科特说，她喜欢黄昏，喜欢那种把美与腐朽结合在一起的气味：

> 某种暗淡的、轻柔的气味让我感到身体震颤——那苍白的月亮和花影的味道——
>
> 今天我一直待在墓地里——你知道，这真的不是公墓，我试图打开建在山坡上的一个生锈的墓穴铁门。墓穴被冲洗过，上面覆盖着水汪汪的蓝色花朵，它们仿佛是从死去的眼睛里长出来的，摸上去黏糊糊的，散发出令人作呕的气味。今天晚上男孩子们联系我，想试试我的胆量——我倒想摸摸"威廉·雷弗德，1864年"那块墓碑呢。为什么坟墓会让人徒增空虚之感呢？大家都言之凿凿，但是我却感觉不到惶恐和无助——那些破碎的柱子、攥紧的手、白鸽，还有天使，故事累累——一百年后，我希望有年轻人路过我的坟墓，猜测我的眼睛是棕色的或者蓝色的，但是我打赌他们都猜错，

我愿我的墓碑给人无尽沧桑，道尽百年故事。死去的联邦士兵里，总有那么几个让你想起逝去的恋人和尘封的爱情，尽管他们的墓看起来跟其他人的没有两样，即使是那些黄色的苔藓。你说这事情是不是很有趣？岁月终老，安然辞世，这一切多美，多么多么美，我们必将一起终老，我知道的——[1]

你的甜心

斯科特墓地部分的描写，一百八十六个单词中有一百二十四个（确切地说是三分之二）是直接从泽尔达的信中摘取的，还有更多的单词只是稍稍做了变化，比如将人称代词从第一人称改为第三人称。如果将泽尔达的信件公开，斯科特很可能会被指控剽窃。或许是出于对自己这种借用行为的愧疚，他在小说中称赞了罗莎琳德的写作能力——尽管只体现在情书中，这也算是小小的补偿吧。

墓地场景中最大的改动，是将泽尔达所见的真实碑文（"威廉·雷弗德，1864 年"）改为艾默里想

1　译文出自 2017 年陕西人民出版社出版的《亲爱的和最亲爱的》，秦瞳译，略有改动。——译者注

象出来的碑文（"威廉·戴菲尔德，1864 年"），以及将"联邦士兵"改为"联盟士兵"。怀旧的基调与沉闷的天气相结合，赋予了这段话一种独特的南方情怀。从这个意义上说，这段文字读起来，与艾默里居住的新英格兰氛围相比，无论是理智上还是自然规律上，都有些格格不入。

培养出他对旧南方的情感是泽尔达送给斯科特最好的礼物之一。这使他成为一个不折不扣的美国小说家，或者更确切地说，一位纯粹的美国白人小说家。他来自中西部，而普林斯顿和纽约的经历则让他熟悉了美国北部。泽尔达的南方背景和他自己在好莱坞的经历——更不用说 1915 年夏天在蒙大拿州牧场曾短暂做过牛仔——完成了这部小说最后的拼图。

泽尔达慷慨大方的精神令她对斯科特使用自己的信件内容毫无怨言。她似乎真的很受感动，因为他不仅把她作为美丽的罗莎琳德写进了小说，还把她作为创作优美散文的来源。他的写作越来越依赖她，这似乎更加有理由将她的生活融入他的之中。《人间天堂》于 1920 年 3 月 26 日出版，一周后，泽尔达与斯科特在曼哈顿的圣帕特里克罗马天主大教堂教区长的宅子里举行了低调的婚礼。她穿的是"一件蓝灰色的春装，上面缀着斯科特送给她的一束作为胸花的白色兰花"。当年夏天，斯科特给沙恩·莱斯利写了一封感谢信，之前在对方的帮助下，斯科特与斯克里布纳出版公司建立了合作关系。斯科特在信中写道："在一次彻底的和解之后，我娶了小说中的罗莎琳德，那个我深爱的南方女孩。"

从"彻底的和解"到举行婚礼这段时间内，菲茨杰拉德在纽约与一位英国女演员有过一段短暂但热烈的肉体关系，他是在《名利场》杂志上第一次知道这位女演员的长相的。根据王尔德生活模仿艺术的原则，她的名字居然也叫罗莎琳德——尽管她在小说中对应的角色名叫埃莉诺·萨维奇。她年长斯科特四岁，性格放任不羁，喜欢无拘无束。他们在广场酒店相遇后，几乎马上就迫不及待地钻进了一辆门窗紧闭的双轮马车，马车围绕着中央公园不断地兜着圈子，而车内两人则开始宽衣解带，简直与福楼拜笔下的包法利夫人和她的情人一模一样。菲茨杰拉德后来声称泽尔达是他第一个有过性关系的女人，罗莎琳德·富勒戳穿了这个谎言，她在日记中写道："我们的快乐和对彼此的发现永无止境。

我们四处做爱，在剧院包厢里，在乡村田野里，在日月星辰下。我们仿佛坐在虚幻的马戏团火车上，彼此紧紧地拥抱在一起。"而泽尔达对此一无所知。也许斯科特是在尝试花花公子般的艺术家角色。这不适合他。他的轻浮只适合以泽尔达为中心，因为他相信，成名后的生活正在等待着他。但他还不想要孩子：在结婚前几周，他给她寄去了堕胎药，而她拒绝服用这些药物，好在最后这场怀孕的恐慌只不过是虚惊一场。

对斯科特来说，小说的宣传与写作和出版同等重要。在书稿被接纳后写给珀金斯的第一封信中，他就迫不及待地询问了这本书的封面设计情况，并表示愿意"为广告宣传提供素材，且非常乐意在下周拍摄一张照片"。根据自己在巴伦·科利尔广告公司的经验，他给出了一条广告语建议："专为哲学家写的一本飞女郎小说。"这类被称为"飞女郎"的自由年轻女性，其诞生可追溯至战争中期，菲茨杰拉德的宣传营销非常成功，不仅使得《人间天堂》很快成为全美最畅销的小说，也让它成为整个爵士时代的缔造者，在这个时代里，充斥着性解放的飞女郎、跑车和私酒派对。

"在某些时刻,"斯科特很久以后写道,"人们会将时间和地点的全部意义归于自己。"他的第一部小说充满了年轻和新鲜的气息,这也让他自己成了这样的人。《人间天堂》让人想起了充满自信的大学生活;令人不安的是,这本书充斥着饮酒作乐、派对狂欢,并对汽车驾驶有着先见之明,认为它是新时代速度的体现(书中最犀利的文字是对一场车祸的描述)。但是,出乎读者意料的是,这本书中既没有"飞女郎"这个词汇,也没有"爵士时代"这个短语。

1921年1月,一篇题为《菲茨杰拉德、飞女郎与名声》的访谈文章刊登在报刊上,其诞生是出于宣传需要而非探讨小说本身。在访谈中,斯科特承认罗莎琳德——还有泽尔达——更像一个类型而非个体:"我厌倦了作家们一直以来描写的没有性生活的动物……就个人而言,我更喜欢这种类型的女孩。事实上,我娶了我故事里的女主人公。我对其他类型的女人都不感兴趣。"这种宣传话语确立了菲茨杰拉德的小说女主人公和泽尔达本人的形象,在"初入社交圈的少女"一章,罗莎琳德第一次出场前,有一段对话总结了这种类型的女孩:

亚历克：罗莎琳德平常表现得好吗？

塞西莉亚：不怎么好。哎，她就是个普通人——有时会抽烟，爱喝潘趣酒，经常跟别人接吻——没错，就是这样，这事儿大家都知道，也算是战争带来的影响吧，你知道的。

因此，飞女郎主义就与性解放和反禁酒主义联系在了一起。

从《人间天堂》第一页可知，艾默里·布莱恩的母亲据说曾在传统富裕阶层和欧洲大陆的"神秘名流"圈子里生活过。小说的目的之一，就是要把作为艾默里·布莱恩化身的斯科特·菲茨杰拉德——那个既不属于传统富裕阶层，也不属于欧洲大陆的中西部肥皂销售员之子——打造成一个新的名人。因此，在采访中，这位年轻作家说他娶了自己小说中的女主人公，这是一个很好的宣传方式。作为他那一代人的代言人和"飞女郎"的发明者，他一举成名。他正在实现自己的梦想，成为一个敢于坦然接受公众注视的现代名人，这与过去的那些名人不同，他们的身份是由隐私的、排他的和一系列高度"微妙"的社会和文化规范所定义的。
泽尔达客串了一个花瓶妻子的角色,这对斯科特的
新形象至关重要,但他将泽尔达从女人转变为一种
类型的举动,似乎是很随意的——也可能是有意为
之——暗示了这一过程将付出可怕的代价。

第六章
"某种灵性的化学制剂"

20 世纪 30 年代，斯科特·菲茨杰拉德将他的笔记和札记按英文首字母从 A 到 Z 的顺序做了分类排列。他以"趣闻轶事"开始，接着是"欢快的剪报""偶然听到的对话和事情""对事物和气氛的描述""俏皮话、妙语和笑话""感觉和情感（没有女孩）"。

这些笔记是由秘书用打字机打出来的，如今保存在普林斯顿大学图书馆菲茨杰拉德档案馆的两个弹簧活页夹中，配有按字母顺序排列的分隔卡。在笔记中，他记录下了自己短篇小说中的想法、观察、引文和段落，他希望保存这些内容，以便在以后的小说中再次利用。

在名为"欢快的剪报"的部分，有一条笔记说，根据弗朗茨·舒伯特的一生改编的音乐剧《花开时节》是"有史以来最伟大的浪漫音乐剧"，该剧于 1921 年至 1923 年在百老汇上演，场场爆满。另一条笔记则摘抄了一句埃及谚语，其大意是：生活中最糟糕的事情是躺在床上睡不着觉、期待一个根本不会来的人，以及试图取悦他人却未能如愿。在这两篇笔记之间，有一段认真抄录的引文："天才之人是伟大的，就像某种灵性的化学制剂，能对中性智力的大众产生催化作用——但他们没有任何个性（but they have not any individuality），也没有坚毅的性格。——济慈。"

这句话出自济慈 1817 年 11 月的一封信，在信中他第一次以想象的方式提出了美与真的等式。科尔文在济慈传记中对这封信的讨论着墨较多，并附有大量的摘录，但并没有引用这句话。菲茨杰拉德显然读过这封信，并对这种观点印象深刻。这段摘引中的标点符号和大小写都与他所阅读的文本中的一模一样，尽管"and determined Character"误作（他或打字员的失误）"any determined Character"。

他拥有一本 1899 年的"剑桥版"约翰·济慈全集，这本书以红布装帧，封面用金箔印着诗人的名字，周围环绕着一圈月桂花环。[1] 该书由波士顿和纽约霍顿米夫林出版公司出版，马萨诸塞州剑桥市的河滨出版社印刷，是标准的美国单卷本。全集的编者名为霍勒斯·伊莱沙·斯卡德，是一位多才多艺的学者，经常为《大西洋月刊》撰稿；在序言中，他对济慈研究前辈 H.巴克斯顿·福曼和西德尼·科尔文表达了感谢。尤为难得的是，这本全集不仅收录了济慈所有的诗歌，还收录了截至当时所有收集到和编辑过的他的信件。该书全名为《约翰·济慈诗歌与书信全集》。书的扉页印有一幅济慈画像，是由约瑟夫·塞汶于济慈死后根据想象所绘，画中的他坐在汉普斯特德的房间里，埋头于阅读之中。在他头顶上方的墙上，有一幅莎士比亚的肖像，这是他的文学"导师"，不过这幅肖像过于暗淡，无法在扉页复制的济慈画像中看到。花园的门开着，似乎是为了让夜莺的歌声飘进来。

此版全集共收入二百一十二封济慈书信。在随

1　菲茨杰拉德去世后不久，他收藏的约一千册书被存放于普林斯顿大学。其中大约三分之一被保留下来，并一直保存在那里；而另外三分之二或是散往他处，或是归还其女儿斯科蒂，大概因为该大学图书馆已有馆藏。这批书当时由图书管理员编制了清单。流失的藏书包括 1899 年剑桥版济慈全集及科尔文所著的传记（与送给希拉·格雷厄姆的那本不同），这些副本上面没有菲茨杰拉德所做的注释或标记。

后的六十年里，又有大约四十封书信被陆续发现并编入全集。但当时菲茨杰拉德所能读到的，已足以让他对济慈的生活、工作、爱好和文学理论有深入的了解。就这些书信对这位年轻作家思想发展的影响而言，它们足可跻身有史以来最杰出的书信之列。

它们同时也展现了济慈的善良和同情心。现存最早的一封此类信件（菲茨杰拉德不知道这封信的存在）是他在盖伊医院时写的。收信人是济慈十一岁的妹妹范妮，同时寄去的还有一块丝绸和纸板，他想让妹妹给自己做一个眼罩，大概是希望在手术室能集中注意力。他还随信附上了一根跳绳，那是买给她的，为了鼓励她"蹦蹦跳跳，以防止出现去年冬天让你烦恼的可怕冻疮"。从他的第一封信到最后一封信（菲茨杰拉德读过这封信），这种体贴和对身体疼痛的医学思维都是显而易见的；在最后一封信中，他请朋友查尔斯·布朗把他的健康状况告诉妹妹范妮，"她像幽灵一样在我的想象中徘徊"。

与之前和之后的许多读者及评论家一样，菲茨杰拉德通过这些信件，追溯了约翰·济慈在1817年末到1819秋季的短短两年时间内，诗歌艺术由发展到成熟的过程。成长为杰出诗人的种子在他二十一岁生日时就已播下了。他告诉年轻的艺术家约瑟夫·塞汶，他非常期待两件事：一是希望看到"一些美丽的景色——以诗歌之名"，二是希望与艺术家本杰明·罗伯特·海登共进早餐。塞汶后来护送济慈去了意大利疗养，并在他去世时守在床边。海登比济慈年长十岁，他是伦敦文化生活中的一个活跃人物，在他的工作室里聚集了众多的艺术家、作家和富人。海登擅长创作大型"历史"题材绘画，既有古典方面的，也有圣经方面的：当时他正在创作《基督进入耶路撒冷》，在这幅画中，他把牛顿、伏尔泰、威廉·华兹华斯和自己母亲的头像绘在了许多人物身上。1816 年 11 月的一个晚上，济慈在利·亨特的住所见到了他。济慈非常激动，第二天早上，他送给海登一首十四行诗，称他是生活在地球上的三个"伟大的灵魂"之一。另外两人分别是利·亨特和威廉·华兹华斯。

与利·亨特和海登的友谊也让济慈得以进入了威廉·哈兹利特——一位生性好斗的记者、批评家、政治评论员和散文家——以及善良、机智、古怪的查尔斯·兰姆的圈子，后者在东印度公司任职员的同时，还在照顾姐姐玛丽。玛丽曾因精神病发作用切肉刀失手杀死了母亲并刺伤了父亲。济慈聆听了哈兹利特的公开演讲，这对他诗歌思想的发展产生了重大影响。

在接下来的几个月里，济慈和海登经常见面，有时在海登的画室，有时在他们共同的文学朋友家里，有时在伦敦金融城家禽街的房子里，济慈当时正与他的弟弟们在这条小街上合住。他们谈论诗歌、绘画、爱好、哲学和不朽。海登表示，他喜欢与这位年轻的诗人一起阅读和讨论莎士比亚，"胜过与任何其他人"。当时济慈满脑子都是莎士比亚。在菲茨杰拉德所藏版济慈全集里的一封早期信件中，济慈根据自己的情况，改编了《亨利四世》第一部分中约翰·福斯塔夫爵士广受喜爱的一段演讲："远离金钱，远离沙发，远离葡萄酒，远离音乐；只要一个男子的健康——一个纯粹的、堂堂正正的男子的健康——也远离健康，并且远离整个世界。"[1]原文中的"远离肥胖的杰克"被改成了"远离健康"。济慈几乎无时无刻不在为自己的健康而担忧。菲茨杰拉

1　这句话改编自《亨利四世》第1部分，第2幕，第4场，第346—350页。

德也是如此。他小说中营造的世界——金钱、沙发（比如尼克第一次见到黛西和乔丹时，她们正躺着的一张沙发）、音乐和葡萄酒（以及烈性白酒）——最终导致健康远离了作者的生活。

　　主要出于健康考虑，济慈在精神焦虑的状态下，于1817年春天去了怀特岛。当时，医生和早期的旅游企业家正不遗余力地鼓吹含盐空气和海水浴的好处。济慈先是去了南安普敦，然后再从那儿搭乘渡船前往怀特岛，在前往南安普敦途中，济慈会从汉普郡的那座小屋附近经过，几天前，简·奥斯汀在此放弃了继续写作《桑迪顿》，这本小说延续了她一贯的创作主题，直到那个夏天她患病离世。济慈在给朋友雷诺兹的信中写道："但是那大海啊，杰克，那大海——以及那小瀑布——还有那白色的悬崖。"在住处安顿下来后，他就迫不及待地打开了一本莎士比亚作品，沉浸在戏剧中。在走廊里，他惊喜地发现一幅莎士比亚的肖像，当房东太太允许他把画像挂在自己的房间里时，他更是欣喜若狂。济慈十分迷恋《李尔王》中对大海的描写，他为此写了一首十四行诗，并附在给雷诺兹的信中：

大海发出永恒的絮语，涤荡

　　荒凉的海岸，猛涨的海潮涌入

　　千岩万穴……[1]

　　大海，就像莎士比亚一样，是慰藉的源泉：
"哦！若是你眼睛受惑，倦慵，/那就去饱看大海的
恣肆汪洋。"他无时无刻不在思考诗歌，以至于晚上
难以入眠。在阅读朋友哈兹利特的作品时，他同样
体会到了优美的散文句子的力量。这是一段完全沉
浸于文学中的时光。"我发现，离开诗歌我就无法生
存——离开永恒的诗歌——半天也不行，整天更
不行。"

　　不久，他从怀特岛搬到了另一个海滨度假胜
地，肯特郡东海岸的马盖特。然后又从那儿回到了
伦敦，他漫步在城市郊区的乡间，把风吹拂过的田
野想象成一片内海。济慈对自然的反应，被他的艺
术家朋友约瑟夫·塞汶做了极为抒情的描述，菲茨
杰拉德可以在科尔文的济慈传记中读到这段描述：

1　济慈《咏大海》片段。——译者注

似乎没有什么能逃过他的耳朵和眼睛，鸟儿的歌声、灌木丛或树篱中回应的暗语、某种动物发出的沙沙声、绿棕色灯光和隐秘影子的变化、风的吹拂……还有云的飘动，甚至是路过的流浪汉的相貌和手势、女人头发的颜色、孩子脸上的微笑、许多流浪者虚伪的人性下隐藏的兽性，甚至帽子、衣服、鞋子，这些都在以最细微的方式暗示着穿戴者的真实自我。

塞汶以画家的眼光仔细观察济慈，注意到他看起来似乎比五英尺四分之三英寸的实际身高要高，"部分是由于他身材匀称完美，部分是由于他直立的姿势和他特有的后仰姿态（有时仰着头），也许更重要的原因是，他脸上带有一种独特的无畏表情，就像在某些水手脸上所见到的那样"。只有在他读书或散步"陷入沉思时，他才显得矮小；当他含着胸时，头会向前倾着，仿佛背负着沉重的负担，眼睛似乎要在跟前投射出一道光芒"。塞汶为我们描绘了一幅济慈在户外的生动画面，值得在此详加引用：

某些东西对他产生了极大的影响，特别是当"风浪在树上翻腾"之时，就像他描述的那样，在摇曳的栗树或橡树叶子之间，空气的涌动令人振奋，或者自远处，他听到风吹过林地。"浪潮！浪潮！"他会兴奋地叫着，然后跃上台阶，或攀上路旁一棵低矮小树的树枝，看着风吹拂过牧草或玉米幼苗，他一动不动地注视着，直到风将他包裹住。而狂喜的表情使他的眼睛闪闪发光，脸上容光焕发……唯一能让济慈从他那看似忧郁的幻想中走出来的东西——以及，在乡间漫游中，唯一能让诗人"重新找回自我"的东西，就是他非常喜爱的"内海"运动，特别是当风猛烈地掠过大片的大麦地时。在燕麦或大麦地里，几乎没有什么别的东西能转移他的注意力；他会站在那儿，身体前倾，聚精会神地聆听着，眼睛里流露出明亮而安详的神情，有时脸上还会浮现出一丝微笑，双眼注视着风从麦粒之上呼啸而过。大海，或者令人心驰神往的海洋景象，似乎总能使他恢复至一种愉悦的平静。

*

　　虽然济慈在海边和乡村找到了灵感，但他也喜欢那些散发着历史气息的城市。和一个世纪后虚构的盖茨比一样，他也被牛津的浪漫所吸引。1817 年夏末，他拜访了经雷诺兹家族认识的神学院学生本杰明·贝莱，他在给妹妹的信中写道："毫无疑问，牛津是世界上最好的城市——到处都是古老的哥特式建筑，尖顶、塔楼、方庭、修道院回廊和小树林，环城的这些小溪比迄今为止我见过的所有溪流都要清澈。"在城中漫步，在绕城水道上荡桨——伊希斯河和查威尔河，西科特河，博特利河，布尔斯塔克河和米尔堡河——他想到了自己正在写的长诗。"难道爱诗的人不喜欢有一个可供漫步的小小的园地吗？——在那儿他们可以采撷和挑选，其中的意象是如此丰富多彩，以至于重读时不少已经遗忘的意象被当作新鲜的发现，而这种重读可以作为夏天在外闲逛一周的食粮。"他的第一本诗集获得了一些较高的评价，其中大部分出自他的朋友之手，但诗集的销路并不理想，也没能让他成为伦敦文坛上一个举足轻重的新声音。他想拓展自己的诗歌畛域，创作出更具影响力的作品。在一个诗歌市场因小说的流行而日益受到挑战的时代，提升销量和知名度的最佳途径是创作长篇诗意"罗曼史"——这是沃尔特·斯科特爵士和拜伦勋爵成名的方式。

济慈写的《恩底弥翁：一部诗意罗曼史》于4月在怀特岛动笔，11月在萨里郡的乡下短暂逗留期间完成，全诗共分四卷，每卷约一千行，以每天五十行左右的速度完成。济慈一般会从早餐后一直工作到下午早些时候，然后稍做些活动。长诗的创作灵感来源于他对古典神话的热爱，同时受托马斯·查特顿（济慈亦将此诗献给他）的感性诗歌、雪莱的成长诗《阿拉斯特》，以及与莎士比亚同时代的迈克尔·德莱顿的长诗《月亮上的人》等多种来源的影响，《恩底弥翁》讲述了古希腊一位牧羊少年爱上了化身为人的月亮女神的故事。长诗在一片田园风光景象中开始，一群儿童、少女和牧羊人聚集在一起，共同歌唱着赞美牧神潘恩的圣歌。他们的领袖恩底弥翁已然沉睡，开始了梦境之旅。长诗主要是关于他对自己幻想的叙述，有时是在梦境中实时讲述，有时是以回忆的方式对他的姊姊佩娥娜讲述。在第二卷中，他下到了地狱，在那里他遇到了维纳斯和阿多尼斯，这是女神和凡人之间爱情的典范；在第三卷中，他出现在海底，遇到了格劳克斯，另一个来自古典神话的人物，他代表了一个被巫术女神喀耳刻困住的凡人；在最后一卷中，恩底弥翁爱上了一位美丽的印度女郎，为了她，他放弃了对月亮女神的追寻，但在诗的结尾，他突然发现，这个女郎实际上就是女神在人间的化身，这让他大为欣慰。通过这个方式，世俗的爱被"精神化"了，而理想化的美的概念也被世俗化了。

这首诗令人印象最深刻的是开头的一行。济慈的医学院同学亨利·斯蒂芬斯声称自己对它亦有部分贡献。他说，某天傍晚时分，他正埋头于学业，一旁的济慈却已沉入梦乡。突然，济慈醒来并声称构思出了一句诗："美的事物是一种持续的喜悦。""斯蒂芬斯，你觉得如何？"济慈问道。斯蒂芬斯回答说："它听起来很像那么回事，但又似乎缺少了点什么。"沉默片刻后，济慈将其修改为"美的事物是一种永恒的愉悦"。

"斯蒂芬斯，你觉得如何？"
"它会是一句永恒的诗行。"

科尔文在济慈传记中引用了这段所谓的对话，他认为，尽管这个回忆可能是为了营造某种效果而故意为之，但也从一个侧面说明，济慈很可能在1817年3月放弃医学学习之前，就已经写下了这首诗的开头几行，并在次年用它们打开了通往《恩底弥翁》的写作之门。

在风格和主题上，开篇对美的力量的沉思，与他首部诗集中的最后两首长诗《我踮起了脚站在小山上》和《睡与诗》颇为相似。即，自然之美为人类带来健康，将我们从生活的痛苦中解脱出来，使我们的呼吸平静下来，恰似充满美好梦想的恢复性睡眠。基于这个原因，我们编织了

> 绚丽的彩带，把自己跟尘世系牢，
>
> 不管失望，也不管狠心人缺少
>
> 高贵的天性，不管阴暗的日月，
>
> 也不管我们探索时遇到不洁
>
> 又黑暗的道路：是的，不管一切，
>
> 有一个美的形体把棺罩褪卸，
>
> 褪卸自我们的灵魂。[1]

---

1 济慈《恩底弥翁》片段。——译者注

美体现在阳光、月亮和树木的阴影中，在"那水仙 / 和水仙周围的绿色世界"中，在凉阴的流泉和"洒满了麝香玫瑰花"的林间灌木丛中。对济慈来说最重要的是，美也可以在"古代伟人"中找到：我们"听到或读到的美妙掌故"都是"那股永不休止地喷涌的仙浆，/ 从天的边缘倾注到我们心上"。他将文学和自然都视为永恒之美的源泉。

这一诗节中的水仙花，暗示了济慈可能一直在读华兹华斯的诗。他曾对海登说，他深信在这个时代有三样东西值得欣喜，分别是海登的绘画、哈兹利特的"鉴赏力"和华兹华斯的长诗《远游》。海登毫不吝啬地补充了第四样："约翰·济慈的天才！"华兹华斯是那个时代最崇拜自然之美的人，所以《恩底弥翁》的开篇可能是对《远游》的前言部分"引言"的致敬：

> 美——是大地鲜活的存在，
> 超越了最美丽的理想形态
> 是精工细作的匠人提炼自
> 大地的万物——等待着我的脚步；

当我移动时，她在我面前支搭帐篷。[1]

华兹华斯"理想形态"概念的历史可以追溯到柏拉图对美的定义，即在物质世界之外的领域中存在一种完美的美——就像真与善一样。我们看到的美的事物，不过是这个理想的影子。根据这一理论，柏拉图在《理想国》中对艺术创作进行了抨击：如果这个世界的事物是影子，那么艺术家对事物的模仿只能提供影子的影子，这跟美与真的理想形态相去甚远。与这一论点相反的是所谓的新柏拉图哲学传统，它尤其与公元3世纪的普罗提诺和文艺复兴时期意大利的马尔西利奥·费奇诺有关。对该理论的新柏拉图主义修正提出了这样一个命题，即通过想象的力量，受到启发的艺术家们具有一种准神秘的能力，可以绕过物质世界的影子，在他们的作品中创造出"理想形态"的世俗表现形式。因此，《恩底弥翁》的叙事可以被视为从柏拉图主义到新柏拉图主义的发展。在第一卷中，化身为女神的美是遥不可及的，远在这个世界之外，就像月亮一样遥远。

1　孙峰译。——译者注

在第四卷的高潮部分，当女神以活生生的、呼吸着尘世气息的印度女郎形态显现时，美在恩底弥翁面前支搭帐篷，正如他所爱的那样。费奇诺说，爱情的意义是"享受美的欲望"，这正是恩底弥翁在诗的高潮部分所做的，当他与印度女郎结合时，他们一起消失了。[1]

在济慈努力完成《恩底弥翁》的同时，他也一直在与本杰明·贝莱通信，后者是他最有学问的朋友。从贝莱在牛津的书架上，他借阅了《柏拉图作品选》等书。他们一起不分昼夜地谈论哲学、宗教和诗歌。济慈在信中阐述了自己对美的看法。贝莱的学识使其为基督教事业做好了准备，但济慈对他所谓的"宗教的伟大安慰"缺乏信心。相反，他在"美"中找到了安慰，并将其定义为"万物中的诗意"。他认为，诗歌是对"苍白世界中的不公"的一种世俗的补救方式，他所谓的这个不公，指的是教

1　菲茨杰拉德没有将《恩底弥翁》和一些短诗列入他最喜爱的济慈诗歌行列，但在他的一篇短篇小说中，有一个隐晦暗示，提到了出自一个名叫亚特兰大的女孩之口的"印度少女为爱而溺亡"，菲茨杰拉德小说中数次引用了斯温伯恩那部晚期浪漫主义缩影的诗集《卡吕冬的阿塔兰忒》里钟爱的诗句，其中一次就是受这个女孩的名字启发（"当春日的猎犬追踪冬日的足迹……"）。短篇小说《我愿为你而死》创作于1935年，讲述的是一位因遭遇失败而自杀的女演员的故事，但当时菲茨杰拉德因故未能见到其出版。

会和国家的等级制度与专制。在给贝莱的信中，他抨击了一位公然阻碍自己朋友担任圣职的主教。而在《恩底弥翁》第三卷的开头，他对那些"对同类颐指气使"的人——拿破仑战争结束后英国和欧洲的反动政权——发起了攻击。此卷写于牛津，当时他正与贝莱在一起，受到哈兹利特激进政治思想的影响。美是抵御权力对社会产生恶劣影响的堡垒。

1817年11月22日，就在即将完成《恩底弥翁》的前几天，济慈再次写信给贝莱，将"权力之人"的傲慢和自负与"天才之人"自我融入创作的能力进行了对比。真正的艺术家没有"任何个性，任何确定的性格"。这是菲茨杰拉德抄录在笔记本上的一段话："天才之人是伟大的，就像某种灵性的化学制剂，能对中性智力的大众产生催化作用。"济慈的比喻来自在盖伊医院接受培训时的讲座内容："如果用任意一种酸来蒸馏酒精，其产物就是乙醚（Aether），乙醚因极为轻盈和易挥发而得名。"药剂师济慈手头的《药典》描述了将硫酸和酒精的混合物蒸馏成一种特别清澈的"灵性液体"（ethereal liquor）的过程。通过类比，诗人将他们世俗的材料提炼成一种纯粹的形式。

这种清澈的液体被认为是具有"灵性的",因为人们相信在地球大气层之上存在一种纯净的、看不见的元素,叫作"以太"(ether),它充满了我们现在所说的"空间"。济慈也知道这个词的意思。早在五月份《恩底弥翁》动笔后不久,他就曾写信给海登,讲述作为一名诗人如何"将太阳、月亮、星星、地球及上面的东西视为构成更伟大事物的材料——也就是灵性的事物"。灵性的诗歌,正如一位济慈评论家所说的那样,"与普通现实的关系,就像以太与空气的关系一样:它将更纯粹、更高尚,而且不容易变质"。在给贝莱的另一封信中,济慈将"灵性的事物"分为几类,包括"真实的事物,例如日月星辰这样的存在——以及莎士比亚的诗句",和"半真实的事物,如爱情、云朵等,需要心灵的呵护才能完整存在"。在这里,作为天才化身的莎士比亚,已经升入九天,融入了以太中的天体。通过"呵护"(一个可爱的动词选择)世俗之美,在其诗意想象的酿酒厂,他也将创造出永恒、美丽和真实的东西。

这一观点在信的下一段中得以展开,菲茨杰拉德在信中找到了"灵性的化学制剂"的出处。"除了心灵情感的神圣性和想象的真实性之外，我对什么也不确定——想象力所捕捉到的美也必定是真的——不管它以前存在与否——因为我对我们所有的激情都有着与爱相同的看法：它们都在其极致之中，创造出纯粹的美。"这是济慈第一次通过希腊古瓮阐述他的信念："美即是真，真即是美。"[1]

在这封信中，济慈继续将艺术想象力与约翰·弥尔顿的《失乐园》中亚当的梦想进行了比较："他一觉醒来发现一切都成了现实。"亚当独自一人在伊甸园，梦见上帝创造了一个美丽的女人作为他的伴侣；当他醒来时，夏娃就在那里。对济慈而言，想象力也可以将美的记忆变回到现实中，通过我们可以称为灵性化的过程，使之比其在现实中更美：

你是否从未被一首古老的旋律打动过？在一个美妙的地方——听一个美妙的声音吟唱，因而再度激起当年它第一次触及你灵魂时的感

---

[1] 这首诗最初发表于 1820 年 1 月的《美术年鉴》杂志，诗的结尾给读者的感觉是，希腊古瓮在说："美即是真，真即是美——这就是 / 你们在世上所知道、该知道的一切。"但在济慈 1820 年的诗集中，"美即是真，真即是美"加了引号，暗示这是古瓮的座右铭，而是济慈在对读者说："这就是 / 你们在世上所知道、该知道的一切。"

受与思绪——难道你记不起自己把歌者的容颜想象得美貌绝伦？但随着时光的流逝，你并不认为当时的想象有点过分——那时你展开想象之翼飞翔得如此之高，以至于你相信那个范型终将重现——你总会看到那张美妙的脸庞。

几个月后，当《恩底弥翁》准备出版时，济慈在写给出版商的信中，阐明了他的诗歌信念。第一，"读者被打动是因为他自己最崇高的思想被一语道出，恍如回忆般似曾相识"；第二，"诗之妙触切勿止于中途，而应推向极致，务求令读者心满意足而不仅是敛息屏神地等待：诗之形象要像读者眼中的太阳那样自然地升起、运行与落下——先是自然升起，然后照耀于中天，后来庄静肃然而又雍容华贵地降落下去，使读者融入黄昏时绚烂的霞光之中"。在"灵性的化学制剂"这封信中，菲茨杰拉德读到一个段落，它提到了古老的歌曲、歌者的容颜，以及通过飞翔的想象之翼对容颜的重新塑造，使它比原本更美妙，他在济慈身上找到了一种表达自己最崇高思想的方式。这个方式呼应了他对吉尼芙拉的回忆，也为他成熟小说中最具特色的欲望奠定了基础。在"黄昏时绚烂的霞光"中，盖茨比被黛西那张他曾经亲吻过的脸所折磨。

美的完美体现是在女性身上找到的，这种观点的历史与西方艺术的历史一样悠久。阿佩利斯被认为是古希腊最伟大的绘画艺术家；他描绘的爱神维纳斯被认为是其最美的作品。从文艺复兴时期的十四行诗到19世纪的波希米亚缪斯崇拜，颂扬——以及渴望拥有——女性之美是异性恋男性艺术家的标志。米开朗琪罗和莎士比亚是反传统的一部分，但我们的诗人和小说家不是，他们理想化的欲望对象是漂亮的年轻人。济慈和菲茨杰拉德都是属于他们那个时代的人，他们对美充满热情，对自己所继承的文化传统极为敏感。因此，他们都以一种近乎返祖的方式将女性物化，这在21世纪的如今看来，并不奇怪。

"我宁愿过一种感觉的生活，而不要过思想的生活！"济慈在"灵性的化学制剂"那封信中呐喊道。在《恩底弥翁》中，他常常以牺牲思想为代价来放纵感觉。"他的所有的感官 / 快活得飘飘然"，他写道。其他的典型的语句有"感情的涌流""安恬地入睡""销魂的时刻"和"在吻？痛苦啊！福气!"不过，温文尔雅且非常早熟的拜伦勋爵对此却并不以为然。他认为，济慈的感性从未超越过青春期，"这样的写作是一种精神上的自慰——济慈总是在糟蹋他的想象力"。[1] 大多数读者都会同意，他描写理想化的爱情对象的方式，以及恩底弥翁试图与她结合的种种尝试，都带有一种少年的兴奋：嘴唇是"滑溜的欢愉"，而乳房是"柔软、含乳、至美的事物"。[2] 印度女郎的身体，与她"乌亮的鬈发"，展现出一种温暖的欣喜：

> ……她躺在一旁
>
> 有如新篱上麝香玫瑰般芬芳；
>
> 她的四肢在颤动……

1　这种侮辱也出现在他为《季刊》撰写的济慈评论草稿中，幸好被编辑删除了。海登在日记中写道："洛哈特给我看了一篇拜伦勋爵对济慈作品的评论，他在评论中称济慈为'肮脏的小流氓'。我说'这太令人震惊了'，于是洛哈特拿出笔，将其涂掉。他说他已经这样涂掉了许多处；拜伦勋爵称济慈为'人类心灵的自慰者——文学的俄南'"。

2　克里斯托弗·里克斯为"滑溜的欢愉"做了有力的辩护："我不明白为什么'那些嘴唇，哦，滑溜的欢愉'会招致如此蔑视，除了这种蔑视可能被当作缓解尴尬的手段，或是畏缩的想象力由于发现自己被过分地，甚至不恰当地感动了，便也诉诸于此。这个短语以其悦耳的发音模式而著称：'Those'呼应'O slippery'，'lips'呼应'slippery'；我认为，'嘴唇'变得'滑溜'的那种毫不费力、自然而又惊奇的感觉是一种欢愉的体验。的确，它强调了我们接吻时会遇到的唾液；但我认为这是一件值得强调的事情，虽然济慈并没有一直执着于此。"

对于现代人来说，这是一种双重的冒犯，因为它在将女性物化的同时，也将一个来自东方的年轻女子的性魅力，置于令人反感的"东方主义"异国情调的想象之中。

恩底弥翁渴望永远躺在他理想爱人的怀抱中。"爱抚又亲吻，把种种怀疑赶走"，他用溢出的咝擦音[1]低语着初恋的夸张：

> 已知的谜啊！我从你身上吸收
>
> 心爱的精华，为什么我不能永远
>
> 被拥抱？不能在这美好的地点
>
> 放我的下巴颏？不能永远握住
>
> 嬉戏的手，吻手上柔润的肌肤？
>
> 为什么不能永远、永远地感到
>
> 吹向我眼睛的气息？你会悄悄
>
> 溜走，再度离开我，真的呀，真的——
>
> 你会走得远远的，不再留意我
>
> 孤独到发疯。

1　咝擦音是擦音（摩擦音）的一种，如英语辅音 /S/ 和 /ʃ/。——编者注

然而，和菲茨杰拉德的爱情故事一样，写作与其说是由完美的狂喜所驱动，不如说是由渴望和随后的失落所驱动。没有"孤独到发疯"，就没有诗歌。恩底弥翁发现，悲伤存于"欢乐的最深处"。这个印度女郎第一次吟唱的是一首给"悲伤"的歌——济慈把它抄录在写给贝莱的一封信中——恩底弥翁只有在退居到"寂静洞穴"后才成熟起来。济慈开始意识到，美与欲望不足以让他写出真正的诗歌：他还必须拥抱孤独和痛苦。

*

《恩底弥翁》是济慈迄今为止篇幅最长的诗歌作品。诗句强劲有力，比如叙述者在描写主人公时说，"这个名字的美妙音乐／已注入我的生命"。押韵对句的处理比 1817 年出版的诗歌更具灵活性。人们可以看到，正如他后来建议雪莱的那样，济慈开始通过运用组合形容词，营造气味、味道、温度和脉搏的节拍，来"用碎矿石塞满每一道裂隙"[1]：

1　这句话改编自斯宾塞诗歌的黄金国度，"塞满每一道裂隙"有意引自《仙后》"用丰富的金属塞满每道裂隙"。

雨中芬芳的野蔷薇

把温馨送给真心求爱的太阳；

云雀飞逝在阳光中，冷泉奔忙

流入草丛，暖一暖冰凉的水珠；

人的声音回荡在群山上；无数

自然的生命和奇迹加速搏动，

来感受日出和日出的恒久光荣。

就所有这些品质而言，唯有最热情的济慈学者才会认为《恩底弥翁》是完全成功的。马修·阿诺德关于济慈的评论文章，对菲茨杰拉德曾产生了巨大影响，阿诺德对《恩底弥翁》在济慈全部诗歌作品中所占比例过重感到不满。年轻的诗人将《恩底弥翁》视为对其想象力的考验。他太渴望通过考验，结果适得其反，导致长诗的辞藻过于华丽，这将使他招致严厉的批评，甚至是嘲笑。在 1817 年 11 月写给贝莱的第一封信中，他预感到麻烦即将来临，他告诉贝莱，《布莱克伍德爱丁堡杂志》对利·亨特发起了攻击："我从未读过比这更恶毒的东西——指责他犯下了严重的罪行，贬低他的妻子、他的诗歌、他的习惯、他的同伴、他的谈话。"杂志里的评论家们傲慢地俯视着这些伦敦中下阶层的人，这次文学攻击被冠以"论诗歌的伦敦佬派"之名，是系列攻击的第一次。在那篇攻击文章开头的篇首题记中，另有一个名字以同样的大写形式出现在亨特旁边，是济慈。他有理由相信，这些人正在为下一次袭击而磨刀霍霍，而他将成为攻击的受害者。

他对自己的这部浪漫作品感到既惭愧又自豪。他想为新出版商约翰·泰勒争一口气，因为后者及其商业伙伴詹姆斯·奥古斯都·赫西，在出版通常更有利可图的布道和道德宣传册的同时，愿意冒险出版一些不知名的年轻诗歌天才的作品。济慈认为，在序言中表达歉意可能会阻止批评："我在不利条件下写作。在开始之前，我内心无法预知是否能将其完成；继续前行中，我步履蹒跚。因此，这首诗应被认为是一种努力的尝试，而不是一件已经完成的事物。生者如我，此为本人谦卑希冀所做之事的拙劣序幕。"济慈一直很信赖泰勒和雷诺兹的判断，但他们都觉得把这一点写入序言中不是个好主意，因此济慈写了一篇防御性较弱的序言，将诗中可能感受到的任何感伤都归因于主人公的青春期状态，而不是他自己。

当泰勒在为出版社准备《恩底弥翁》时，济慈提出了修改建议。在第一卷的末尾，恩底弥翁向他的姊姊佩娥娜概述了一个关于幸福的理论。济慈对自己的初稿不甚满意，于是给泰勒寄去了一封对该诗节开头"修补"的信件：

> 幸福在哪里？幸福在这种情绪里，
> 这情绪让心灵进入神圣的友谊——
> 同宇宙精华结成的友伴关系，
> 使我们被提炼，超越空间而灿烂。

这是他对"灵性化学制剂"理论的阐述。对于济慈来说，这一整节是这首诗的关键论点，也是他最引以为傲的地方。它包含了一种被他称为"快乐温度计"的东西：从大自然的美丽（如玫瑰花瓣般的柔滑触感）到音乐的和谐，到友谊的稳定，再到性爱的激情，都能找到幸福。

这个论点是对柏拉图式的从肉体到灵魂的升华的一种反转。在牛津大学本杰明·贝莱书架上的《柏拉图选集》中，开卷第一篇即是《斐多篇》，描绘的是苏格拉底最后日子里与学生的对话，以及英译者添加的一个解释性副标题"灵魂不朽"。苏格拉底对自己即将死亡泰然处之，他认为哲学家必须拒绝性的快乐，接受肉体的终有一死，从而获得拥有永恒的真、美和善的不朽灵魂。相比之下，济慈把亲吻变成了提供"神圣友谊"的东西：在《恩底弥翁》中，正是"人间的爱情"才"有力量，它能 / 使凡人的生命成为不朽"。恩底弥翁告诉姊姊，即使他的嘴唇轻轻地吻在月亮女神的脸颊上，也会产生一种身体被浸在"温暖的气氛里"的感觉。的确，这首诗认为，"假如人类的灵魂从来不接吻或彼此问候"，花朵就不会绽放，果实不会成熟，种子也不会有收获。

作为一个基督教柏拉图主义者，贝莱讨厌这个观点，认为这是一个"错误的、虚幻的、危险的结论"，太接近于"雪莱的那条可恶的原则——肉体之爱是万物的原则"。拜伦则认为这简直荒谬至极："我记得济慈在什么地方曾经说过，如果男人和女人不接吻，'花朵就不会开放，叶儿就不会发芽'，等等。多么伤感。"在流亡威尼斯期间，拜伦曾抱怨因与两百个女人睡过觉，致使花费巨大，显然他对亲吻并不敏感。相比之下，济慈的诗中亲吻随处可见，因为这对他来说是新鲜的。

在怀特岛短暂停留期间，济慈开始了这首诗的创作，之后他又搬到了马盖特岛，在那儿与弟弟汤姆会合在一起。在海边密集阅读和写作三周后，他们一起前往内陆的坎特伯雷，那是乔叟朝圣者的目的地，在那里，他们沉浸在古老街道和中世纪大教堂的氛围中。之后，汤姆返回了伦敦，留下约翰在另一个海滨胜地黑斯廷斯休息。在海登的推荐下，他住到了一个偏远的村庄里。这个村庄如今是滨海圣伦纳兹的一部分，当时被称为波皮普。正是在这里，济慈可能拥有了自己的初吻。

她是一个和他年龄相仿的年轻女人，但却令人捉摸不透。她名叫伊莎贝拉·琼斯——尽管济慈在他现存的信件或诗歌中从未提及过这个名字。第二年，两人再次在伦敦邂逅，那时，她非常洒脱的性格开始显现出来了。关于他们在黑斯廷斯的约会，他只说自己"和她在一起""吻了她"。有一次，他还亲手写了一首情诗送给她，在济慈死后，她把这首诗交给了他的出版商：

噢，说几句火热的情话！

会心浅笑，令我燃情似火，

执我之手，相吻相依

将我葬于你的心底！

噢，请真心爱我！[1]

然而，鉴于他给简·雷诺兹寄去了同样一首诗，我们似乎可以认定他们之间的关系只不过是打情骂俏，一如他经常与朋友的姊妹们调情那样。尽管会被这个年轻女人吸引，但两人的"暧昧"最多止于亲吻。

从她现存的信件可知，她有着浓厚且机敏的文学感知力，所以毫不奇怪，无论在黑斯廷斯干什么，她都喜欢与这位刚刚成年的诗坛新星在一起。尽管一直对自己矮小的身材耿耿于怀，但那时的济慈已经成长得一表人才了。贝莱对他当时的模样记忆犹新：笑容灿烂，上唇略厚，眼睛"饱满而精致，柔和且温柔"，或者"闪耀着火焰般的光芒"，他的头发"很漂亮——是精致的棕色，而非赤褐色，我

---

1 济慈《你说你爱我》片段，罗美玲译。——译者注

想；如果你把手放在他的头上，那柔顺的卷发摸起来就像鸟儿丰满的羽毛一样"。

与黑斯廷斯这位神秘的女人有了交往之后，两人的思想开始产生共鸣。然而，那年秋天，济慈和贝莱一起住在牛津时，似乎经历了一个更黑暗的开始。济慈刚一回到伦敦就病倒了。返回后，在寄给在牛津的贝莱的第一封信中，他提到自己服用了一剂水银，它已经"消灭了病毒"。几周后，他又抱怨说"因邪恶的兽性而备受折磨"。

虽然水银有时被用于治疗风湿病等疾病，但它的主要用途还是作为淋病和梅毒的标准治疗方法，这些感染被称为"性病毒素"。[1]牛津到处都是有钱的年轻绅士，妓女也比比皆是。"邪恶的兽性"除了说明济慈享用了这种服务外，别无他意。那位替济慈治疗的维多利亚时代的医生，是济慈医学院同学亨利·斯蒂芬斯的朋友，他性格腼腆，说话却十分直截了当："同年秋天，也就是1817年，他去牛津

---

1 所罗门·萨弗里医生是一位性病专家，曾为济慈兄弟做过治疗，著有广为阅读的《性病毒素对人体影响的调查》（1802年）一书，在书中，他提出了当时流行的假设：淋病是梅毒的早期症状。阿斯特利·库珀随后区分了这两种感染。詹姆斯·柯里医生是一位热衷于使用水银的医生，济慈曾在他手下学医。

拜访一位名叫贝莱的朋友,在那次拜访中,他放纵了自己,并为自己的不检点行为付出了代价,这让他自此在身体上和道德上都倍感尴尬。"

第七章
"冷酷的妖女"

西德尼·科尔文关于济慈生平的传记于1917年11月由斯克里布纳出版公司出版，也就在这个月，斯科特·菲茨杰拉德开始撰写《浪漫的自我主义者》，斯克里布纳的编辑珀金斯一开始拒绝接受这本书，不过后来接受了经过大幅修改并更名为《人间天堂》的修订版。科尔文让济慈复活的方式之一，是长篇大论地引用一系列关于济慈的轶事，而这些轶事均出自认识并深爱他的人之手。它们好似插入长篇叙事中的短篇小说，而不像菲茨杰拉德那样将短篇小说中的材料重复利用到长篇小说中。其中最令人难忘的是本杰明·罗伯特·海登对被其称为"不朽晚餐"的描述，那是1817年圣诞节后，海登在自己画室里举行的一次晚餐，就在其巨幅画作《基督进入耶路撒冷》旁边。宾客中有最浪漫的自我主义者威廉·华兹华斯，爱搞恶作剧的查尔斯·兰姆和年仅二十二岁的济慈，他当时显得很拘谨，也有点受伤，因为就在不久前，他初次见到华兹华斯时，朗读了一段《恩底弥翁》，但这位受人尊敬的诗人却只是将其视为"一段非常美丽的异教故事"。

海登这幅画作中的人物头像不仅包括济慈、华兹华斯和哈兹利特，还包括艾萨克·牛顿爵士。兰姆嘲笑海登在画中画了一个"不相信任何事情，除非事情本身像三角形的三条边一样明白无误"的人，这激怒了参加晚宴的客人。海登在当晚的日记中继续写道："然后他和济慈一致认为，牛顿将彩虹简化为棱柱色，从而破坏了彩虹的所有诗意。我们无法抵挡兰姆的蛊惑，所以就一起为'牛顿的健康干杯，为数学的困惑干杯'。"在诗歌《拉弥亚》中，济慈回到了浪漫主义和科学的对立面，这在当时被称为"自然哲学"：

> ……是不是所有的魔法一旦
> 触及冷峻的哲理就烟消云散？
> 一次，可畏的彩虹在天上升起，
> 我们知道彩虹的密度和质地；
> 她列在平凡事物可厌的编目里。

哲学将会剪去天使的羽翼，

会精密准确地征服一切奥秘，

扫荡那精怪出没的天空和地底；

会拆开彩虹，……

《恩底弥翁》也可以被解读为对哲学的批判。柏拉图式的"理想形态"只存在于抽象的领域，存在于人的头脑中。相比之下，济慈的这首诗致力于追求世俗的美。它认为，美可以通过亲吻这种爱的行为来获得，这是一种身体的而非精神的方式。正如济慈在"灵性的化学制剂"那封信中所说的那样，直接从身体进入到想象的感觉生活，比哲学家封闭在头脑中的抽象思维生活更可取。

*

年轻的斯科特·菲茨杰拉德对哲学与浪漫主义之间的对立主张同样感兴趣。

他的主要收入来源是为《上流社会》《大都会》和《星期六晚邮报》等流行杂志写故事。他和泽尔达于《人间天堂》出版一周后结婚，当时他们并没有意识到这部小说会是一个巨大的成功。让泽尔达对斯科特的财务前景充满信心的，是这些故事和可能衍生出来的东西，而非小说本身。一个月前，他在电报中说："我已经把《脑袋与肩膀》的电影版权以两千五百美元的价格卖给了地铁公司。我爱你，最亲爱的女孩。"这部电影制作时间不长，几个月后就上映了，当时菲茨杰拉德夫妇正在康涅狄格州韦斯特波特一所租来的房子里欢度他们婚后的第一个夏天。

早期的《脑袋与肩膀》，是斯科特首次发表在发行量很大的《星期六晚邮报》上的小说。它的主人公是一个名叫贺拉斯·塔博克斯的少年天才。他早早地从普林斯顿大学毕业，十七岁时在耶鲁大学写了一篇关于现代哲学的硕士论文：《我是安东·洛里埃学派的现实主义者——兼带柏格森主义色彩》（亨利·柏格森被视为现代哲学家的典范，而安东·洛里埃只是个虚构人物）。在表兄查理·穆恩的安排下，贺拉斯受到玛西娅·梅朵的引诱，最后放弃了他的学业。玛西娅是一个美丽的金发合唱女孩，嗓音像竖琴一样悦耳。她走进他的房间，穿着薄如蝉翼的黄裙。菲茨杰拉德写到，她没有戴翅膀，

"但观众们大多同意她不必戴翅膀"。她看起来像个天使，来这里是为了作弄贺拉斯·塔博克斯的冷酷哲学。

他们坐在火炉旁的安乐椅上，他以哲学怀疑者贝克莱和休谟的名字命名了这些椅子。他一度怀疑她是不是他想象出来的一个幻影。她开始用一位古代波斯哲学家的名字称呼他，这个哲学家同时也是浪漫主义诗人的代名词："好吧，奥玛·海亚姆，我在你身旁，在荒野里歌唱。"斯科特·菲茨杰拉德为恰巧与东方学家爱德华·菲茨杰拉德同名而倍感荣幸，后者英译的奥玛·海亚姆的《鲁拜集》已成为"世纪末"时代的热门诗歌，就像柏格森是热门哲学家一样。爱德华·菲茨杰拉德的唯美主义表明他是维多利亚时代一位有影响力的济慈学者。当听到这位"炽热的灵魂"写给芳妮·布劳恩的情书出版的消息时，他不禁欣喜若狂。

玛西娅反驳了贺拉斯沉闷的哲学现实主义，认为生活应该是关于乐趣和亲吻的，并为他拒绝给她一个带有"巴西色彩"（Brazilian）（她对Bergsonian，即"柏格森主义"的错误理解）的吻而感到惋惜。不过，他最后还是答应了去看她的表演，并在结束后带她出去吃晚餐。出于若干原因，他对她在杂技舞蹈表演中露出了胸部而感到不安。而她告诉他，她每天晚上都往自己的肩膀上抹止痛膏来缓解疼痛。她的演出转移到纽约，他追踪到她的公寓，他们亲吻，并且，令学术圈子感到震惊的是，他们决定结婚，称自己为脑袋（他）和肩膀（她）。

在接下来的几个月里，她"能不断地让他感到惊奇——以她思想的新鲜性与独创性，以她那头脑清醒的充沛能量，以及她那始终如一的幽默感"。当婚姻开始出现问题时，他们达成了一项协议：她开始读书（从塞缪尔·佩皮斯的日记[1]开始），以换取他每周在船长健身房锻炼三次。事实证明，他在体操吊环上的天赋与在数学和哲学上的一样高。他模仿"欧几里得的第四命题"[2]发明了一种令人印象特别深刻的屈体吊环表演。一个胖子注意到了这位马戏团欧几里得表演的奇迹。当玛西娅怀孕并不得不离开舞台时，这个胖男人给贺拉斯介绍了一份新的职业，让他成为一名职业的空中飞人艺术家，在竞

---

1 塞缪尔·佩皮斯是 17 世纪英国作家和政治家，代表作《佩皮斯日记》是 17 世纪最为丰富的一部生活文献。——编者注
2 内容为，如果两个三角形的两边及其夹角分别相等，那么这两个三角形全等。——编者注

技场剧院演出。也许正验证了柏格森关于时间"多重性"的哲学概念[1]，玛西亚则和孩子在公寓里足不出户，她写出了一本爵士时代的畅销浪漫小说，《桑德拉·佩皮斯，缩写本》。这对夫妇因脑袋和肩膀而知名——这回她是脑袋，他是肩膀。

由米特罗电影公司改编制作的电影名为《合唱女孩的罗曼史》，这个名字巧妙地暗示了玛西娅既是这部罗曼史小说的作者，也是这部罗曼史的主人公。除了几张剧照，这部电影如今已无处可觅，但是，菲茨杰拉德独具匠心的小说情节，一定促成了一部神奇而荒诞的无声电影。虽然故事轻松愉快，但蕴含的辩证法却是严肃的，甚至是济慈式的：思想生活与感觉生活的对比，脑袋与身体的对比，浪漫主义与哲学的对比。这也体现了菲茨杰拉德的一种潜在焦虑：娶了一个轻佻的女人，他是拿自己作为一个严肃的、准哲学的小说家的未来在冒险吗？他会不会意识到，自己变成了喧嚣的 20 年代的文艺马戏团演员？也许，应对这一困境的办法就是同时接受这两种身份，成为一种以奇妙方式混合了轻佻

1　为了说明这一概念，柏格森给出了两卷彼此相连的带子作为类比，当其中一卷卷起时，另一卷随之展开。

与哲学的灵性的化学制剂。《脑袋与肩膀》的巧妙之处在于，它体现了菲茨杰拉德对休谟、叔本华、威廉·詹姆斯和柏格森的熟悉，尽管小说以奥玛·海亚姆和流行浪漫小说的名义拒斥了他们。1920年秋天，借着《人间天堂》的大获成功，斯克里布纳推出了斯科特的首部短篇小说集，书名正是受这个故事的启发：《飞女郎与哲学家》。

在西港，斯科特投入到了自己第二部小说的创作中。小说主题是"安东尼·帕奇二十五岁到三十三岁（1913—1921）的生活"。他有着"和许多艺术家相同的品位与弱点，但缺乏脚踏实地的创作灵感"。这个故事讲述的是"他和他年轻漂亮的妻子如何因肆意挥霍和放纵的生活而走向毁灭的"。斯科特是依据自己的经历写的这部小说：他和泽尔达有钱后开始过着放纵的生活，这使他们的人生走向了毁灭。有一次他在汽车内与人打架，结果被揍得鼻青脸肿。他们经常在上流人士聚居的西港举办疯狂的周末派对，有一次还向消防队报了假火警；据说，当消防员赶来并询问起火地点时，泽尔达指着自己的胸部说："在这里。"另一次，斯科特带着新婚妻子去普林斯顿四处炫耀，还让她假装自己的情妇，结果在醉酒之后，他被人从会员俱乐部驱赶了出去。

当年秋天，他们搬到了纽约市 59 号街的一套公寓里，这是第五大道以西的一个街区。公寓离广场饭店很近，他们可以把饭菜叫来房间吃。两人进一步陷入了醉酒派对和夜店争吵的阴霾中，但这并没有阻止斯科特完成自己第二部小说的初稿。他把它寄给了经纪人哈罗德·奥伯，请对方将其分成三到四个部分进行连载。奥伯是保罗·R.雷诺兹文学社的合伙人，该公司当时正在一个接一个地向那些早熟又挥霍无度的新星作家提供贷款，只要后者承诺向其提供故事、著作和电影脚本。

菲茨杰拉德一如既往地努力为自己的小说寻找合适的书名。《魔鬼情人》是一个流产的早期书名，出自塞缪尔·泰勒·柯勒律治的诗歌《忽必烈汗》。在致斯克里布纳关于小说情节梗概的信中，这本书被称作《火箭的飞行》，让人联想到在一场轰轰烈烈的激情之后，紧接着的是急剧下降的关系，也许潜意识里，还会让人们联想起恩底弥翁飞往月亮的目标。当手稿接近完成时，暂定标题变成了 *The Beautiful Woman without Mercy*（《冷酷的妖女》）。这是

济慈 "La Belle Dame sans Merci" 一诗的英文译名,在这首诗中,一位骑士"脸色苍白,独自彷徨"在一片荒凉的景象中,而"湖上的芦苇已经枯萎,/也没有鸟儿歌唱"。叙述者于是问他怎么了。他说遇到了一位美丽的姑娘,头发曼长,眼神狂放,她好像真的爱他,发出"温柔叹息"。她带他到她的精灵洞里,在那里,他"用四个吻阖上了她那/狂放的、狂放的两眼",她哄他睡觉,催他入梦:

> 我梦见国王,王子,武士,
>
> 他们的脸色全是死白;
>
> 他们叫道:"冷酷的妖女
>
> 已经把你也抓来!"

这首诗是济慈所有诗歌中最神秘的一首,当时他正被芳妮·布劳恩迷得神魂颠倒,但同时也一直为某种想法所困扰,即担心会像弟弟汤姆一样,因肺结核而变得面色"死白"。这首诗深受中世纪民谣和浪漫主义传统,以及斯宾塞那部充斥着迷人女巫的传奇史诗《仙后》的影响,同时也对维多利亚时代的前拉斐尔派艺术家产生了特别的影响,这些艺术家的创作深受济慈中世纪主义的启发。对菲茨杰拉德来说，这证明了浪漫的爱情具有一种毁灭性的力量。

从二十五岁到三十三岁，安东尼·帕奇一直翘首以盼从他清教徒式的百万富翁祖父那里继承一笔遗产，这既是在冒险，也浪费了大量时间。由于缺乏创造才能和工作纪律，他便转而致力于追求快乐和美丽。然而，他发现女人是一种很难被占有的美丽事物。他为那个热爱派对的南方美女格洛丽亚·吉尔伯特而疯狂，她在很大程度上是泽尔达的写照。他在与她的亲吻中感受到了魔力，将他带入"遥远处的吉他声与地中海温暖海岸轻拍的水声"发出的"远方和声"中。但也有一句伤人的话："她固然是美丽的——但她更是冷酷无情的。"就像济慈笔下的妖女一样，格洛丽亚可以把骑士的世界变成"寒风凛冽"之地。她是"住在他心里的冷酷的妖女"。她有能力杀死他身上任何威胁到她"绝对影响力"的东西。

菲茨杰拉德并不倾向于使用这样一个书名，因为它暗含了把堕落放纵的责任完全归咎于这个女人之意，所以他放弃了《冷酷的妖女》这个书名，转而选择了《美丽与诅咒》(The Beautiful and Damned)，而不是"美丽之人与诅咒之人"(the beautiful and the damned)，因为后者意味着两种不同类型的人。美丽的人往往就是受到诅咒的。

在将打字稿交给出版社后，他和泽尔达开启了首次欧洲之旅。总的来说，欧洲之行没有给他们留下什么深刻印象。菲茨杰拉德唯一喜欢的地方是牛津，他曾去朝圣，那里有山墙和圆顶建筑，是小说《罪恶之街》的故事背景地，这部小说同时也塑造了《人间天堂》。在伦敦，他们遇到了沙恩·莱斯利，后者陪伴他们去了伦敦东区的贫民窟，开膛手杰克就是在那里犯下他的罪行的。在巴黎，他们四处活动，希望能拜访法国文坛名宿、诗人和小说家阿纳托尔·法朗士，但未能如愿。法朗士当时刚刚获得了诺贝尔文学奖。后来，他们被酒店勒令离开，据说是因为泽尔达有把腰带系在电梯铃上的习惯，这样当她穿衣服时，电梯就会留在他们那层楼。

意大利脏兮兮的街道和一览无余的衰败感令菲茨杰拉德感慨万千，在写给"邦尼"威尔逊的信中，他表达了对欧洲的看法，这些后来被用在《了不起的盖茨比》中卑鄙的汤姆·布坎南身上。菲茨杰拉德将欧洲斥为"只是对古董感兴趣""黑人向北蔓延""玷污了北欧种族"。意大利人有"黑鬼的灵魂",而法国人则让他"恶心"。至于英国人,他们应该让德国赢得战争,这样欧洲就可以被血统纯正的日耳曼人净化——在希特勒《我的奋斗》问世之前四年听到这种言论令人不寒而栗。欧洲完蛋了。未来是美国(白人)的:"我们下一代会成为罗马人,就像现在的英国人一样。"这番长篇大论的种族主义谩骂唯一的可取之处是,菲茨杰拉德承认自己的情绪"都是庸俗的、反社会主义的、狭隘的和种族势利的"。

泽尔达怀孕了,他们觉得自己在欧洲已经待得足够久了,也有了足够的了解。于是他们返回明尼苏达并待了一年,在此期间,他们唯一的女儿出生了。斯科特在他的总账上记下了泽尔达在漫长而艰难的分娩后,依靠麻醉剂镇静下来,醒来后说的第一句话——"哦,上帝,笨蛋"(她对他的昵称),"我喝醉了。马克·吐温"(暗指他的名言"关于我死亡的报道是耸人听闻"?)。然后又说:"她真可爱——老是打嗝。我希望她漂亮,而且是个傻瓜——一个漂亮的小傻瓜。"即便是这种最亲密的时刻，也是可以被斯科特再利用到小说中的。黛西在《了不起的盖茨比》中谈到她的女儿帕米时说：

> 我从麻醉中醒来，有一种被整个世界抛弃的感觉，立刻问护士是男孩还是女孩。她告诉我是个女孩，我就转过头哭了起来。"好吧，"我说，"是个女孩我很高兴。我希望她是个傻瓜——这是一个女孩在这个世界上最好的出路，做一个漂亮的小傻瓜。"

泽尔达希望他们的女儿叫帕特丽夏，但斯科特坚持叫她弗朗西丝·斯科特·基·菲茨杰拉德[1]。他总是叫她斯科蒂；有一段时间，泽尔达叫她帕特。

在长篇小说即将出版的同时，斯科特并未停止短篇小说的写作。一次又一次，美成了他的主题。《魔鬼情人》是菲茨杰拉德再次尝试创作长篇小说的失败之作，在依据其改编的故事《五一节》中："她是一个十全十美、无比娇艳、挑不出一点毛病的美人，从复杂的发式到两只纤细的小脚，配合得非常

1　父亲名为 Francis，给女儿取名 Frances，仅一个字母之差。——编者注

匀称。"[1] 在这里，女人是美丽的，而在这个时期写得最好的小说《一颗如里兹饭店般大的钻石》中，菲茨杰拉德同样描绘了事物的美："后来，约翰回忆起这第一夜，那是嫣红姹紫的色彩，是纷至沓来的感官印象，是轻柔如喁喁情语的音乐，是器皿和光影交错的美，是动作和脸庞的美。"[2] 这是对美的元素的剖析，一个世纪以前，这些元素给济慈的诗歌创作留下了深刻的感官印象。

*

和他的第一部小说一样，菲茨杰拉德在《美丽与诅咒》中尝试了不同的风格——向剧本模式过渡、在叙事碎片和哲学思考之间跳切、一系列的日记条目（照搬自泽尔达日记，正如她在这本小说的书评《朋友丈夫的新作》中所指出的那样）。在这些插入片段中，比较能说明这一点的是"天堂的闪回"部分，美在其中被人格化了，具有典型的济慈风格。

1　译文出自 2013 年上海译文出版社出版的《爵士时代的故事》，萧甘译。——译者注
2　译文出自 2013 年上海译文出版社出版的《爵士时代的故事》，汤永宽译，略有改动。——译者住

这部分菲茨杰拉德使用了斜体字，或许是因为他认识到，将寓言人物引入一个表面上真实的当代纽约上流社会的生活故事中，在风格上是不协调的：

> 每隔一百年就重生一次的美人，坐在一间露天的等候室里，那里吹过阵阵白色的微风，偶尔也会闪过一颗急促的星星。从她身边掠过时，星星都会向她亲切地眨眨眼睛，风儿也不停地拂弄着她的头发。她是难以理解的，因为在她身上，灵魂与精神已融为一体——她的身体之美就是她灵魂的精华。她是许多世纪以来哲学家所不断追求的和谐与统一。

自柏拉图的《会饮篇》问世以来，哲学家一直在思考从物质美到精神美的发展过程，以及美是由完美的形式统一来定义的观念。菲茨杰拉德从普林斯顿大学的本科课程和对浪漫主义文学传统的浸淫中了解到这一点。他从柯勒律治那里借用了被放弃的书名《魔鬼情人》，柯勒律治认为，诗歌的本质——他所说的诗歌指的是一切创造性艺术，包括用耳朵聆听的音乐和用眼睛观看的绘画——是"以美为媒介，以获得愉悦为直接目的而产生的情感迸发"，而"这种美，究其本质"，是"一种仍然被视为众多的……统一的众多（Multëity in Unity）"。

　　尽管菲茨杰拉德关于美的想法有多种来源，但他用来表现它（或"她"，就像他通常的拟人化一样）的意象则一再是济慈式的。在"天堂的闪回"中，风轻拂着美的秀发，让人想起济慈描绘的秋天里美的形象，她坐在谷仓的地板上，"头发在扬谷的风中轻飘"。对两位作家来说，自我和美结合的关键隐喻是吻。在济慈的第二部诗集中，"写在夜空的铭文"这句话表达了恩底弥翁的"内在感觉"："我现在就要吻着你把你夺占，/ 引你进永恒的天国。醒醒！你醒醒！"听到——或者说想象着——这些话，

　　　　这青年一跃而起：湖水平如镜，
　　　　静静地来到他眼前；苍翠的森林，
　　　　比他见过的任何奇景更宜人，……[1]

1　济慈《恩底弥翁》片段。——译者注

在菲茨杰拉德的第二部小说中，一个接一个的吻营造出了类似于夜光与暗影、湿润与冷酷的效果：

> 她抬起头来仰望着他。透进车窗内的光线支离破碎、变幻不定，有如隔着树叶渗透的月光一般，照在她的脸上，更显得苍白。她的眼睛在脸上闪着微光，有如白净的湖泊上掀起阵阵涟漪。她发梢的阴影在前额形成了一道美丽的轮廓，让他感觉陌生却又幽暗诱人……她的美丽就像一阵潮湿的轻风一样冷酷，就像她自己湿润而柔软的唇。

正如济慈所言，美和吻总是转瞬即逝的："这样的吻——就像一朵近在眼前的花，无法用言语去描述，难以记忆。仿佛她的美是个发光体，源源不断地释放着能量，在照亮他的那一瞬间，已永恒地融入他的心扉。"[1] 因为它是一瞬间的，这种感觉可能看起来不真实。格洛丽亚深深地打动了他，激荡起他心中某个部分"对所有美好和幻想的珍惜"。他的

---

[1] 译文出自 2009 年华夏出版社出版的《美丽与诅咒》，李雪琴译。——译者注

这一部分，也就是出自济慈之手，作为其珍贵财产之一的一封亲笔信件，以极高的价格购得。因此，"他与格洛丽亚的灵魂是合二为一的，她的灵魂所散发出来的光芒、激情和清新活力，足以为书本那死气沉沉的美，提供生机勃勃的养分"。

对菲茨杰拉德而言，矛盾之处在于，要想让青春的清新和亲吻的光辉时刻保持永恒，唯一方式是在纸上用"无生命"的墨水形式写出来。"没有一种美是不包含着辛酸的，没有一种辛酸是不包含着流逝感觉的，人、名字、书本、房屋——注定要归于尘土——注定消亡"：这就是格洛丽亚（代表了泽尔达），她解释了对旧南方的爱，理由是它已经消失了，并将这种爱与安东尼对济慈亲笔信的爱进行了比较，它们都随着时间的推移而泛黄。

在准柏拉图式的对话章节"研讨会"中，安东尼的朋友，愤世嫉俗的莫里·诺布尔，论及了这样一种观点——即使是为了保存美而写的书籍，也终将归于尘土：

于是我变了，变得谨慎了，从教授到诗人
我都加以聆听——斯温伯恩的抒情男高音和

雪莱的次中音，以及莎士比亚的首席男低音和全能宽广的音域，丁尼生的第二男低音和偶尔出现的假声唱法，至于弥尔顿和马洛则是贝斯男低音。我也倾听布朗宁的絮语、拜伦的演说和华兹华斯的独白，至少这么做对我都没有坏处。我对美有了一点概念——足够我了解美与真理无涉——更进一步，我发现伟大的文学传统并不存在；文学传统的不断死亡[1]才是唯一的传统……然后我成年了，甘美的幻想世界已离我远去。[2]

那么，从马洛和莎士比亚，经过雪莱和拜伦，再到阿尔杰农·查尔斯·斯温伯恩的晚期浪漫主义巅峰，伟大的文学传统将会被什么取代呢？在小说的最后部分，菲茨杰拉德巧妙地给出了一个自我参照的答案：

　　"艺术非常古老。"沉默片刻之后，安东尼

---

[1] eventful death。"eventful" 可能是 "eventual" 的打字错误。
[2] 译文出自 2010 年文化艺术出版社出版的《美丽与毁灭》，吴文娟译。——译者注

开了口。几杯酒下肚，他紧绷的神经松弛了下来，并且发现自己又有能力思考了。

"哪种艺术？"

"所有的艺术。诗歌是最早面临死亡的一种。它迟早会被吸收进散文里面。比如说，那些华丽的辞藻，色彩丰富而又光辉灿烂的辞藻，还有优美的比喻，现在都属于散文了。为了引人注意，诗歌中不得不使用那些不寻常的字眼，那些通俗、朴实的，以前从来没有任何美感的字眼。而那种集所有个别美之大成的整体美感，在斯温伯恩的作品中已经达到极致神化，再也无法超越——除非是以小说的形式，或许有可能。"

迪克不耐烦地打断了他的话：

"你知道，我对这些新小说已经很厌倦了。我的老天！无论我走到哪里，总会有一些傻女孩追着我问有没有读过《人间天堂》，难道这些女孩子真的喜欢那本书吗？如果说那样叫作贴近生活的真实——这个我当然不相信——那我们的下一代就真的毁灭堕落了。我已经烦透了这些现实主义的劣质品。我认为，浪漫主义的作品才能在文学领域占有一席之地。"[1]

菲茨杰拉德有点太自觉了，他试图两者兼顾，既做一个现实主义者，又做一个浪漫主义者。一方面，他承认浪漫传统的消亡：当格洛丽亚在商店买衣服时，安东尼躺在沙发上哀叹"撒马尔罕的布料只因为浪漫的抒情诗人还为世人记得"——这显然是对济慈《圣亚尼节前夕》中"来自……撒马尔罕……的珍馐"的致敬。当安东尼跌入人生谷底时，他试图卖掉收藏的济慈亲笔信。他对浪漫的渴望受到了惩罚。浪漫的爱情只不过是黄粱一梦："沉闷的牧歌已离他们远去，飞到其他恋人的身上。"现实主义要求，一对夫妇要想生存下去，就必须从浪漫的梦想成长为"真实的生活材料，通过他们之间与日俱增的相濡以沫和亲密无间，通过他们为同一个谬论发笑，对同一件事情赞美，为同一个原因悲伤"。

然而，即使安东尼沦落到酗酒的地步，他也没有得到什么顿悟。浪漫抒情的语言在散文中复活，把一个商人和金融家的城市变成了一个美丽的地方，

---

1 《美丽与诅咒》。李雪琴译。——译者注

一时令人欢欣鼓舞：

> 喝酒买醉对他来说是一种仁慈——它会令人感受到难以形容的光辉和魔力，如同在稍纵即逝的夜里出现的回忆。几杯酒下肚之后，魔法便开始产生了，布什终端大厦仿佛坐落在阿拉伯清朗高远的夜空之下——它的顶端无与伦比地壮观华丽，在遥不可及的苍穹之下闪耀着梦幻般的金光。而原本粗陋又陈腐的华尔街——此时又变成金钱的胜利象征，一片灿烂辉煌的感官奇景。[1]

在"研讨会"一章中，莫里推翻了济慈关于美与真的等式；在灌下鸡尾酒的醉眼蒙眬中，安东尼看见了"青春的果实正如葡萄般甜美，如夜复一夜稍纵即逝的魔力时刻——那些古老而早已成为过往的幻梦，即真理和美丽的缠绕，便在此重现"。然而，不祥的是，菲茨杰拉德只能以想象的方式，通过让主人公处于醉酒状态来维持济慈式的真美等式。

---

1 《美丽与诅咒》。李雪琴译。——译者注

安东尼受到自己的懒惰、浪漫主义和酗酒的诅咒；格洛丽亚受到了依赖自己外貌的诅咒。菲茨杰拉德让她对自己的外貌予以高度评价，这是残忍的："然而到了最后，她的美丽完整如初，并从未让她失望过。她从未见过一个像她自己那么美的女人。那些所谓的伦理学或是审美学上的抽象观点在她面前都将黯然失色。她那华美丰盈的身材，粉白修长的美腿，婀娜多姿的形体，以及如婴儿般的双唇，完全就是一个吻的实体象征。"然而，即使是完美的身体也会受到岁月的侵蚀。当被西班牙流感击倒时，她开始担心失去自己的容颜。受到银幕未来前景的吸引，她试镜了一部电影中一个年轻漂亮女子的角色："这让她倍感振奋，因为即便在现实消失后，她对美丽的幻觉依然可以通过某种方式延续，或者在电影中永久保存下去。"[1]但制片人认为他们需要一个更年轻的女人。不过，他还是为格洛丽亚提供了一个小角色，让她扮演一个极其傲慢但非常富有的寡妇。

　　尽管菲茨杰拉德声称，他的小说形式，将继承

---

1 《美丽与诅咒》。李雪琴译。——译者注

在浪漫主义传统中达到顶峰的诗歌的衣钵，他也意识到，新的艺术形式可以实现一些文学无法做到的事情。无论是一首诗、一幅画，还是希腊瓮上的仪态，都不能使青春的鲜活运动永不磨灭。济慈古瓮上的人物是凝固在时间里的，即使这个物体本身也在经受时间的考验。这就是为什么它是一首"冰冷的牧歌"。不过，现在有了电影这种东西，未来属于好莱坞。

《美丽与诅咒》出版几个月后就被拍成了电影。在演员的选择上，重复了《合唱女孩的罗曼史》的套路，这部电影宣传照上的人物曾被误认为是斯科特和泽尔达本人。电影中，玛丽·普雷沃斯特饰演的格洛丽亚和肯尼斯·哈兰饰演的安东尼与书中的人物惊人地相似，而书中的人物又与泽尔达和斯科特惊人地相似。普雷沃斯特是一位当红明星，她的演艺生涯始于影片《出水芙蓉》，她曾和哈兰有过一段备受瞩目的婚外情。作为这部电影的宣传噱头，华纳兄弟宣布他们将在片场结婚。于是，礼物和影迷信件纷至沓来。只有一个问题：他们都已经各自结婚了（哈兰已娶了第二任妻子）。杰克·华纳对诸如"玛丽·普雷沃斯特如果嫁给肯尼斯·哈兰将是重婚者"之类的新闻标题很不满意。不过，这部电影仍然是成功的——尽管它没有像格洛丽亚希望自己在电影中永葆青春那样，使玛丽·普雷沃斯特垂世不朽。与那些保存了两千多年的希腊古瓮不同，这些报道在几十年内就消失了。哈兰和普雷沃斯特后来各自离婚，然后悄悄结婚。1929年，也就是股市大崩盘的那一年，他们的婚姻破裂了（哈兰后来又结了六次婚）。华纳兄弟公司解雇了普雷沃斯特，因为她无法适应向有声电影的转变，职业生涯也因此走向尾声。她和菲茨杰拉德同年出生，却比他早三年酗酒而死。过了两天，人们才发现她死在独居的公寓内，身边有一堆空酒瓶、一张给琼·克劳馥的期票，还有她的宠物腊肠犬马克西。马克西对着她的尸体狂吠哀号，直到邻居们发现事情不妙。

菲茨杰拉德一家也成了名人。换句话说，他们既美丽又遭受诅咒。

第八章
"消极能力"

　　自海边及乡村回到伦敦后，济慈便沉浸于城市的文化生活中。他的朋友雷诺兹正在度假，这给了他一个机会，为自由派杂志《冠军》充当戏剧评论员。哈兹利特对戏剧批评的敏锐无人能出其右，受其影响，济慈在评论中对充满活力的明星埃德蒙·基恩赞不绝口，认为后者对莎士比亚"每个音节所蕴含激情的剖析展现了强大能量"。他认为，当"其他演员在整部剧中不断思考自己的整体效果"时，基恩却"只专注于瞬间的感觉，丝毫不去想其他任何事情"。

　　他对在帕尔美尔展出的美国著名艺术家本杰明·韦斯特的《死于灰马背上》就没那么感兴趣了。这幅二十五英尺宽、十五英尺高的天启四骑士画像现藏于宾夕法尼亚美术学院。在济慈看来，对于一个像莎士比亚笔下的李尔王一样八十高龄的画家来说，这的确是一项了不起的成就。不过，他告诉弟弟们，这幅画无法让他产生激情；它"缺乏那种扣人心弦的张力；没有让人为之疯狂到想亲吻的女人；没有契合现实的栩栩如生的面孔"。他一直在阅读哈兹利特的散文集《圆桌》，在其中他发现了"热情"这个词，意思是艺术家强烈投射到创作对象中的力量。热情创造张力，赋予伟大的艺术作品以"真实"。韦斯特的绘画缺乏基恩表演和莎士比亚写作的热情。

济慈的思想正以惊人的速度日趋成熟，这在一定程度上要归功于哈兹利特的影响，在济慈的交际圈子里，他是头脑最为敏锐的批判者。《圆桌》中的另一篇文章认为，演员应该以"超越自我"为追求，在角色扮演的过程中敢于否定自我。这是基恩表演极富张力的关键。济慈还为哈兹利特的《莎士比亚戏剧中的人物》做了注解，尤其是仔细地阅读了"李尔王"那一章，并在诸如"我们看到的不是李尔，而是我们每个人都成了李尔"等句子下面画了线——这同样是移情投射的概念。济慈对《李尔王》做了深入思考，并提出了这样一个原则："任何一门艺术的卓越之处都在于强烈的震撼，它能够让所有不尽如人意的东西因贴近美与真而烟消云散。"
一个月后，他坐下来重读了这部戏剧，并写了一首
十四行诗，为体验这种震撼做准备，他认为，通过
让自己在悲剧中"燃烧"，他将得到净化，并被赋予
"……新生／凤凰的翅膀，我可以随心飞行"。

　　看完圣诞哑剧，济慈和朋友一起步行回家，他
一路上思考着基恩在舞台上成为莎士比亚式的反派
或英雄的能力，以及莎士比亚将自己融入所有角色
的天赋。他突然意识到，"莎士比亚所拥有的"使他
在文学上取得伟大成就的品质是"消极能力，一个
人能够停留在不确定的、神秘与疑惑的境地，而不
急于去弄清事实与原委"。与莎士比亚相反，柯勒律
治在追寻哲学真理时显得过于焦躁不安：他"会坐
失从神秘堂奥中攫获的美妙绝伦的真相，不能满足
于处在一知半解之中……对一个大诗人来说，对美
的感觉压倒了一切其他的考虑，或者进一步说，取
消了一切的考虑"。济慈的大脑在这里高速运转。在
第一次使用时，"考虑"的意思是"创造过程的所有
其他方面"，但在第二次使用时，它的意思是"思
想"或"合理化"。根据这种说法，柯勒律治就像那
些演员一样，在整部戏剧中不停地思考"自己的整

体效果"，而莎士比亚就像基恩一样，完全沉浸在当下，只关心语言和台词的美感——贴切与否。

正如伊曼努尔·康德的理论所言，与快适和善相反，美是无一切利害关系的，"消极能力"所产生的创造物本身就是它自己，它不受艺术家自我身份的束缚。最伟大的艺术家满足于一知半解的状态；他们乐意留下一些未被发现的生命奥秘，以开辟一个空间，然后由他们有欣赏能力的读者来填补。济慈在几周后的一封信中详细阐述了这一思想："我们讨厌那种成心想要影响我们的诗歌——如果我们不同意，它似乎就要不满地把手伸进裤兜里。"好像要去掏出手枪一样。"诗歌应该是伟大而谦逊的，它能够进入人的灵魂，以其主题而不是本身来打动读者或引起赞叹。"

在新的一年里，他每周都要去伦敦的萨里学院听哈兹利特关于英国诗人的公开演讲。萨里学院位于繁忙的泰晤士河南岸，是中下阶层人士聚集的地方。在关于莎士比亚和弥尔顿的演讲中，哈兹利特抨击了当代诗人——尤其是华兹华斯——的一种倾向，即"用病态的情感和作家内心贪婪的自我主义来包围最卑贱的对象"，这与莎士比亚的艺术背道而驰，莎士比亚是"最不可能成为自我中心主义者的人"，他的"天才同样照亮着善与恶，智者与愚者，君主与乞丐"。济慈在那一年晚些时候提出了这个想法，暗示他所渴望的真正的诗性与"华兹华斯式的或自我主义的崇高"是不同的：

> 它不是它自己——它没有自我——它是一切，又什么都不是——它没有个性——它享受光明与阴影；它对生活充满热情，不管是丑或美，是高或低，是富或贫，是贱或贵——塑造一个伊阿古，就像塑造一个伊摩琴一样令他愉快。使贤德高尚的哲学家惊讶的，会让玩世不恭的诗人喜爱。

两难的是，他既想成为莎士比亚笔下的玩世不恭者，又想以华兹华斯的方式写出自己的感受。这促使他转向了莎翁的十四行诗，在这些诗中，莎士比亚表面上写的是自己的情感，但在更广泛意义上，思考的则是爱情、时间和死亡等伟大的主题。

济慈早期的十四行诗都是意大利韵式（前八行为一组韵脚，后六行为另一组韵脚），但后来他开始模仿莎士比亚韵式（三个四行诗节和一个对句）。在听了哈兹利特关于莎士比亚的演讲几天后，他把自己的最新作品寄给了雷诺兹：

我恐惧，我可能就要停止呼吸，
而我还没录下我的丰富的思想，
还没能像谷仓那样，使稿本山积，
在字里行间把成熟的谷粒收藏；
我见到大块云，高贵传奇的象征，
在繁星闪烁的夜的面孔上现出来，
我自觉不久于人世，将不再可能
点铁成金地描绘那云块的异彩；
我感到——你瞬息即逝的天生佳丽！
我将永远不可能再向你凝视，
再在那没有回音的爱情的魅力里
陶醉沉沦；——于是，我一人独自
站立在广大世界的涯岸上，思考……
等爱情和名誉沉降为虚无缥缈。¹

1　济慈《"我恐惧，我可能就要停止呼吸"》。——译者注

第一行诗句"我恐惧,我可能就要停止呼吸"(When I have fears that I may cease to be),在潜意识中融合了莎士比亚的一首十四行诗的开头——"我曾经看见:时间的残酷的巨手"(When I have seen by time's fell hand defaced)——和雪莱的一首十四行诗的结尾:"……但愿你改弦而易辙"(that thou shouldst cease to be)。万物的衰败引发了莎士比亚对爱情的悲叹,因为它总有一天也会衰败。雪莱诗中的"你"指的就是华兹华斯:"改弦而易辙"一行是雪莱那首十四行诗的结尾,哀叹了这位湖畔诗人从自然的忠实使徒沦为反动的政府奴隶。雪莱认为,华兹华斯已经不再是一个具有独立想象力的诗人。济慈的十四行诗哀叹了这样一种可能性:自己可能等不及品尝到爱情的滋味就会死去,就像莎士比亚诗中所写那样,甚至还没有开始成为像早先的华兹华斯那样的诗人。他渴望浪漫的爱情和诗意的名声,但又害怕摆在面前的只有一片孤独和死亡的海洋。

他的朋友伍德豪斯推测,与济慈在几天后写的另一首莎士比亚体十四行诗(《时光之海》)类似,这首诗中"瞬息即逝的天生佳丽"指的是几年前他在沃克斯豪尔游乐花园曾匆匆一瞥的一位美丽女子。

不过，她也完全可能是伊莎贝拉·琼斯，他在黑斯廷斯和她一起度过了数个小时的难忘时光。大约在这个时候，济慈还写了一组关于激情与亲吻的略带情色、节奏轻快的抒情诗，它们似乎更适合琼斯，而非沃克斯豪尔那位不知名的女子。

斯科特·菲茨杰拉德认为济慈的《"我恐惧，我可能就要停止呼吸"》和《初读查普曼译荷马史诗》可以纳入其"三四首伟大的十四行诗"之列。作为一名崇高浪漫的散文诗人，斯科特在自己的小说中布满了象征，比如"繁星闪烁的夜的面孔"和夜晚的阴影。科尔特斯和他的手下带着狂热的臆猜，连同独自站在广阔世界边缘的济慈，融入了盖茨比凝视的黛西码头的绿光中。

*

对死亡的恐惧始终笼罩着济慈，因为他的弟弟汤姆开始吐血，这表明汤姆患上了肺结核。1818 年 3 月初，济慈在另一个海滨疗养胜地德文郡廷茅斯与他会合。汤姆的情况似乎越来越糟，不过之后又有所好转，于是济慈写信给海登，提出了新的计划。

他们打算返回城里，济慈将背上背包，开始徒步旅行，目标是穿越英格兰北部和苏格兰。他甚至想要效仿华兹华斯年轻时那样，漫步欧洲。他需要旅行和自然的崇高来帮助他完成"在心智与其成千上万的材料之间发生的无数合成与分解，然后才能达到那种战栗的、精巧的和蜗牛柔触[1]般的美"。

他在廷茅斯写的那首诗的灵感来自哈兹利特在一次演讲中的一句话。当谈及约翰·德莱顿对《十日谈》的英语改编时，哈兹利特认为，"对薄伽丘的其他一些严肃故事的翻译"，例如"伊莎贝拉的故事""如果讲述得足够有品位和精神，在当今不可能不受欢迎"。济慈可能在听到与黑斯廷斯那位女士相同的名字时竖起了耳朵，于是找来了这个故事的17世纪英文译本阅读起来，书的开头是故事的情节概要：

伊莎贝拉的三个哥哥，杀死了那个和她偷偷相爱的年轻人。他的鬼魂在睡梦中出现在她面前，告诉她尸体埋在什么地方。她（悄悄

---

1 "蜗牛柔触"暗指莎士比亚的《维纳斯和阿多尼斯》（第1033行）中他特别欣赏的一个形象。

地）把他的头取下来，埋在一个花盆之中，这盆土原是用来栽培鲜花，罗勒，或者其他甜药草的，她用眼泪浇灌着它（很长一段时间）。她的哥哥们发现了这个秘密并藏起了花盆，不久，她便哀恸而亡。

济慈把薄伽丘的短篇故事改编成了包含六十三个"八行体诗节"（两组三迭句后接一个对句）的长诗，这是薄伽丘自己开创的一种诗体，在济慈时代仍然被认为是适宜的意大利风格。他和雷诺兹计划根据薄伽丘的故事集创作一系列叙事诗，其中一些是喧闹而性感的，另一些是浪漫而悲惨的。这是济慈唯一完成的一首。他在1818年4月底完成了该诗的清稿，标题定为"罗勒花盆"，但在他1820年出版的诗集里，标题则变成了"伊莎贝拉，或罗勒花盆"。济慈却对这首诗感到越来越不满意，认为它可能会让自己成为一个"太缺乏生活经验"的人。这首诗在细节上表现得非常好，例如，当伊莎贝拉疯狂地挖掘爱人的尸体时，只是"偶尔把挡在脸上面纱般的头发甩向脑后"。从字面来看，她的头发遮挡住了她的眼睛；从比喻意义来看，这是一层面纱，因为她正在哀悼。

当这对年轻的恋人满怀欲望，彼此表达爱意时，他努力寻找合适的词语来表达他们的爱意。最后，他选择了让女人保持沉默：

> "洛伦佐!"——她欲语又止，想问又怯，
> 他却从她的音容明白了一切。

由于担心自己的作品会显得"无病呻吟"，他删去了清稿中一段煽情的对话，在这段对话中，伊莎贝拉提出要剪下自己的一缕卷发作为爱的象征。

> "那么，"他说，"我将完全被神化；
> 然而，我不会拥有它，请不要剪它；
> 女士，我喜欢它系在原来的所在
> 关于我钟爱的脖颈，还有那个地方
> 它那忧虑的酒窝确实引以为傲
> 在其中玩耍。"[1]

---

1 孙峰译。——译者注

酒窝是一个可爱的细节，不应该被删减掉。

威廉·霍尔曼·亨特等前拉斐尔派画家陶醉于《伊莎贝拉》的中世纪风格，但济慈敏锐地意识到，这首诗的问题在于它的夸张情节。把爱人的头埋在罗勒花盆里，然后用眼泪浇灌，这是悲伤的极端外化。要想成为一名成熟的诗人，济慈必须探索内心的痛苦。

5月初，在弟弟汤姆被高烧折腾得一夜没合眼之后，他给雷诺兹写了一封信。信中，他为自己未丢掉那些医学书而高兴，然后又表示，痛苦是获取知识的途径："直到生病，我们才明白一些道理。"他把人生比作一座"有许多间套房的大厦"。我们从"育婴或无知室"开始成长。这时，"思考原则"苏醒了，我们被吸引到"初思室"，在那里，我们为世界的美丽——光线与空气——所陶醉，直到，就像华兹华斯在《丁登寺》中写的那样，当听到"无声而忧郁的人性之歌"时，他的青春喜悦就消失殆尽，我们的观察变得敏锐，我们的大脑确信"这个世界充满了悲伤、心碎、痛苦、疾病和压迫"。"初思室"的光线逐渐变暗，我们迷失在迷雾中，感受着华兹华斯所说的"神秘的负担"。济慈似乎就是在写这封长信的过程中成长起来的。临近结尾时，他写下了感人至深的一句话：

汤姆今天下午咯了一些血，这让我很沮丧——不过我知道，世界上确实有些东西是真实的：你的生命之室将是一个幸运而温柔的房间——里面储藏着爱情之酒，以及友谊的面包。

这种情绪是神圣的：与基督的身体及血液的宗教共融，被世俗的爱和友谊所取代。

*

他们的弟弟乔治有了新消息。他和认识多年的女孩乔治亚娜·怀利订婚了。但由于阿比先生一如既往地对济慈一家毫无帮助，乔治失业了。因此，他做出了一个勇敢的决定——十七岁的乔治亚娜对此勇敢支持——移居美国。美国当地政府当时正在以低价出售中西部数百英亩[1]的土地，所以乔治打算去肯塔基州当一个农场主。汤姆和约翰将不得不回去参加婚礼，并在乔治离开英格兰之前与兄弟共度最后几个星期时光。汤姆在旅途的一开始"状态非常良好"，但随后大口咯血，所以他们不得不放缓前行步伐，一路歇脚过夜，这意味着他们要花一个星期才能到达伦敦。

徒步去北方的想法是由新朋友查尔斯·布朗提出的，他居住在温特沃斯公寓的另一半。那是一所位于汉普斯特德的房子，济慈兄弟在那儿经常受到迪尔克一家的热情款待。布朗的职业生涯始于经商，但他后来从哥哥那里继承了一笔遗产，因此能够投身于文学事业。他在德鲁里巷的剧院上演了一出"半严肃半诙谐歌剧"，取得了一些成功，歌剧名为《纳兰斯基，或，通往雅罗斯拉夫之路》[2]，讲述的是一个发生在俄罗斯村庄附近森林里的关于强盗的荒谬爱情故事。

现在，这次公路旅行有了一个额外的目的：为乔治和乔治亚娜送行。尽管医生在六月初警告济慈

1　1英亩约为 0.004 平方千米。——编者注
2　此后文中简称作《纳兰斯基》。——编者注

不要离开汤姆外出，但两周后他还是带着弟弟、新弟媳和布朗出发了。他们先是前往伦敦中心，在莱德巷繁忙的双头天鹅马车行，他们登上了去往利物浦的马车。

旅途的第一个中转站位于圣奥尔本斯附近，济慈的医生朋友斯蒂芬斯在那里行医。后者和他们在旅馆短暂相聚，济慈对乔治亚娜的喜爱给斯蒂芬斯留下了深刻的印象，他说，乔治亚娜"穿着有点与众不同，散发着少女气息"，但有一种"富有想象力的诗意气质"，这使她成为"任何一个感性温和的男人都很容易爱上"的人。仅仅二十四小时后，他们就抵达了利物浦。他们住在皇冠酒店，共进了最后一顿晚餐。第二天，乔治和乔治亚娜与其他移民一起登上了一艘名为"电报"号的美国船只，终点是费城。他们在船上等了几天，直到货物装上船，风向改变，他们才上路。

济慈从来不擅长离别。他没有陪同弟弟和弟媳一起前往码头，尽管他肯定知道可能再也见不到他们了。他甚至不知道船的名字。他和布朗在黎明时分就一起悄悄溜走了。凌晨四点，他们在晨雾中离开了海港，朝湖区出发。他给汤姆写了一封生动的日记式长信，希望能让他振奋起来，信中描述了对温德米尔和莱达尔湖美景的喜爱，同时也表达了对威廉·华兹华斯的失望之情。他从入住的安布尔塞德一家旅馆的侍者那里听说，有时属于激进派的华兹华斯要出去参加即将举行的补选活动，为托利党助选。雪莱的十四行诗真是太真实了：这位"讴歌自然的诗人"在"荣誉之贫穷"中编织了"献给真理和自由之神的歌"，已"不再是"美和博爱的代言人。

尽管如此，济慈和布朗还是去了华兹华斯位于莱达尔山的家中拜访他。他不在家——毫无疑问是外出参加竞选造势——因此济慈在紧挨着其妹妹多萝西·华兹华斯肖像下方的壁炉台上留下了一张字条。比起她的哥哥，也许她更能欣赏济慈对大自然的洞察力。清晨一大早，早餐也顾不上吃，他便和布朗出发去寻找安布尔塞德瀑布。济慈循着瀑布的声音，敏捷地爬进一个树木繁茂的山谷。他对所见所闻的描述，就精确的观察而言，可与多萝西日记中华丽的语言相媲美：

形态各异的跌水也各有自己的特点：第一级跌水似离弦之箭直奔底下的石板，第二级跌水飞溅开来其形如扇，第三级跌水一头扎进雾茫茫的水汽中——小岛另一边的泻水则是糅合了所有这些特点。我们后来移动了一下位置，将差不多整条溪流收拢眼底，这时它显得要温柔一些，闪着银光[1]在树丛间行进。

"银光"这个词运用得特别恰当，也许是因为莎士比亚曾用它来形容悲伤男子脸颊上流下的泪水。眼前的景象令济慈欢欣鼓舞。"最令我吃惊的，"他在信中继续写道，

是那色调、色彩、石板、石头、苔藓和岩藻等，或者，要我说的话，是创造此等地貌的鬼斧神工与伟大智慧。这种空间布局，山峦和瀑布的大小与数量，人们在看到它们之前完全能想象得到；但大自然的神工鬼斧定然超过任何一种想象，战胜任何一种记忆。我要从这里学诗，要比过去任何时候都勤于动笔，用至美的精神，争取能给博大之美添上淡淡一笔，并

1　济慈在《恩底弥翁》中也用此词（silverly）来描述蜿蜒的河道。

使之成为灵性的存在，以供同伴们享用。

　　"灵性的化学制剂"理论在这里再次发挥作用。济慈把诗人想象成一个药剂师，收集自然元素，创造出某种想象的药丸，使读者能够感受和品尝——"品味"——美。这个比喻的精妙之处在于它的双关，其中"至美的精神"（finest spirits）既指伟大的诗人，也指在蒸馏过程中产生乙醚的提纯酒精。

　　在华兹华斯最喜爱的赫尔维林山山脚下，济慈给乔治和乔治亚娜写了一封道别信，希望能在他们起航前寄到。他发现书面告别比当面更容易。但当这封信到达时，"电报"号已经离开了利物浦港，所以这封信被退回他在伦敦的地址。济慈意识到频繁寄信没有什么意义，因为信件要花几个星期才能到达大西洋的另一边，所以他养成了写日记式书信的习惯，最长可达六十页，每隔几个月邮寄一次。

　　在整个徒步旅行过程中，他一直与弟弟妹妹三人保持通信联系，记录他对苏格兰高地、罗伯特·彭斯墓、本尼维斯山顶（英国最高峰）、赫布里底群岛的芬格尔洞穴（一个与盖尔传奇诗人奥西恩有关的"玄武岩石洞"），以及穿过爱尔兰海之后的巨人堤道的印象。根据信中提及的"有许多间套房的大厦"原则，他让自己的想象力不仅停留在自然美景上，还停留在人类的苦难上，尤其是"贫穷的普通爱尔兰人，赤身露体、衣衫褴褛、肮脏和痛苦，比一无所有还要糟糕"。他对通过慈善事业改善爱尔兰殖民地人民状况的可能性感到绝望。在贝尔法斯特附近，他们遇到一辆从未见过且十分奇怪的轿子，上面坐着一个被他称为"粪便公爵夫人"的女人，不过他后来纠正自己，承认她的贫穷不是一件好笑的事：

　　想想看，把一个你所见过的最糟的狗窝，放在两根从发霉篱笆中抽出来的棍子上——在这个鬼东西上坐着一位邋里邋遢的老太婆，仿佛是一只饼干没喂够的猴子饥肠辘辘地蹲在那里，正被人由马达加斯加运往海岬——她的嘴里衔着一只烟斗，打褶的眼皮下圆溜溜的眼睛百无聊赖地四下看着，同时她的脑袋不断做出一种愚蠢的水平摆动，她的身体稍向前倾，沉甸甸地坐在那里吞云吐雾，而两个衣衫褴褛的姑娘一路抬着她走。这会成为她生活与情感上的一段历史。

他的书信内容体现了对她的同情，但他无法就此写一首关于她的诗。

济慈和布朗徒步行走了六百英里，又乘马车走了四百英里。他们计划再继续旅行几个月。一路上的冒险经历以及大自然的美景使济慈的思想日趋成熟，并为他的作品提供了丰富的素材："花四个月在高原上大步行走不会使我满足，除非是我感觉到它给我带来更多体验，去除更多偏见，使我更惯经风霜，见识更美的景致，在我胸中置入更壮丽的山川丘壑，强化我对诗的探求，这比我停留在家中的书堆里强。"[1] 与此同时，这次旅行也分散了他的注意力，令他不再为一个弟弟远赴美国而悲伤，也不再为另一个弟弟可能会死于肺结核而担心。8月下旬，在得知汤姆的病情恶化后，他改变了计划。他让布朗留下独自完成行程，自己则返回了汉普斯特德。

---

[1] 查尔斯·布朗写了一篇关于旅行第一阶段的文章，题为《1818年夏徒步北方》，并于1840年10月在当地报纸《普利茅斯和德文波特周刊》上发表。详见卡罗尔·凯隆·沃克配有精彩注释和插图的《与济慈向北徒步》（1992年），该书收录了济慈在旅行期间所写的日记，以及布朗的记述。

他不仅回到了健康每况愈下的弟弟身边，还遭受了来自《布莱克伍德爱丁堡杂志》对《恩底弥翁》的猛烈抨击。署名为"Z"的评论家 J. G. 洛克哈特，傲慢地声称"约翰·济慈先生病例"是诗坛"疾病"的典型例子，他认为，由于农民诗人罗伯特·彭斯的成功，下层社会于是觉得他们都可以写诗：

这个年轻人似乎天生就具有某种优秀的，甚至是卓越的才能——这种才能，如果献身于任何有用的职业，即使成为不了一个杰出的公民，也一定能使他成为一个受人尊敬的人。据我们所知，他的朋友们决定让他从医。几年前，他被安排到城里一个有地位的药剂师那里当学徒。但是，我们刚才提到的那种疾病突然发作，把一切都毁了。约翰先生究竟是被送回家去吃利尿剂，还是一直在给某个极度沉迷于诗歌狂热的病人写诗稿，我们还不得而知。有一点是肯定的，他已经感染了，而且是彻底感染了。有一段时间，我们还指望他大发作一两次就能脱身。但最近症状很严重，《诗集》[指他的第一本诗集]中的精神错乱就其本身而言已经够糟糕的了，但它还没有《恩底弥翁》中那半温不火的、按部就班的、没精打采的废话与呓语更让我们感到震惊。

评论继续用冗长的引文，极尽嘲讽济慈华丽的语言、情色的自我放纵和对激进政治的离题。他与利·亨特一起被认为是庸俗的"伦敦佬"诗人的缩影。这篇评论在最后告诫济慈，回到他该去的地方："与其做一名挨饿的诗人，不如做一名挨饿的药剂师，这样更好而且更为明智；因此回到药店去吧，约翰先生，回去摆弄你的'胶布、药丸和药箱'之类的东西吧。不过，看在老天爷的分上，年轻的庸医，你在行医之时可要拿出点精神，别像你写诗那样令人昏昏欲睡。"托利党的《评论季刊》紧随其后，也开始攻击利·亨特和伦敦佬派，随后又转向了《恩底弥翁》的语言：

我们的作者，正如我们已经暗示过的，在诗中不知所云。他似乎随意地写上一行，然后不再紧随这一行所激发的思想写下去，而是按照这一行结尾的押韵来写出下一行。在整首长诗中，几乎没有哪一个完整的对句是包含一个完整的思想的。他从一个主题游走到另一个主题，这种游走是按照声音的联系，而不是思想的联系。

济慈有着非凡的毅力，能对这些攻击和其他不好的评论泰然处之。他告诉身在美国的乔治和乔治亚娜，这些对他的攻击"不过是过眼云烟——我认为我死后将跻身英国诗人之列"。而对出版商赫西，他坦承自己的失败是一个诗人成长的必由之路：

> 要是我一直忐忑地只怕它成不了一首十全十美的诗，为此去征求意见，为着每一页而战栗不安，这首诗就根本写不出来，因为左顾右盼不是我的本性，我要独立自主地进行创作——我过去一直不带主见地独立创作——今后我要带着自己的判断来创作。诗之灵才必须能够在人身上体现自救：它的成熟不能依靠法则和公式，而只能依靠内在的感受和目光炯炯的自省——凡有创造力者一定能够创造它自己——在《恩底弥翁》中，我跳起来一头钻进

大海，因此与停留在绿色的海岸上吹着鲁钝的风笛或喝着茶水聆听悦耳的提议相比，我对大海的声音、海中的流沙和礁石要熟悉得多——我绝不害怕失败，要是不能够跻身于最伟大的诗人之列，我宁愿迟早完蛋。

*

"我并未陷入爱河，"1818 年 9 月，他在给雷诺兹的信中写道，

可是最近两天有个女人的声音与形象一直萦绕在我的脑海中。此时此刻，其他的抚慰，诗歌带来的那种灼热的抚慰之情显得更少有罪孽感了——今天早晨诗歌又占据上风——我故态复萌，神游八极，这是我生命的唯一所系，我感到自己从一种陌生的、具有新的威胁性的悲哀中逃脱出来。我对此心存感激——我的心灵感到极度温暖，犹如负载着不朽的荣光。

突然间，他陷入了一连串矛盾的情绪中："可怜的汤姆——那位女士——还有诗歌，在我的脑海里轮番登场。"

她的名字叫简·考克斯。她是雷诺兹兄妹的表妹，在与富有的祖父闹翻之后，她就躲到他们家里避难。济慈被她的眼神和步态迷住了。"当她走进房间时，给人的印象就像一头美人豹。"她散发出一种"磁性魅力"，给他带来了"生命与活力"。她使他产生了消极能力：他一时忘乎所以，因为他完全被她迷住了。不过，这只不过是一种转瞬即逝的感觉："行文至此，你会以为我爱上她了；所以，在我继续写下去之前，我要告诉你们，我并没有，只有一个晚上，她就像莫扎特的曲子一样让我辗转难眠。"

他把她比作莎翁最伟大的情欲剧《埃及艳后》中的女侍查米安。部分原因是她皮肤黝黑，这说明她很可能是个混血儿。简·考克斯出生在印度，在那儿，英军与当地女人生育孩子的情况并不罕见。除了嫉妒的雷诺兹姐妹们目睹了些许调情之外，两人之间什么也没发生，但对济慈来说，却好像他的《恩底弥翁》中的印度女郎化身在雷诺兹家的客厅里，生活在模仿艺术。"我愿意让她毁掉我，"他半开玩笑地写信给乔治亚娜，"我愿意让你来拯救我。"然后他引用了一句话，把话题拉了回来：

> 我并不在意常人的欢乐，
>
> 因为我的情感之痕比他们更深。

"这是拜伦爵士的诗，并且是他最精彩的语言之一。"考虑到拜伦有着欧洲最著名浪荡子（仅次于卡萨诺瓦）的名声，这句话完全不符合他的风格。事实上，那是因为济慈记错了。拜伦诗集里找不到这个对句。拜伦已经溜进了他的脑海，因为尽管他一再否认，让人难以抗拒的简·考克斯还是让他联想到了肉体的快感。济慈此处的引语实际上来自自己第一位诗学导师利·亨特的《里米尼的故事》，并有略微改动。原句出自第三章"致命的激情"，在这一章中，保罗和弗朗西斯卡沉浸在幸福和亲吻之中。

两周后，济慈开始继续写日记信，这次他更详细地描述了与另一位女士的第二次相遇。对相遇场景的描写足以让人相信，如果他还活着，很可能会成为一名优秀的小说家。"自从上次写到那回事以来，我又见到了那位女士，我在黑斯廷斯看到她，我们去看英国歌剧时又遇到她。那是在贝德福德街通往兰姆康德街的一条巷子里。"他从她身边走过，然后转过身来打招呼。她似乎很高兴见到他，也没有因为他走过了才停下来而生气。他们一起继续朝伊斯灵顿走去，在那里他们拜访了她的一位办寄宿学校的朋友。"她对我来说始终是个谜，"济慈写道，"她和你们，和雷诺兹都在一间屋子里聚过，她希望和我打交道，但又不希望我们共同的熟人知道。"

离开伊斯灵顿时，他提出要陪她回家。他们"走过的街面有时破烂不堪，有时还像样子"，这使他不禁猜测她的家究竟是什么样子。言下之意是，她可能是一个好女人，也可能是一个妓女，尽管在她伊斯灵顿的朋友家里的谈话显示出她的一些优雅气质。他们到达了位于伦敦市中心皇后广场的格洛斯特街34号，也就是现在的布鲁姆伯利。她把他带到楼上的起居室里，"那是一个很雅致的房间，有书籍，有绘画，有波拿巴的铜像，有音乐，有伊奥利亚竖琴，以及一只鹦鹉、一只红雀——一箱精选的利口酒，等等"。济慈告诉乔治和乔治亚娜，她表现得非常友善可亲，让他"带一只松鸡回家给汤姆当晚餐"，并询问他地址，以便送来更多的野味。然后他开始跟她暧昧起来：

鉴于此前已跟她熟识并吻过她，我觉得如果不继续这么做会致使关系倒退，而她的识别力更胜一筹：她能观察到事情发展到了什么程度，以便及时躲开我——但她不是以那种畏畏缩缩的方式，而是以我说过的那种绝佳的识别力。她使我退却的方式使我感到比一个简单的吻更加愉悦——她说假如我只是和她握手道别的话，她会更加高兴。是我之前见到的她有着与现在不同的性情呢，还是我因幻想而误解了她？我答不上来，我期待能不时与她共度一些快乐时光，我希望能以自己的知识与品味来为她服务：如果可以的话，我愿意——我对她没有情欲方面的想法，她和你的乔治亚娜一样都正当青春年华，但我对她们的想法只限于交流思想与缔结友谊。

这是一位极具魅力和风度的女人，她公寓内的装饰也极具品味。她完全掌控着自己的欲望，在黑斯廷斯呼吸着海边的空气时，她愿意与这位年轻的诗人亲吻和"暧昧"，但回到伦敦后，她又沉着自若地邀请他上楼，却没有更进一步。

济慈只是在下一封寄往美国的信中再次提到了她："谈到野味（我希望我能烹调），我想起了那位我在黑斯廷斯见过的女士，在上一封信中我也提及了关于她的一些事情，最近她送给我许多野味，这也让我有机会多次烹调——前几天她让我带回家一只野鸡，我把它送给了迪尔克太太。"这是第二年2月的一封信，表明他们之间的某种关系持续了几个月。

西德尼·科尔文无法考证这个有着优雅品味的神秘女人到底是谁，即便知道她笼子里养着鸟儿，有伊奥利亚竖琴和精选的利口酒。20世纪30年代，诗人埃德蒙·布伦登为济慈的出版商约翰·泰勒写了一本传记。在研究过程中，他发现了伊莎贝拉·琼斯夫人写给泰勒的一批深情、诙谐、略带调情意味的信件[1]。其中有一些聚会邀请函（"我现在

1　布伦登在《济慈的出版商：约翰·泰勒回忆录（1781—1864）》（1936年，第96—98页）中引用或转述了这些信件；战后，他与传记作家罗伯特·吉廷斯分享了他的研究。罗伯特·吉廷斯是第一个详细记述伊莎贝拉·琼斯的人，并将这段关系作为《约翰·济慈：鲜活的一年》（1954年）一书的中心。

请求你答应，下周三为我的乔迁暖宴助兴——你将有漂亮的女人可以看"），最能说明问题的是一封长信，信中显示，泰勒与她分享了约瑟夫·塞汶关于济慈在罗马去世的叙述。她不喜欢这种叙述，尤其是觉得塞汶似乎太专注于自己（"我生火，给他做早餐，有时不得不烹调——给他铺床，甚至打扫房间……济慈叫我和他在一起"）：

　　如果我承认我非常失望——我一滴眼泪都流不出来——我不喜欢 S 先生，你会怎么说呢？我从来没有见过如此多的假借感情与友谊之名的自尊自大和自私自利……我坐下来准备开始阅读，怀着一颗准备同情可怜济慈所有痛苦的心，而最美好的感受却被一个详尽记叙的清扫房间的故事所破坏——还有铺床和生火！我感到旧病复发了——我的耳朵在刺痛，我的笔在颤抖——如果我不结束，我就会变成一具僵硬的尸体。

　　另一封信是泰勒的商业伙伴赫西写给泰勒的，信中明确表示，他们非常了解琼斯夫人，并特别钦佩她。信中还提到，她有去黑斯廷斯海滨度假胜地的习惯。除此之外，济慈的朋友理查德·伍德豪斯还藏有许多济慈诗歌的抄本，上面标有"来自琼斯夫人"字样。在《圣亚尼节前夕》一诗的抄本上，有如下注释："此诗在琼斯夫人的建议下写成。"[1]

因此，毫无疑问，伊莎贝拉·琼斯就是济慈第一次在黑斯廷斯见到的那位女士，之后两人在英国歌剧院重遇，接着一起去了她位于皇后广场楼上的那间雅致的起居室。她对塞汶就济慈去世描述的反应说明，她非常喜欢济慈。另一封由雷诺兹所写的信件表明，在摄政时代末期，19世纪20年代早期，她是为《伦敦杂志》及其前身《冠军》撰稿的作家群体中的一位活跃人物："伦敦的日子——是多么美好的日子啊！正如亨茨曼所言，我'试着追溯'——追溯到早期的胡德、真诚的赫西、阴郁的

---

1 在伊莎贝拉·琼斯致泰勒的信中，有一封写于温泉小镇滕布里奇韦尔斯的锡安山，当时她住在爱尔兰贵族利斯莫尔勋爵遗孀的家中。这是吉廷斯讲述的某个故事的开始，在黑斯廷斯，琼斯夫人受到利斯莫尔夫人的一位年长亲戚的监视，据说济慈就是从他那儿把她偷偷带到海边约会的。在对爱尔兰贵族和绅士的家谱做了长期调查后，我发现这位年长的绅士并不存在。吉廷斯的推测源自对济慈的一首短小抒情诗的自传式解读，诗的开头是"嘘，嘘！脚步轻一点！"，芳妮·布劳恩于1819年圣亚尼节抄下了这首诗。如果按照吉廷斯的推测，即这首诗是济慈前一天晚上和琼斯夫人调情的产物，那么济慈将这样一首诗送给芳妮似乎不太合情理。

达林博士、闪烁着光芒的克莱尔、'醉生梦死、欢欣鼓舞'的兰姆、沉闷的凯里、滔滔不绝的坎宁安，还有美丽的琼斯夫人——他们都在哪里？或者大部分都在哪里？"能与托马斯·胡德、约翰·克莱尔、查尔斯·兰姆、亨利·凯里、托马斯·蒙西·坎宁安等作家为伍，她一定很有魅力。至于她的美貌，则是引起了社会艺术家 A. E. 夏隆的注意：在 1819 年皇家艺术学院于萨默塞特宫举办的夏季画展上，她是目录中 895 号画作《贵妇人肖像》（画作现已下落不明）的模特。[1] 证明她与《伦敦杂志》圈子关系密切的进一步证据是，在《布莱克伍德爱丁堡杂志》针对济慈、利·亨特和其他"伦敦佬"作家的攻击而引发的决斗中，编辑约翰·斯科特不幸丧生，在他死后，她通过约翰·泰勒捐赠了两个几尼，以帮扶他的遗孀和子女。她很漂亮，具有较高的文学修养，为人也很善良，但后来她却从他们的生活中消失了。这就是我们所知道的一切。

传记作家们认为琼斯夫人是个寡妇，但没人能考证她去世的丈夫是谁。然而，不要忘记，在 18 世

1　伊莎贝拉·琼斯在从滕布里奇韦尔斯寄来的信中，询问约翰·泰勒对此画的"坦率看法"。

纪,"Mrs"并非指已婚女性,而是指有一定地位或收入的女性。直到 19 世纪,这个叫法仍然被用来称呼年龄较大的未婚女性。但是琼斯夫人显然并不是一个年长的女人。济慈信中明确提及,她和自己的弟媳乔治亚娜都正当青春年华,年纪和他差不多大。彼时他二十二岁,乔治亚娜十八岁。琼斯夫人的年纪应该也并不大;即便她是个寡妇,那她也一定很年轻。

不过,还有另一类女性,即使在未婚和年轻的时候,也会被称作"Mrs"。她们是歌手和女演员,这一称呼会让她们更加体面。琼斯夫人的自信和独立、她公寓装饰的品味、她的乐谱和伊奥利亚竖琴、她写给泰勒的行文优美的信件、她对休闲娱乐的热爱、她在文学沙龙中轻松自如的姿态,更不用说她的美貌了,所有的这些都符合她作为戏剧界人士的特征。毕竟,济慈第二次见到她是在一个晚上,当时他去了莱西姆的英国歌剧院。泰勒、赫西和雷诺兹总是称她为"琼斯夫人",尽管她很年轻:如果她是职业演员,他们当然会这么称呼她。事实上,当时确实有一位名叫"琼斯夫人"的舞台歌手于 1816 年在皇家切尔滕纳姆剧院首次登台,且与埃德蒙·基恩在同一晚演出。她在德鲁里巷的剧院演出了三次，之后便从公众视野中消失了，但也有可能靠继续在私人派对上演出来谋生。除了名字不为人知外，她倒是一个令人信以为真的琼斯夫人。

*

　　无论她是谁，琼斯夫人都很好地引导了济慈，她建议将"圣亚尼节前夕"作为一首新叙事诗的主题。这首诗融合了浪漫的气氛、鲜明的意象和机敏的智慧，是他真正找到自己声音的诗歌。推动故事发展的传说在开篇一个诗节中做了解释。据说，通过睡前遵循的某些仪式，年轻女性可以在梦中见到未来的丈夫：

　　　　老妈妈讲过，在圣亚尼节前夕，
　　　　年轻姑娘能见到爱人的影像，
　　　　能接受情郎缠绵的柔情蜜意，
　　　　在这节日前欢悦的午夜时光，
　　　　只要姑娘们谨守着仪式规章；
　　　　例如，必定要不进晚餐就上床，

让白如百合的身体仰天平躺；

不准后顾或旁视，只准对天堂

仰视，求上苍来满足她们的一切热望。[1]

就像《罗密欧与朱丽叶》一样，波菲罗和玛德琳来自世代为仇的家族。在圣亚尼节前夕的"银灯下的狂欢"宴会上，他溜进了她家的城堡，那里有哥特式的礼拜堂和宽敞的大厅，在老保姆安吉拉（类似于朱丽叶的奶妈）的帮助下，波菲罗藏到她卧室的壁橱里。月光透过一个三重拱形窗扇照进来，"框边雕刻着花纹，精巧的图像 / 果实和花朵交叠，两耳草铺垫"，他偷偷往外张望，看到她在做睡前祷告，然后脱去衣服：

冬日的月光照进了这片窗棂，

把暖的红色映上梅黛琳[2]胸膛，

这时她跪着感谢上天的施恩；

玫瑰红染上合着的素手一双，

银色十字架变作紫水晶炫亮，

---

1 在此，济慈使用了他最爱的斯宾塞体形式，末行多一个音步。
2 即玛德琳，引文参考的屠岸译本作梅黛琳，故保留。后同。——编者注

光环罩发丝，使她像圣徒，又似

光辉的天使，着新装，只待插上

翅膀飞向天，——波菲罗如醉如痴：

她跪着，如此纯洁，没尘世的一点瑕疵。

他的心重又跳动：她做完晚祷，

把她发上成环的珠玉解下来；

卸除一颗颗沾着体温的珍宝；

又把溢满着体香的胸衣松开；

一件件绣衣窸窣地滑下膝盖：

像条美人鱼半裸在海藻下面，

她沉思片刻，睁着眼做梦，就在

幻想中见到圣亚尼与她同眠，

她不敢回头看，否则魔法会烟消云散。

看到地板上玛德琳脱下的裙子，倾听着她睡觉时轻柔的呼吸，波菲罗心醉神迷，于是从壁橱里取出一桌异国美馔：

眼睑上映着青光，她依然酣眠，

盖着纯白亚麻被，柔滑，熏了香，

他从壁橱里拿出一盘又一盘

苹果脯，榅桲，李子，南瓜的甜瓤；

胜过奶油酥酪的各色果子酱，

澄明的蜜露，肉桂的香味渗透，

仙浆，海枣，鲜美的菜肴和羹汤；

这些全是用海船运来：桌上有

来自非斯、撒马罕[1]、黎巴嫩等地的珍馐。

然后，他为她弹奏了古曲《冷酷的妖女》。当她睁开眼睛时，初以为仍在梦中，但与梦中的人物相比，凡人波菲罗就像一尊苍白的雕像。她要求他再次成为梦中的"不朽"，于是他利用了这个机会：

被她情深意切的话语所激动，

他站起身来，仿佛已超凡脱俗，

飘逸，兴奋，像一颗搏动的亮星

升起在深蓝天空静谧的深处；

他完全溶入她的幻梦中，有如

玫瑰把温馨揉进紫罗兰芳馥——

1　即撒马尔罕。——编者注

甜蜜的交融：这时候霜风发怒，

像警告情侣，猛吹一阵阵冻雨

敲击窗户；圣亚尼的月亮已经落下去。

济慈曾一度修改这一节的原稿，使之更加露骨。当玛德琳说话时，波菲罗环抱着她的身体："她说话时，他的手臂慢慢地伸过来／轻轻地搂住了她，胸贴着胸。"理查德·伍德豪斯对此表示反对。他认为，最初的版本可以被解读为，波菲罗只是说服玛德琳和他私奔，而没有婚前性行为。"但是，现在情况变了，"他对泰勒说，"一旦玛德琳坦诚了她的爱，波菲罗就慢慢地把她搂在怀里，做出一个真正的丈夫的所有行为，而她以为自己只是在梦中扮演妻子的角色。"伍德豪斯担心，这可能会"使这首诗不适合女性"。当他向济慈提出这个看法时，却得到了一个强硬的回答：

他说他不想让女士们读他的诗，他是为男人们写的，如果在前一首诗（即第一稿）中有什么令人疑惑的地方，那是他的错，因为他写得不够清楚、不容易被理解——他会鄙视一个如此多愁善感的男人，在这样的情况下，竟会离开一个有这种性格的少女；而且他也会鄙视自己去写这种事情。

　　济慈这么说并非完全认真，伍德豪斯将他的回应视为"大言不惭"的虚张声势。济慈让泰勒和赫西决定出版哪个版本。他们倾向于最初的版本，但即使在这个版本中，也能很清楚地察觉波菲罗和玛德琳有了性关系："站起身""兴奋""搏动"和"溶入"，几乎没有留下什么想象的余地。然而，就像菲茨杰拉德在好莱坞工作时根据《海斯法典》[1]制作的电影一样，此时镜头转向了"冻雨敲击窗户"。在现代人看来，问题不在于性，而在于波菲罗把圣亚尼节前夕的传说当作约会奸污的迷药，欺骗了玛德琳。

　　更为深刻的是，玛德琳的梦就像济慈对《失乐园》中亚当的描述：她从睡梦中醒来后，发现一切都是真实的。她和波菲罗溜出城堡，逃进暴风雨中。她找到了未来的丈夫。但为了不以轻松浪漫的基调

---

[1]　美国历史上限制影片表现内容的审查性法规。——编者注

结束故事，济慈修改了他的最后一节，再次提及老保姆安吉拉，然后又让她"因瘫痪亡故，临终时变了面容"。[1] 虽然性爱的激情为这首诗带来了内在的温暖，但夜晚始于寒冷，终于寒冷。《圣亚尼节前夕》创作于济慈同极端情绪做搏斗的时期。当时他时常需要面对爱与死亡。

---

[1] 在最初的版本中，她因中风瘫痪，但并没有死去。

第九章
"若是你钟情的女郎娇嗔颦眉"

　　菲茨杰拉德利用自己的名气写了一篇又一篇的故事，并收到了大量的报纸稿酬。1923 年 5 月，他和泽尔达登上了《赫斯特国际》的封面，这意味着他同杂志方签署了协议，即他们拥有其所有新小说的优先选择权。弗·斯科特·菲茨杰拉德夫人被认为是"飞女郎风潮的发起者"，而她的丈夫则是最受年轻一代欢迎的小说家。杂志的读者对有关财富和名誉的故事赞不绝口。他写的故事有《时髦女郎》和《贫儿马丁·琼斯与威尔士王子》等。1922 年 6 月，H.L. 门肯的《上流社会》杂志在封面上用显著的标题将《一颗如里兹饭店般大的钻石》描述为"一部由《美丽与诅咒》一书作者创作的完整中篇小说"，从而将菲茨杰拉德的名字与挥霍无度牢牢地联系在了一起。

　　1922 年 3 月，为了出版《美丽与诅咒》，他们在纽约暂待了一段时间。逗留期间，泽尔达堕胎了一次，因为她不想这么快就要第二个孩子。在他的总账上，斯科特只记录了"泽尔达和她的堕胎医生"这样一行字。在后来的一则笔记条目中，他更直白地写道："他的儿子因为 × 医生的药丸而掉进了 ×××× 酒店的厕所。"那时，他对泽尔达感到颇为怨恨，因为她从未给他生过儿子。

与此同时，他的第二部小说也问世了，但较之于第一部《人间天堂》，反响平平。依靠菲茨杰拉德的名气和强有力的宣传活动，这本书还是卖出了五万册，但评论界的态度从一则报纸的评论标题就可见一斑："菲茨杰拉德的最新作品并不适合所有人的口味，《美丽与诅咒》——一个关于堕落的故事，写得很精彩。"和许多读者一样，《纽约论坛报》的评论员对这本小说则是感到"惊讶、好笑和恼火"。该报包含了三个层次的评论标题表达了其对这部小说的失望。首先是大号字体的标题："一个关于'时髦女郎'的讽刺故事"——时髦女郎正是读者期待菲茨杰拉德描绘的，但不一定是以讽刺的方式。在其下方，是略小字体的标题："年轻男女踏入现代生活的迷宫"——前途光明，与菲茨杰拉德作为战后时代代言人的公众形象相呼应，在同年晚些时候出版的故事集中，他将这一时期命名为"爵士时代"。再往下，是更小的字体，也不那么醒目——"弗·斯科特·菲茨杰拉德，在他的最新小说《美丽与诅咒》中，讽刺了现代性"。问题是，这部小说给人以既美化又讽刺的感觉，但这两者是很难同时做到的，而菲茨杰拉德也只是在发展出《了不起的盖茨比》那种不那么浮华的散文风格和叙事技巧之后，才做到了这一点。

"邦尼"威尔逊被菲茨杰拉德称为"知识分子的良心"，他提前把自己的评论发给了他的朋友菲茨杰拉德。[1] 这篇书评认为，影响菲茨杰拉德创作的因素主要有三个，其中两个分别是他的爱尔兰风格和中西部元素。因此，他能以一个局外人的身份，用混合着渴望和厌恶的复杂情绪审视着纽约的现代性。威尔逊指出，酒是第三个影响因素。菲茨杰拉德要求他不要发表这个评论，尽管他承认这些都是真的。他还告诉威尔逊："对我最大的影响，是认识

---

1 菲茨杰拉德在《崩溃》一书的第二部分《拼接碎片》中对自己下的第一个结论是："我很少去思考，只专注于我的技巧问题。二十年来，有一个人一直是我思想上的良心。他就是埃德蒙·威尔逊。"

泽尔达四年半以来，她那完美的、全心全意的任性与冷静。"威尔逊于是去掉了酒精的说法，但也没有提到泽尔达。威尔逊在自己一篇未署名的评论文章中引用了他当时的情人、诗人埃德娜·圣·文森特·米莱的一句话，并预测了即将在《上流社会》杂志中刊出的小说名字：菲茨杰拉德就像"一个愚蠢的老妇人，有人给她留下了一颗钻石"——一个喜欢炫耀自己珠宝的老妇人，她会让人惊讶于如此愚蠢的人竟然拥有如此美丽的东西。这给了威尔逊一个判断的线索："他被赋予了想象力，却不受理智的控制；他被赋予了对美的渴望，却没有审美理想；他被赋予了表达的天赋，却没有太多的想法可以表达。"[1]这话很刺耳，但极具穿透力。不过，他们是足够好的朋友，当威尔逊滑稽地描述小说中安东尼·帕奇和他的朋友莫里·诺布尔之间的最后一次会面时，斯科特和泽尔达笑得前仰后合："在安东尼看来，莫里的眼神呆滞，走路时两腿僵硬，说话时声音也没有生气。当安东尼走近时，他才发现莫里

---

[1] 威尔逊非常崇拜米莱，不只是因为她夺走了他的童贞。

已经死了！"[1]

10月，就在斯科蒂的第一个生日即将到来之际，他们决定搬回纽约长住。他们在长岛的大颈镇租了一所房子，开始了一整年的饮酒和聚会。长岛的北岸素有黄金海岸之称，在这里，百万富翁们建造了法国城堡风格的豪华度假村，与电影明星和百老汇制片人的住所混杂在一起。菲茨杰拉德一家开始搬进新家。他们结识了作曲人吉恩·巴克，后者是歌剧家弗洛伦兹·齐格菲尔德的助理，也是歌舞团的经理，还有林·拉德纳，他是美国收入最高的体育专栏作家，从他家可以看到赫伯特·贝亚德·斯沃普的豪宅。斯沃普是《纽约世界》的执行主编，也是个派对达人。

在大颈居住的一年里，菲茨杰拉德一家共计花了三点六万美元。这远远超过了他不到二点九万美元的年收入（主要来自为赫斯特出版社写的小说、《人间天堂》的电影版权，以及他承诺的第三部小说的预付款）。菲茨杰拉德在杂志上发表了一篇题为《一年三点六万美元如何生活》的文章——这个标

1　摘自《灯火的彼岸》，在本书出版后的评论中，威尔逊慷慨地将他的滑稽表演归功于菲茨杰拉德，称赞他的朋友有自嘲的能力。

题相当于今天的《一年五十万美元如何生活》——他开玩笑地说："我刚刚收到了来自电影公司的一张巨额支票，我对那些坐着豪华轿车行驶在第五大道的百万富翁有一种居高临下的感觉——因为我的收入每个月都会翻倍。"他认为钱是要花的，"所以我们就在那里等着，直到攒够了出国旅行的钱"。他和泽尔达都很善于花钱，于是在写完这篇文章不到六个月，他又写了一篇后续文章，名为《一年里身无分文如何生活》。

那时，他们已经离开长岛前往法国，寻求一种更安静、更便宜的生活方式，以便让斯科特能够专注于他新小说的创作（那儿没有禁酒令也是一个吸引人之处）。最新的赚钱计划失败了。看到剧院里人头攒动，菲茨杰拉德萌发了通过写剧本来赚大钱的想法。他匆忙创作了一部名为《蔬菜，或从总统到邮递员》的喜剧。在剧中，一名邮递员怀揣着成为世界上最好的邮递员的单纯梦想，却因为妻子对金钱的痴迷而无法实现。这个笑话包含了对泽尔达的些许怨恨：邮递员毕竟是"man of letters"（送信的人/有文化的人）。在第二幕中，他醉醺醺地幻想成为美国总统——这是菲茨杰拉德对政治阶层的讽刺。这部剧在新泽西的试演中以惨败收场（泽尔达说它"寡淡得像'杰米玛阿姨'牌煎饼"）。不过，该书出版商斯克里布纳出版公司在扉页上印了一句颇具鼓动意味的题词："任何一个不想在这个世界上混日子、不想赚一百万美元，甚至不想把牙刷放到白宫的人，他所拥有的连一只好狗都不如——他只不过是一棵蔬菜。"这一次，"邦尼"威尔逊的判断受到了自己喜好的左右：他称这部戏是美国有史以来写得最好的喜剧。他新近和一位迷人且有才华的年轻女演员玛丽·布莱尔有了恋情，并试图让经由她认识的戏剧制作人对这部戏产生兴趣，但没有成功。

*

1924 年初，菲茨杰拉德写了一篇类似恶作剧的文章，并以诸如《让一夫一妻制发挥作用》和《如果一个拥有丰富爱抚派对经验的女孩婚后有了外遇，为什么要怪那可怜的接吻？》等为题在各大报纸上发表。文章一系列的副标题也吊起了读者的胃口："利用嫉妒作为'爱情的最大支柱'""婚姻中

227

最有力的因素""'爱抚派对'的争议效应""交配本能的种族经验""令人困惑的'智力兼容性'公式""成功婚姻的要素""流动趋势"。菲茨杰拉德认为，自己文化中的一夫一妻制"种族经验"——与实行一夫多妻制的文化相反——是"交配本能"的最简单解决方案。但是一夫一妻制是一种文化，而非本能。事实是，"尽管成千上万的教友愤怒地否认"，但婚姻中至少有一方不忠的情况时有发生。他建议，解决这一难题的最好办法是双方都开始和其他人约会，从而使彼此陷入疯狂的嫉妒之中，然后他们就会"意识到唯一明智的做法就是永远在一起"。

当然，这个理论在实践中是行不通的。那年5月，他们乘坐一艘无酒船前往欧洲，随行的还有十七件行李、"一百英尺长的防蚊铜网"和一整套的《大英百科全书》，为了这套书菲茨杰拉德还欠了斯克里布纳出版公司七百美元。在巴黎短暂停留后，他们遇到了富有的杰拉尔德·墨菲和萨拉·墨菲，正是这对夫妇最终激发了他创作《夜色温柔》的灵感。然后他们继续向南前往里维埃拉的伊埃雷。菲茨杰拉德沉浸在拜伦和雪莱的传记中，他们都是流亡到地中海的浪漫主义者。然后，他们沿着蔚蓝的海岸来到圣拉斐尔市，并在位于小城上方的郊区瓦莱斯库尔租了一套"干净、凉爽的别墅"，斯科特的工作室位于小镇弗雷瑞斯，抬眼望去，外面风景尽收眼底，这里同时也以罗马圆形剧场和引水渠而闻名。

他7月的总账条目开头是"大危机——7月13日"。问题出在婚姻上。他没有在小说中直接提及这一点，但泽尔达在自己书中写到了。在她的自传体小说《给我留下华尔兹》中，大卫和亚拉巴马这对佳偶——一个艺术家和一个南方女孩，明显是斯科特和泽尔达的化身——乘坐轮船头等舱在暴风雨中穿越大西洋前往欧洲，然后坐火车抵达法国里维埃拉。他们在圣拉斐尔租了一所房子。它的名字叫"Les Rossignols"，意思是夜莺。

"在夕阳的金色余晖中，别墅的奶油色墙壁和彩绘窗户一边伸着懒腰，一边打着哈欠"，泽尔达用她充满力量，有时甚至略带强迫的散文笔触，准确地描述了玛丽别墅。丈夫选择待在家里凉爽的地方，每天早上游个泳之后才开始工作，下午四点结束工作，以便及时去海滩放松。在大部分时间里，亚拉巴马都是独自一人，她读亨利·詹姆斯的书——这跟泽尔达在那年夏天做的一样——并和一群法国飞行员交上了朋友。他们中有一个叫雅克，酷似希腊神话中的男神。他与她的丈夫很像，只不过"他是个太阳神"，而大卫则是一个月亮神。"恰好月亮皇后登上了宝座，"济慈在《夜莺颂》中写道，"群星仙子把她拥戴在中央。"在这部斯科特创作于瓦莱斯库尔别墅的小说中，月光以及一个名叫"费伊"的女人尤为令人瞩目。

雅克在他们的别墅上空表演特技飞行。他与亚拉巴马共舞："他把她的身体拉向自己，直到她觉得他的骨头硌着她的了。他古铜色的皮肤上一股沙滩和太阳的味道；她隔着浆挺的亚麻制服触摸到了他的裸体。她脑海里没有大卫。她希望他没看见；她不在乎。"但不久之后，她丈夫还是看见了在一起的他们俩。他在工作间隙游了个泳，回头望向海滩，一阵西北风吹过，他发现他们正在窃窃私语。当一名飞行员死去的消息传来时，亚拉巴马觉得那很可能就是雅克，她情不自禁地流露出对他的深深爱意。这是一场决斗，一场有威胁的战斗。雅克离开了。"我为你感到非常难过，"在把她情人的长信交给亚拉巴马时，那位中间人说道："我们没想到这是一段造成如此严重后果的婚外情——我们以为这只是一段婚外情而已。"她把那封未读的信件撕得粉碎，连同这位迷人而英俊的飞行员的一张照片，一起抛入大海。现实中，这位飞行员的真名叫爱德华·约赞；后因战功卓著，他被授予法国海军中将军衔。

几周后，斯科特在他的总账中宣称自己和泽尔达又重归于好了。约赞后来说，他们之间除了调情之外，什么事情都没有发生，但在斯科特就这段婚外情对海明威的讲述中，在《夜色温柔》和泽尔达未完成的第二部小说《恺撒之物》中，这段经历的描述都极富戏剧性：要求离婚，决斗，妻子被锁在别墅里。这些细节可能是这位浪漫作家的夸张之词，但毫无疑问，泽尔达后来向斯科特承认，他对这段婚外情的愤怒是有道理的，在他的笔记本中，菲茨杰拉德声称在1924年9月，他意识到"发生了一些永远无法弥补的事情"。他的笔记本上还贴着这段恋情的照片："玛丽别墅的桌子。调整游泳时间的尝试。航空领域。清晨的花园，夜晚的圣马克西姆。激情中的代理感，奇怪的鼓励……他知道她会付出什么代价，心里很难过。"

就在这个夏天，菲茨杰拉德完成了自己的第三部小说。他在当时写的一封信中说，这部小说的主题关于"那些赋予世界以色彩的幻想的失去，但是，只要这些幻想产生过神奇的荣光，你就不会在乎事物的真假"。华兹华斯对济慈想象力的塑造产生过深远的影响，斯科特此处套用威廉·华兹华斯的话，表明他与泽尔达婚姻的荣光已黯然减色。

　　这本小说的写作始自两年前，当时他还在中西部明尼苏达州的白熊湖，忙着修改第二部短篇小说集《爵士时代的故事》的校样，他将这本小说集"不尽适宜地"献给了自己的母亲。他告诉编辑珀金斯，他计划写一部以19世纪80年代镀金时代的中西部和纽约为背景的小说。"它将不会像我平时那样关注最漂亮的女人，且会集中在更短的时间内完成。"它还会包含天主教的元素。到第二年夏天，他已经写了近两万字，其中只有两页手稿保存下来。但它们足以体现他日趋成熟的散文风格："那是一张阴郁悲伤的脸，里面有明亮的东西，就像在死亡之屋里玩耍的孩子。"在反面，他写道："拯救！"不过他似乎没有重复使用这句话。他还唤起了一个女人音乐般的声音，一个让人怀疑有金钱存在的声音。

他从草稿中抢救出了一篇短篇小说。1924 年 6 月，和泽尔达在圣拉斐尔安顿下来后，他开始专心投入工作，认真修改这篇小说，并于当月发表在一份美国杂志上。修改后，小说中原本来自中西部的上层阶级角色被设置到了纽约，身处他的那个时代，而非镀金时代。结尾处，作者的叙述似乎隐约又回到了西部。虽然中西部的背景从原本的故事发生地变成了起点和终点，但菲茨杰拉德还是保留了原计划中的一样东西，那就是他的故事都集中在一小段时间内发生：尽管是从两年后的回顾角度来叙述，但《了不起的盖茨比》的故事只是发生在 1922 年的一个夏天。

菲茨杰拉德后来说，他在这篇短篇小说中拯救的小男孩，就是十二岁的盖茨比。小说有一个极具天主教色彩的名字《赦免》。小男孩在忏悔室里撒了一个小谎，引发了一系列事件，导致神父承认了自己的罪行。施瓦兹神父与上帝完美而神秘的融合，被一群经过他窗外的漂亮瑞典少女那欢笑的景象和声音所干扰。漂亮的孩子在寻求宽恕时，那双漂亮的蓝色眼睛也是一种干扰。让忏悔室里的小男孩感到困惑的是，神父脱口而出："当许多人聚集在最美好的地方时，事情就会闪闪发光。"他开始谈论派对和游乐场，那里一切都闪闪发光。他让小男孩站在远处树下的黑暗中，望着大摩天轮的灯光——"但不要靠近，"他警告说，"因为如果这么做，你只会感受到热量、汗水和生命。"在月光下，英俊潇洒的年轻人和金发碧眼的北方女孩一起躺在麦田里，而对于饱受折磨的神父和好奇的小男孩来说，明亮的灯光总是在远处。然而，他们会感到欣慰，因为他们知道，"在某些地方，有些东西有着难以言喻的美，而且与上帝无关"。菲茨杰拉德分享了济慈朋友哈兹利特在《为什么遥远的物体会取悦你》一文中的观点，这也为创作《了不起的盖茨比》打下了基础："激情是无限空间的主宰，遥远的物体之所以能取悦你，是因为它们靠近它的边界，被它的触摸塑造。"

遥远时代的记忆也令人愉悦。在另一个为《了不起的盖茨比》奠定了基础的故事《明智的事》中，一个年轻人与一个南方女孩发生了一段短暂的恋情，但他们做了明智的决定并分手，因为他没有足够的钱娶她。当他第二年再回到她家时，那个曾经"有神奇的灵光笼罩，楼上窗户里飘出阵阵祥云"的地方（即女孩的卧室）已经变得平淡无奇。客厅不再是他以前住过的那个"迷人的房间"，因为他恋爱了，他的想象力给一切都涂上了色彩。女孩同意坐在他的腿上，再吻他一次，但当他吻她的时候，他意识到"即使在永恒中寻找，他也永远找不回那消逝的四月时光"。他无法像济慈希腊古瓮上的恋人那样，拥有永恒的青春，可以随时准备亲吻。济慈式的春天之歌已经消失了：

也许他现在可以把她紧紧地搂在怀里，直到手臂上的肌肉隆起——她是他为之奋斗过、为他所拥有过的人，是那么令人神往，那么珍贵稀有——但是，那黄昏或夜风中无形的呢喃细语却不复存在了……

好吧，就让一切都成为过去吧，他想。四月结束了，四月结束了。世界上有各种各样的爱，但永远不会有两次一模一样的爱。

菲茨杰拉德仍然对吉尼芙拉·金念念不忘。

第十章
"让热情的爱神进来"

在跟弟弟和弟媳讲述了简·考克斯和伊莎贝拉·琼斯（没有透露她的名字）的魅力后，济慈告诉他们，他很享受这种孤独。他说，不管家里有多么舒适，妻子有多么漂亮，他都不想效仿他们结婚。"呼啸的风是我的妻子，透过窗玻璃照进来的星星是我的孩子。我对一切事物之美所持有的极其抽象的观念，扼杀了那些更为分散而细微的家庭幸福。"他需要这种美的"微粒"来充实他的生活。他不需要家庭关系，因为随着想象力的增强，他越来越觉得自己"不只是生活在这一个世界里，而是生活在上千个世界中——每当我独自一人，史诗中的伟大形象立即就出现在我周围"：

　　根据不同的心理状态，我或是同阿喀琉斯一起在战壕里呐喊，或是与忒奥克里托斯一道徜徉于西西里岛的山谷中。抑或是我将自己整个儿投入特洛伊罗斯的怀抱中，反复吟诵着这样的诗句："我彷徨失措，像一个游魂站在冥河岸边，等待渡船的接引。"我被如此娇艳的感性融化入空气中，这种孤独令我心满意足。

他可以把自己的"整个生命"投入到荷马的史诗中，或者忒奥克里托斯的田园抒情诗中，尤其是莎士比亚的戏剧《特洛伊罗斯与克瑞西达》中，以此来克服孤独。在他看来，这些事情比妇女们琐碎的客厅谈话更重要，"她们在我看来就像孩子一样，我宁愿给她们一颗糖梅，也不愿为她们花费时间"。对他来说，最重要的是他的写作能力："唯一能影响我个人超过一天的事情，就是对我诗歌才能的任何怀疑。"

济慈接着说，在世俗事物上，他就像一个孩子，这里确实有一种青少年对人际关系的防御态度。他遇到了两位美丽且极富魅力的女性。在意识到自己配不上她们之后，济慈于是发誓不再和女人打交道，而是专注于写诗。但进入他脑海的那句诗来自一个场景，在其中，特洛伊罗斯被对克瑞西达尚未实现的欲望所吞噬。这句诗前一句是"我在她的门口徘徊",这个人物接下来的演说,济慈在他的《第一对开本》复制本中画线以示强调,这段演说也是莎士比亚对爱欲力量最强烈的赞歌之一:

> 我头晕;忐忑的期望带得我团团转。
>
> 想象中的美味如此甜蜜,
>
> 它陶醉了我的感官;当我生津的唇齿
>
> 真正品尝到了经过三度提炼的爱的琼浆
>
> 那会怎样?我怕我会死去,
>
> 会回响昏厥不醒,我怕那快乐太娇柔,
>
> 太微妙太有力,又调和在太甘洌的甜蜜里,
>
> 我很害怕,我粗鲁的感官难以承受。[1]

这段演说的语言——尤其是当济慈将诗句中的"回响"(sounding)改为了"昏厥"(swooning)后——成为他在来年春天创作颂歌的模板。就发音而言,这两个词在语音学上因其咝擦音和半谐韵而

---

[1] 译文出自 2015 年外语教学与研究出版社出版的《特洛伊罗斯与克瑞西达》,刁克利译。——译者注

著称；斯科特·菲茨杰拉德沉醉于夜莺歌声的想象中，仿佛在用味蕾品尝这美妙的词句。这些特征可以说均源自莎士比亚笔下特洛伊罗斯的这段演说。

现实与梦想并不相符合：特洛伊罗斯发现了克瑞西达的不忠（他像所有男人一样责备她，无视她在特洛伊战争中被当作商品交易的事实，而她只是为了生存才献出自己的身体）。济慈回避爱情，因为家庭现实永远无法与诗歌的空灵理想相匹配。他害怕一段真正的感情迟早会变得单调，就像玛德琳从五彩缤纷的梦中醒来时看到的波菲罗那样。

此外，还有一个非常重要的前提。他是一个半专业的医生。他的爱和责任都倾注在弟弟们身上。这封给乔治和乔治亚娜的信是济慈在二十三岁生日那天写完的，信的最后提到了汤姆。济慈说他"感觉比前一段舒服些，但他还是心神不宁，弄得我不敢和他谈这些事情……我现在甚至不能问他要捎什么话——他的心会和你们谈话——尽量高兴些吧"。这是济慈最真实的一面，他把全身心倾注在生病的弟弟而非虚构的特洛伊罗斯身上。他发自内心地说，汤姆的心在对乔治和乔治亚娜说话，要求他们快乐，或者至少尽可能地快乐，因为他们知道死亡是不可避免的。

1818 年 12 月 1 日凌晨，他写信给妹妹范妮，让她做好最坏的打算："他的处境非常危险——我对他几乎不抱任何希望了。"（He is in a very dangerous state—I have scare any hopes of him.）（原文中的"scare"是"scarce"的弗洛伊德式的笔误？）那天早上八点，汤姆·济慈死于肺结核。约翰·济慈在汉普斯特德威尔沃克的寓所照顾了弟弟三个月，他从那儿步行了半英里，走到查尔斯·布朗位于温特沃斯广场的家。他可能是在路上把那封简短的信寄给了范妮。他轻轻地碰了碰朋友的手，把他弄醒。他告诉布朗，弟弟死了。布朗什么也没说。他们俩沉默了一会儿，两人的手紧紧地握在一起。然后，布朗说："别再管那些住宿的事了，——也别再单独住了。你和我住在一起不是更好吗？"济慈顿了顿，感激地握了握朋友的手，回答说："我想这样会更好。"[1]

温特沃斯广场公寓是一座漂亮的别墅，建于 1815 年，分为两部分，海军薪酬办公室的查尔

---

[1] 对话出自查尔斯·阿米蒂奇·布朗的《约翰·济慈的生平》手稿（1841 年）。我们没有理由怀疑这次交谈的真实性，尽管布朗接着说，"从那一刻起，他就成了我的室友"，而事实上，济慈是几周后搬来的。

斯·温特沃斯·迪尔克住在其中一半，布朗住在另一半。济慈和汤姆在威尔沃克同住的邮递员家有几个吵闹的孩子。经过商量，济慈将搬到布朗温特沃斯公寓的前厅居住，以便让他安静地工作。邮递员用一个洗衣筐帮他把藏书搬了下去。

在汤姆去世后下葬前，济慈为了分散注意力，去乡下观看了一场由当时最著名的拳击手杰克·兰德尔参加的有奖职业拳击赛，他在三十四轮比赛中击败了威尔士对手内德·特纳，这场比赛耗时近两个半小时。在向老朋友查尔斯·考登·克拉克描述这场搏斗时，他用手指敲打着窗玻璃，模仿"一个人以飞快的速度出拳，而另一个人正在倒下"。葬礼结束后，他下定决心继续前进："我必须工作——我必须读书——我必须写作。"

所爱的人在圣诞节前去世，这无法不令人倍感难过。雷诺兹一家于是邀请他去共度圣诞节。但他已经接受了另一个邀请，来自一个名叫布劳恩夫人的寡妇。她和她的三个孩子曾经租住在布朗温特沃斯公寓其中的一半，当时布朗为了夏季徒步旅行而搬出了那里。现在他们住在附近的一间小屋里。她十八岁的大女儿名叫弗朗西斯，大家都叫她芳妮。济慈见过他们几次，最初是在迪尔克家。在给乔治和乔治亚娜的下一封日记信中，他不经意地提到，他认为她"既美丽、高贵和优雅，又有点傻气、趋时和古怪"，并补充说"我们不时会争执几句"。过了两天，他又提起她，但对她的描述并不完全是赞美：

　　我能向你们介绍一下布劳恩小姐吗？她跟我差不多高，面容姣好，亭亭玉立，她脸上任何部分都无伤感色彩，她总是将自己的头发梳得很好看，她的鼻孔很精致——尽管有点惹人厌烦——她的嘴唇不好不坏，她的侧脸要比正脸好看，事实上，她的正脸并不饱满，苍白而瘦削，但也不显骨感。她的体态很优美，举止也非常雅致，她的胳膊匀称，双手却不够精巧，脚看起来还凑合。她并非十七岁［原文如此］，却依旧无知——行为鲁莽，四处乱跑，言语粗俗无理——所以我近来不得不用"轻佻女孩"这个词来形容她，我想这不是源自什么先天的癖好，而是她有种想要显出时髦新潮的强烈欲望。不过我已经厌倦这种风格，不想再接受更多了。

这样的描述听起来似乎有些心不在焉，也许是因为他还惦记着简·考克斯和琼斯夫人。或者他可能在有意无意地压抑着自己的感情。这种印象不像是一个很有希望的关系的开端。此外，在情人节当天写给在美国的弟弟和弟媳的一封信中，他只提到"布劳恩小姐和我不时谈上一阵，拌嘴几句"。可是七个月以后，他却在给她的信中说："认识你的第一个星期我就写了信，愿为你裙下之臣，但紧接着再见你时，我觉得你流露了某种对我的讨厌，于是我把信烧了。"至于芳妮，她说那个圣诞节是她一生中最快乐的一天。

她喜欢追逐时尚，歌喉甜美，风趣又善于交际，喜欢读书——浪漫小说，但也喜欢拜伦的诗歌（因为幽默）和玛丽·雪莱的《弗兰肯斯坦》。济慈的经济前景堪忧——围绕着阿比先生对他已故父母遗产控制的案件已上诉至大法官法庭——同时他的健康状况也颇不稳定。在新的一年里，持续的咳嗽一直困扰着他，这一迹象令人担忧，因为他的母亲很可能就是死于肺结核，而他又在汤姆生命的最后几个月里一直照顾他。众所周知，结核病有家族遗传的可能。布劳恩夫人因此对公开承认这段关系持谨慎态度，尽管芳妮似乎对此有所期待。在1月21日圣亚尼节，她抄写了一首济慈送给她的轻柔的情诗。不知道她前一天晚上是否在梦中看到了快乐的景象。

*

那年春天，他的情绪时常剧烈波动。他坐在温特沃斯公寓的前厅里，苦思冥想着《海伯利安》，这是他去年秋天开始创作的一部关于希腊诸神的史诗草稿。他非常感激布朗和隔壁迪尔克一家的友谊。吃茶点的时候，迪尔克太太会敲着墙，告诉他茶已经冲好了。他去参加派对，享受着红葡萄酒给舌头和喉咙带来的清凉滋味。他用双关语给家人和朋友写信。他通过散步来锻炼身体，还试着打板球——结果第一次拿起球棒就被打得鼻青眼肿。但他更担心自己的经济状况：也许他应该回到廷茅斯当一名乡村医生，或者在东印度群岛上当一名医生。在黑暗的日子里，他想到了死亡：

> 为什么今夜我发笑？没声音回答：
> 上帝在天堂，严于应对的恶魔
> 在地狱，都不屑回答这句问话。
> 我随即转向自己的心灵求索。
> 心灵！你和我在发愁，感到孤单；
> 为什么我发笑？啊，致命的苦痛！
> 黑暗啊！黑暗！我无时无刻不悲叹，
> 问天堂，问地狱，问心灵，全都没用。
> 为什么我发笑？我知道生存的租期，
> 我让幻想伸展到极乐的境界；
> 但是我也许在今夜停止呼吸，
> 见到尘世的彩旗一片片碎裂；
> 诗歌，名声，美人，浓烈芬芳，
> 死更浓——死是生的最高报偿。[1]

汤姆的死一直让他难以释怀，但他也意识到，

1　济慈《"为什么今夜我发笑？没声音回答"》。——译者注

近距离目睹死亡可能会使他成为更好的诗人。

在一个令人难忘的四月天,他在汉普斯特德西斯公园漫步,沿着首席大法官曼斯菲尔德勋爵的肯伍德庄园边缘走着,偶然遇到了在盖伊医院学习时的一位医疗助手,他恰巧正和塞缪尔·泰勒·柯勒律治在一起。于是他加入他们一起走了两英里,柯勒律治照例侃侃而谈,济慈在给弟弟的信中写道:

> 他提到了上千个问题——让我看看能不能给你们列一个清单:夜莺;诗歌——论诗意的感觉;形而上学;不同种类的梦——噩梦,伴随着触觉的梦,包括单一触觉和双重触觉,一个相关的梦;第一意识和第二意识,对意愿和意志之间区别的解释——需要了解第二知觉的形而上学者如此之多;怪物——克拉肯、美人鱼,骚塞相信这些,骚塞的信念被极大地弱化了;鬼的故事……早上好——他朝我走来时我听到了他的声音——他走开时我听到他的声音——我一直听到他的声音。

多年后，柯勒律治仍记得那次邂逅：

在海格特附近的一条小巷里，我和格林先生遇到了一个懒散、衣着不讲究的年轻人。格林认识他，并同他交谈起来。是济慈。格林向我做了介绍，济慈只停留了一分钟左右。在离开我们一小段路后，他又折了回来，对我说："柯勒律治，让我把握过你手的记忆带走吧！"济慈走后，我对格林说："那只手里藏着死神。"然而，我觉得，这是结核病的前兆。

他回忆说，济慈的手有一种奇特的湿热感。

*

《海伯利安》是济慈试图从浪漫主义走向史诗的尝试。他赞同哈兹利特的观点，认为弥尔顿在英国诗人圣殿中的地位仅次于莎士比亚。要攀登上缪斯女神之乡帕那索斯山，下一步就是写出一首《失乐园》式的长诗。将对弥尔顿的致敬与他在《恩底弥翁》序言中所说的对"希腊美丽神话"的进一步尝试结合起来，济慈可以与自己保持距离，用一种消极的而非自我的方式写作。

济慈 1817 年版诗集中的三十三首诗都是押韵的。《恩底弥翁》的四千行诗句也是押韵的。当然，《伊莎贝拉》、他所有的十四行诗，以及他早期未出版的作品和偶尔写在书信里或交给朋友的诗作也都是押韵的。他已经写了一百一十首押韵诗，所以是时候试试无韵诗了，这是成为弥尔顿和莎士比亚的必由之路。身边的例子，则有华兹华斯的《远游》和另一部翻译出版于 1814 年的作品，它是济慈在苏格兰之旅中随身携带的少数几本书之一：《神曲》，由亨利·凯里牧师新近译出，并由他自己的泰勒和赫西公司出版。

> 我在人生旅程的半途醒转，
>
> 发觉置身于一个黑林里面，
>
> 林中正确的道路消失中断。[1]

---

1 译文出自 2009 年外语教学与研究出版社出版的《神曲》，黄国彬译。——译者注

"astray / gone"[1]：通过舍弃押韵，济慈可以在创作中发挥出自己行尾停顿的潜力。这些停顿是华兹华斯众多最伟大的天赋之一，即便华兹华斯本人已经成为一个政治上的叛教者，这一点依然是完全值得模仿的，且时机已经成熟。但是，济慈的音乐之耳离不开韵律，所以他在自己的诗句中找到了它，并通过元音的回响，创造出了韵律般的和声。学者贝莱回忆说，济慈最喜欢的话题之一是"诗歌旋律的原则"，"济慈的理论是，元音应该尽量不互相冲突，以免破坏旋律——但它们应该能彼此互换，就像音乐中不同的音符，以避免单调"。贝莱引用了《海伯利安》开头的几行诗句来诠释这种艺术：

　　　　浓荫笼罩下，忧郁的溪谷深处，

　　　　远离山上早晨的健康的气息，

　　　　远离火热的中午，黄昏的明星，

　　　　白发的萨土恩[2]坐着，静如山石，

　　　　像他巢穴周围的岑寂般缄默；

1　以上诗句后两行的原文为"I found me in a gloomy wood, astray/Gone from the path direct."。——编者注
2　即萨图恩。——编者注

树林叠着树林，就像云叠着云
挂在他头边。那里没一丝动静，
不像在夏日那样虎虎有生气，
掀不动羽状草叶上轻的种子，
它只能歇在死叶飘落的地方。

"忧郁"（shady sadness）、"健康的气息"
（healthy breath）、"周围"（round about）、"一丝动
静"（stir of air was there）、"云叠着云"（cloud on cloud）：
在19世纪后期，韵律理论家们制定出规则，规定
"半谐韵"要"从最后一个重读元音开始，在半谐韵
单词中重复相同的元音"，但济慈的旋律比这更微
妙、更多变。贝莱还更准确地认识到，济慈长短元
音的交替运用也是一种关键技巧，他通过在诗行上
做标记说明了这一点：

Deep ĭn thĕ shādy sādness ŏf ă vāle,
Fār sūnken from the hēalthy brēath of morn—
Fār from thĕ fīery mōon & ēve's ōne stār—

随着"黄昏的明星"（eve's one star）这一系列
单音节词的出现，这首诗的节奏开始变得缓慢，明

亮的金星在黄昏时分孤独地悬挂在天空中，这是堕落的萨图恩的孤独写照。这一幕的忧郁之美在于它的静谧，在这宁静的夏日里，既没有落叶的沙沙声，也没有细草的摇动声。

史诗通常是从故事的中间开始的。正如《失乐园》是以堕落天使在天堂战争后密谋复仇开始的那样，《海伯利安》也是以异教的形式开始的：以萨图恩为首的陨落泰坦，在被朱庇特为首的年轻的新神打败后，正在讨论他们该怎么办。随着诗歌的展开，可以发现有几个场景明显受到弥尔顿的启发：海伯利安的反叛能量，能模仿撒旦的火焰在黑暗中闪耀；每个神的一连串具有异国情调的名字；一座类似于《失乐园》中穆尔塞伯建造的宫殿。与此同时，济慈在诗中也发出了自己的声音，这一点在一篇由海神俄刻阿诺斯这个人物所做的演讲中体现得尤为明显，俄刻阿诺斯与海伯利安的反抗精神形成鲜明对比，他认为有必要接受一切都会过去的事实。泰坦的陨落是"自然规律"的结果，而不是因为对手的力量。因为他们不是"最初的力量"，所以他们也不是最后的力量。俄刻阿诺斯为萨图恩讲述了一个关于创造和成熟的故事：

从太始的黑暗混沌中透出光来，
这最初的果实，诞生于内耗内斗，
阴郁的纷争，有奥妙目的的纷争
正在成熟中，成熟的时辰来到，
光随之而来，而光，一旦从母体
内部脱颖而出，便毫不迟疑地
把整个庞大的物质点化成生命。
就在那个时辰，我们的父母亲，
苍天和大地，都变得明显清晰：
然后你作为长子，和我们巨神族，
发现自己统治着美妙的新疆域。

他的论点的逻辑是，由于萨图恩和他的泰坦同伴统治的疆域比创造世界的"黑暗混沌"更美妙，所以他们必须承认一个痛苦的事实：

所以我们的后面又有新一代，
一群更美的神祇，我们的子女，
注定要胜过我们，在我们满载
荣耀告别黑暗的时候：比之于
被我们征服的混沌，我们也不是

失败得更惨。……

在《恩底弥翁》中，济慈表达了这样一种恐惧："伟大诗人的人数已点清；案卷/已由缪斯们收起……"任何一个继乔叟、斯宾塞、莎士比亚和弥尔顿之后的英国诗人，怎么敢与前辈的巨大力量相抗衡呢？相反，俄刻阿诺斯关于变革的叙述带来了希望：如果进化的原则推动了神性历史，并暗示了尘世的历史，那么文学史将遵循同样的进程，让年轻一代登上帕那索斯山。当阿波罗取代海伯利安成为诗歌之神时，济慈或许可以超越弥尔顿。接下来他就可以做好准备与他们中最伟大的莎士比亚一决高下了。

《海伯利安》的第三卷从旧神转向新神。阿波罗遇到了九位缪斯女神的母亲摩涅莫绪涅，并从她那里得知，要成为神——诗歌之神——他不仅要了解英雄事迹，还要了解悲剧事件，比如"大痛苦，/创造，毁灭"。这一论点与济慈书信中关于需要进入黑暗之室并承担"神秘的负担"的观点一致。然而，就在阿波罗通过启蒙仪式即将成为神的时候，这首诗的原稿在某处诗句的中间中断了。济慈遭遇了信心的危机。

*

1819 年 4 月的最后一天，也就是放弃写作第一部《海伯利安》的那个月，济慈给乔治和乔治亚娜写了一封日记体长信，在信的末尾，他附上了数首诗歌：两首关于名声的十四行诗，一首关于睡眠的十四行诗，然后是一首篇幅更长、形式更复杂的颂诗。颂诗是一种诗歌类型，可以追溯到古希腊的品达；颂诗的段落，在技艺上被称为诗节，是一种不规则的诗段，包含长度不一的诗行和复杂交织的韵律，有时整首颂诗中还会嵌入十四行诗模式。18 世纪精通古典文学的诗人，如托马斯·格雷和威廉·柯林斯，都遵循了为一个人、一件事或一种抽象事物写颂诗的传统（后者于 1747 年出版了一本名为《若干描述与寓言主题的颂诗》的诗集）。对于济慈来说，华兹华斯的《颂诗：忆童年而悟不朽》是当代最著名的颂诗复兴之作。

一年前，济慈曾尝试过这种形式，但都没有超过前十四行。[1] 这一次，他终于取得了突破。他已经找到了一种适合他的技巧形式，可以在不同节奏的柔和音景中协调情感与思想。这首重要的颂诗是为普赛克（Psyche）而写的。济慈从兰皮埃尔的《古典词典》中得知，她是丘比特娶的一位女神，通常被描绘成身上长着一双蝴蝶翅膀的样子，以象征轻盈的灵魂（希腊语 psyche 即"灵魂"之意）。在这首诗的序言中，他向弟弟和弟媳解释到，在古希腊万神殿中，普赛克并不是女神；丘比特与她相爱的故事似乎起源于公元 2 世纪柏拉图派学者阿普列乌斯的《金驴记》。济慈意识到自己在诗歌传统上的落后，并渴望在诗歌中体现关于想象力（他对心灵或灵魂的看法）的想法，他认为，将自己的思想变成一座献给这位姗姗来迟的女神的神庙，是再适合不过了。他告诉乔治和乔治亚娜，他的大部分诗句都是在匆忙中一挥而就的，但他的这首诗却写得不慌

1　济慈打算"在适当的时候完成这首颂诗"，但从未完成。现存的十四句诗行实际上构成了一首有趣且不规则的十四行诗，《五月颂》预示了 1819 年 4 月那批十四行诗的到来，通过这些诗，济慈试图寻找"一种比既有的更好的十四行诗诗体"：《致睡眠》以两首莎士比亚体的四行诗开始，以彼得拉克体的六行诗结束。他还写过两首歌颂阿波罗的诗：第一首作于其诗人生涯早期，仅由几个常规诗节组成；第二首作于 1817 年春，是一份给予阿波罗的所谓"道歉"，因为他"曾在利·亨特家里嘲笑过他"。

莺颂》《希腊古瓮颂》《忧郁颂》和《怠惰颂》。[1]多年后，他的室友查尔斯·布朗不无浪漫地描述了其中第一首是如何诞生的：

> 1819年春天，一只夜莺在我的房子里筑了巢。济慈在她的歌声中感受到一种宁静而持久的喜悦；某天早晨，他从餐桌边搬了一把椅子到梅树下的草地上，在那儿坐了约两三个小时。当他进屋时，我发现他手里拿着一些纸片，他正悄悄地把它们塞到书本后面。经过询问，我发现这些零碎的东西，一共有四五张，都包含着他对夜莺歌声的诗意感受。字迹不太清楚；很难把这么多零碎的东西组成诗节。在他的帮助下，我成功了，这就是他的《夜莺颂》，一首广受喜爱的诗歌。

查尔斯·迪尔克住在公寓的另一半，他称布朗的这个故事是"彻头彻尾的幻觉"。在一本引用了上

---

[1] 伍德豪斯认为《夜莺颂》创作于1819年5月，而迪尔克认为《希腊古瓮颂》也诞生于这一年；在另外两首颂诗现存的抄本中，创作日期仅标注为1819年，不过编辑们一致认为其应创作于5月，尽管创作《怠惰颂》的种子是在3月播下的。

述布朗描述的济慈传记中，迪尔克不无讽刺地写道："我们通常不会把废纸片塞到书的后面。"布朗肯定是记错了细节：现存的《夜莺颂》手稿只有两张，每一诗节都有清晰的顺序。那首诗节安排混乱的颂诗——布朗的抄本与伍德豪斯的不同——其实是《怠惰颂》。然而，毋庸置疑，济慈确实从餐桌边搬了把椅子，放到温特沃斯广场花园一棵梅树下的草地上，并坐在那儿写下了这首诗。因为这首诗写于早晨，所以它其实是对前一晚夜莺歌唱的回忆。

在手稿第一页的最后一行，济慈做了一处插入和一处修改：

消

在这里，青春日渐苍白、∧瘦、衰老

死亡

据海登日记记载，济慈在写此行诗句时，脑海中想到了汤姆，他因患肺结核而日渐消瘦，未曾变老。删去"衰老"（old）一词，也使得诗句与华兹华斯《远游》中那个萦绕在济慈心头的段落不那么相像：

当人们变老，死去，腐烂；

以及无数代的人类

离去，不在走过的地方留下任何痕迹。[1]

相反，夜莺象征着忍耐："你永远不会死去，不朽的精禽！/ 饥馑的世纪也未能使你屈服。"筑巢在温特沃斯广场屋檐下的夜莺会死去，但它的幼鸟会对后代唱出同样的音符，就像这"同样的歌声"，曾"在往古时代打动过皇帝和村夫"，或许在圣经时代"也曾经促使 / 路得流泪，她满怀忧伤地站在 / 异国的谷田里，一心思念着家邦"。汉普斯特德那只特别的夜莺代表了所有的夜莺：从这个意义上来说，济慈的原始手稿中的标题"Ode to the Nightingale"，要比该诗发表时所用的"Ode to a Nightingale"更为恰当。这首诗最先发表在《美术年鉴》杂志上（《希腊古瓮颂》也是发表于此），之后收入济慈1820年出版的成熟诗集中。

济慈希望逃离颂诗中所说的"唯一的自我"，部分原因是为了从汤姆去世、乔治和乔治亚娜身处

---

1 孙峰译。——译者注

肯塔基州陌生的玉米地，以及远离家乡的悲伤中解脱出来，但同时也希望避免"华兹华斯式的或自我主义的崇高"。在开篇的第二诗节中，他让自己沉溺于鸦片或酒精——来"一口葡萄美酒吧！来一口 / 长期在深深的地窖里冷藏的佳酿"——以此作为逃避现实的手段，但随后他认为，"诗神无形的羽翼"将使他能够与夜莺一起飞翔。

柯勒律治在西斯公园遇见济慈时，两人曾边走边谈论夜莺和诗歌；他还为自己与华兹华斯合著的《抒情歌谣集》创作了《夜莺，一首谈话体诗》（它以重复的"告别"结尾，正如济慈以重复的"再见"结束他的颂歌那样）。在诗中，柯勒律治描写了许多诗人在欲望语境中援引夜莺之歌的方式，他们的"名誉 / 会分享大自然壮丽的不朽"，并且他们的"诗歌 / 会使大自然更加壮丽，那诗歌 / 会像自然一样备受热爱！"。[1]这是济慈在他的颂歌中想表达的愿望，也驱使他在倒数第二诗节中，想象着古老的夜莺如何"迷醉了窗里人，她开窗面对大海 / 险恶的浪涛，在那失落的仙乡"。但是，"失落"这个词就

1　译文出自 2015 年福建教育出版社出版的《柯勒律治诗选》，袁宪军译。——译者注

像丧钟一样响起来，把他带回到自己的孤寂中，这时他意识到，对永生的想象，就像夜莺的歌声，不过是一场梦，甚至是一种欺骗："幻想这个骗人的小妖，/ 名不副实，再不能使人着迷。"

济慈之前的诗作已经涉及过这些主题，尤其是在几天前写的关于名声的几首十四行诗中，但是在《夜莺颂》中，他的语言具备了一种新的音乐性。与被放弃的《海伯利安》中弥尔顿式的宏伟不同，他找到了一种既热烈又健谈的声音。他的节奏给人一种莎士比亚的感觉，这是前所未有的。他在袖珍版《哈姆雷特》中画出的第一句话是"我心里也老大不舒服"；在哈姆雷特的独白中，他继续画出这样的段落："啊，但愿这一个太坚实的肉体会融解，消散，化成一堆露水！"以及诸如"可厌、陈腐、乏味而无聊！"之类的字眼。[1]这是他在颂诗开头所表达的情绪，"我的心疼痛，困倦和麻木使神经 / 痛楚"。这样的节奏与哈姆雷特在"生存还是毁灭"中的"心头的创痛，以及其他无数血肉之躯所不能避免的打击"遥相呼应，这是哈姆雷特一直以来经常被引

1　译文出自 2013 年译林出版社出版的《哈姆雷特》，朱生豪译。——译者注

用的关于死亡，特别是自杀的思考。

哈姆雷特是文学史上最著名的忧郁者形象。奥菲利娅描述了他在自己房间里的样子——心烦意乱、蓬头垢面、眼神狂乱、不眠不休——某种程度上使人想起罗伯特·伯顿在《忧郁的解剖》中所说的"爱之忧郁"的症状。《忧郁的解剖》是济慈最喜欢的书之一。他在该书"爱之忧郁在身体、大脑中的症状或迹象，好、坏等"一章中做了大量批注，在这一章中，伯顿收集了古代文学中数百条关于热吻和其他极端激情表现的文献。例如，书中提到一位阿拉伯苏丹夫人，她发现一个男子（不是她的丈夫）长得太美了，让她忍不住盯着看了整整两个小时，济慈在这个例子的边缘处画了一条线，而在另一页上，他却在下面的一段话上做了许多批注：

紧咬着唇，

嘴与嘴相撞。

[牙齿经常会伤到嘴唇，因为在接吻的过程中，嘴唇会被牙齿紧紧挤压住。]

他们哪，是难抑其情的，不光要牵手、亲

吻，还要拥抱，踩在对方的脚趾尖上……往对方的怀里钻——这被视为一乐，可任意为之 [挑动情欲，肉感十足]，正如斐洛斯特拉图斯[1]告诉其情人的。卢奇安[2]笔下的兰普瑞阿斯就悄悄地把手伸进了对方的胸部，偷摸双乳——有时这确乎不正经。[3]

济慈在该段文字下方的空白处又画了条线，并且专门在"往对方的怀里钻"和"有时这确乎不正经"两个地方画线强调。

他还特别关注了伯顿关于忧郁如何导致自杀的章节。《忧郁颂》的初稿以伯顿式的死亡之舟开始，其中也有柯勒律治的《古舟子咏》的味道：

但你应用死者的骨骼建造成

一艘帆船，将幽灵绞刑架竖作桅杆，

将信仰缝合成帆，并用呻吟

1　古希腊传记作家。——编者注
2　古希腊讽刺散文作家。——编者注
3　译文出自 2018 年金城出版社出版的《忧郁的解剖》，冯环译。——译者注

把它填满，惊恐万分，血迹斑斑……[1]

济慈删除了这一节，认为它过于哥特式了，相反，在新的第一节中，济慈开始告诫人们不要自杀，"不呵！不要到忘川去，也不要拧绞／根深的乌头，把它的毒汁当美酒"[2]。作为一名训练有素的药剂师，他深知这种俗称"狼毒"的乌头的毒性。但是，他又说，不要否认死亡。当一股忧郁来袭，应对之策是，要像伯顿在关于爱之忧郁一章中所阐述的那样，将你的感官沉浸在大自然的美和激情之中：

> 你就该让哀愁痛饮早晨的玫瑰，
> 或者饱餐海浪上空的虹彩，
> 或者享足姹紫嫣红的牡丹；
> 若是你钟情的女郎娇嗔蹙眉，
> 就抓住她的酥手，让她说痛快，
> 并深深品味她举世无双的慧眼。

1　孙峰译。——译者注
2　手稿草稿上写着"莨菪乌头"：济慈的第一个想法是"莨菪"，也许是联想起毒害老哈姆雷特的"有毒的药草"。

她与"美"共处——那必将消亡的"美";

还有"喜悦",他的手总贴着嘴唇

说再见;令人痛苦的近邻"欣慰",

只要蜜蜂啜一口,就变成毒鸩。

快乐和忧郁总是相伴,因为强烈的激情会自我消耗,所以它必然是短暂的。欢乐是短暂的,所以总是发出自己的告别信号。快乐会变成毒药,这可能就是为什么,如古典医学之父盖伦所宣称的那样,所有动物在交配后都会情绪低落(post coitum omne animal triste est)。[1]

在接下来的几个月里,济慈在写给芳妮·布劳恩的情书中表达了同样强烈的复杂情绪。

*

济慈说,自己最享受写作过程的颂诗,是他后来认为在诗性方面不如其他诗篇的那首,因此并没有把它收入 1820 年的诗集中。这首诗就是《怠惰

---

[1] 通常认为,此说法来自盖伦,但无确切依据;这句话的结尾是,公鸡和女人是例外(sive gallus et mulier)。

颂》，它歌颂了他在写给乔治和乔治亚娜的日记体长信中描述的消极状态：

> 大脑的神经纤维与身体的其他部位同处于放松状态，在这种愉悦情境之下，快乐没有诱惑，痛苦亦无难以忍受的力量。无论是诗歌、抱负，还是爱情，自我身旁经过时，全都未显现出任何警觉神情：它们看起来更像是希腊花瓶上的三个人物——一男二女——除了我，没人能从他们的乔装打扮中辨识出性别来。这是唯一的幸福，也是身体胜过大脑的罕见例子。

这首颂歌描述了代表爱情、雄心和"诗歌之精灵"的三个形象是如何在"我"的面前经过的。济慈满足于让它们雕刻在"梦中石瓮"上，而"无忧无虑的云彩在慵懒的夏日"困住了他的双眼，他的脉搏越来越缓慢，"痛苦不刺人，欢乐没鲜花炫耀"。这种情绪与《忧郁颂》恰恰相反。在后者那里，正是刺痛赋予了诗歌能量；而在这首颂诗里，"倦睡的时刻"和"惬意的懒散游荡"都无法引起读者的兴趣。济慈弃选这首诗是明智之举。

不过，他对"石瓮表面"上的男女雕像还有更多要说的。因为他的伟大主题之一——也是他最雄心勃勃的希望——是艺术所带来的不朽，他被古希腊艺术的持久力深深折服。

1808 年，本杰明·罗伯特·海登见到了埃尔金勋爵从雅典卫城偷走并带到伦敦的帕台农神庙浮雕。海登被浮雕上对人体解剖的描绘深深吸引。他花了几个月的时间画出了这些雕塑的素描，并得出结论，它们是有史以来最好的艺术品。三年后，埃尔金打算把它们出售给英国政府。拜伦勋爵等希腊艺术爱好者强烈反对这一计划，谴责埃尔金是一个破坏者和小偷。而艺术界人士则嘲笑说，这些大理石只是罗马人的复制品，并非原作。但海登坚持认为它们是真的。他为此争辩了五年，最终证明它们是真的，一个政府委员会也同意购买这些石雕。这正是济慈初识海登之时。他为此专门写了首十四行诗，不仅称赞这位新朋友的艺术成就，还赞扬了他为捍卫大理石雕所做的努力。1817 年 3 月初，济慈陪同海登一起去了石雕的新家大英博物馆参观。当目光凝视着它们时，济慈觉得自己像一只"患病的鹰隼，只向着高空怅望"。他在十四行诗《初见埃尔金石雕有感》中写道，"这些珍奇"让他感到"目眩心痛"，因为他想到了幸存的"希腊的壮观"，尽管经历了"古老的时光／无情的毁损"。这个念头对他来说几乎是难以接受的：大理石雕提供了"一抹雄伟辉煌"，是一种难以理解的伟大成就。济慈一次又一次地回到博物馆，坐下来凝视那些大理石雕。他的目光也许曾被南楣上一头小母牛仰望天空的精美雕像所吸引。

对大英博物馆的参观，还让他更方便地接触到了许多古希腊和罗马文物，比如汤利花瓶，这是一个保存完好的新雅典风格大理石瓮，其历史可以追溯到公元2世纪，上面装饰着潘神和酒神巴克斯的追随者在醉酒狂欢中跳舞的高浮雕人物。他可能也参观了威廉·汉密尔顿爵士收藏的希腊彩绘花瓶，这些花瓶当时已被大英博物馆收购。雕版印刷的希腊花瓶图片也出现在各种印刷作品集中。据查尔斯·迪尔克称，其中的一幅索西比奥斯花瓶图画或素描，就是出自济慈之手，拿破仑曾将此花瓶掠走并送往卢浮宫。瓶颈处有一圈叶子图案的装饰带。

《希腊古瓮颂》并非关于某个具体的实物，而关于一个想象中的古瓮，它包含了综合的元素："牛向上天哀唤"来自埃尔金大理石，"绿叶镶边的传说"来自索西比奥斯花瓶，"风笛和手鼓"以及"忘情的狂喜"来自汤利花瓶。西德尼·科尔文在其济慈传记中考察了这一系列来源，然后解释说，"在这首颂诗中，古瓮只存在于想象之中，上面的雕刻形象在诗人的脑海中得到了完全的呈现，我们会读到，这些形象是如何使他的思想运转起来的。一方面，他自问，在它们的背后，古代习俗与崇拜的活生生的人类场景是什么样的；另一方面，他还在思考造型艺术与生活的抽象关系"。科尔文毫不吝啬他的赞美："第二节和第三节以充分的幸福感和洞察力表现了生活之间的差异，生活为了其独特的现实特权而付出了饱足与衰败的代价"——这是《忧郁颂》未能继续下去的主题——"而艺术在丧失现实的过程中获得了永恒的美，想象中的体验比现实中的体验更富有魅力。"

　　如果斯科特·菲茨杰拉德像济慈一样，有在书上做批注的习惯，他也许会在科尔文的济慈传记中专门画出这一段。对他来说，这两个诗节代表了济慈诗歌艺术的巅峰，也是他反复描绘的"完美时刻"
的主要灵感来源，"完美时刻"在生活中会消失，但
在爱人的记忆和作家的艺术中则经久不衰：

听见的乐曲是悦耳，听不见的旋律

更甜美；风笛呵，你该继续吹奏；

不是对耳朵，而是对心灵奏出

无声的乐曲，送上更多的温柔：

树下的美少年，你永远不停止歌唱，

那些树木也永远不可能凋枯；

大胆的情郎，你永远得不到一吻，

虽然接近了目标——你可别悲伤，

她永远不衰老，尽管摘不到幸福，

你永远在爱着，她永远美丽动人！

啊，幸运的树枝！你永远不掉下

你的绿叶，永不向春光告别；

幸福的乐手，你永远不知道疲乏，

永远吹奏出永远新鲜的音乐；

幸福的爱情！更加幸福的爱情！

永远热烈，永远等待着享受，

永远悸动着，永远是青春年少，
这一切情态，都这样超凡入圣，
永远不会让心灵餍足，发愁，
不会让额头发烧，舌敝唇焦。

希腊古瓮上屏息的爱人永远得不到他的吻，但也永远不会失去他的姑娘。盖茨比的悲剧在于，在亲吻黛西大理石般脸庞上的嘴唇之前，他并没有定格自己的生命：

当黛西洁白的脸颊贴近他的脸时，他的心跳越来越快。他知道自己一旦亲吻了这个女孩，并把他那些难以言说的幻想和她短暂的呼吸永远结合在一起，他的心灵就再也不会像上帝的心灵一样自由快活了。于是他等待着，再聆听一会儿命运的音叉在一颗星星上敲击出的美妙声响。然后，他吻了她，一经他嘴唇的触碰，她就像一朵花儿一样为他绽放开来，于是这个理想的化身就完成了。

有了这个吻，化身就完成了。但这只是暂时

的。他必爱到永远；然而，当他对她的记忆在加深并占据了他的想象时，她却将要从他的现实生活中消失。呼吸是易逝的；只有在艺术中，不可言喻的景象才能经久不衰。

就在去世前几个月，斯科特·菲茨杰拉德在给女儿斯科蒂的信中写道：

《希腊古瓮颂》美得令人窒息，每一个音节都像贝多芬《第九交响曲》的音符一样不可或缺，或者它只是你无法理解的东西。它之所以如此美，是因为一位非凡的天才在历史的那一时刻停下脚步，触摸了它。我想我已经读过上百遍了。大约在第十遍的时候，我开始明白它是关于什么的，并领会了其中的旋律和精妙的内在机制。《夜莺颂》也是如此，我每次读完它都会热泪盈眶。

第十一章
"他从壁橱里拿出一盘又一盘"

> 我认为这部小说是一个奇迹。……这是一种奇妙的融合，将当今生活中极不协调的事物统一在一起。就纯粹的写作而言，这是令人惊讶的。
>
> （珀金斯致斯科特·菲茨杰拉德，他在收到《了不起的盖茨比》的打字稿后如是说）

虽然《了不起的盖茨比》的创作时间是1924年夏天，但它的内容却源自菲茨杰拉德与泽尔达乘船前往欧洲之前在长岛的一年半生活经历。晚年，他在法国作家安德烈·马尔罗的某本书最后一页潦草地写下了一份他们在现实生活中的来往清单。第一章——"拉姆齐家的魅力＋希区柯克家"。就在菲茨杰拉德一家搬到大颈前不久，著名雕塑家、马球运动员、"强盗大亨"哈里曼的女婿查尔斯·拉姆齐在大颈附近的一场车祸中丧生。他们在其遗孀玛丽·哈里曼的庄园参加了派对，在那儿，他们遇到了马球明星汤姆·希区柯克，他的名字后来被菲茨杰拉德套用到小说中的马球运动员汤姆·布坎南身上。第二章——"灰堆。大颈镇125号记忆"。在曼哈塞特这个豪华的旧（传统）纽约富人区（小说中的东卵）和稍显不那么时尚的沙点（西卵）之间，确实存在着灰烬堆。菲茨杰拉德夫妇在西卵这个住满了好莱坞和西部暴发户的新富豪区租下了自己的住所。

第三章——"戈达德们。德万家，斯沃普家"（Goddards. Dwanns Swopes）。一座名为"大颈宫"的豪宅是赫伯特·贝亚德·斯沃普举办奢华派对的地方，林·拉德纳从自己院子里就能望见它。客人并不需要邀请，都是不请自来的。他们有时会待上几周、几个月，甚至是几年。"Dwanns"是菲茨杰拉德众多拼写错误之一。如果不算漏掉的撇号，他在1923年7月总账上这个姓氏的拼写倒是对的——"艾伦·德万家（Allen Dwans）的派对。格洛丽亚·斯旺森和影迷们"。艾伦·德万是一位具有开创性精神的导演、制片人和编剧，经常与斯旺森一起合作。

在盖茨比家的派对上，他们是站在白梅树下的"电影导演和他的大明星"的原型。

"我们这里大家都是白人啊"，乔丹·贝克在小说后面的部分嘀咕道。"戈达德"则是一个更邪恶的名字：

"文明正在崩塌，"汤姆突然粗声粗气地说，"我近来对世事感到非常悲观。你看过由戈达德这个人写的《有色帝国的兴起》吗?"

"怎么了? 没有。"我答道，对他的语气感到很惊讶。

"嗯，这本书很不错，每个人都应当读一读。书主要讲的是，如果我们不加注意，白种人就会——就会完全被吞噬。书中讲的全是科学事实，已经得到证明了。"

汤姆提到的那本书是斯克里布纳出版公司于1920年出版的。这本书由西奥多·洛斯罗普·斯托达德撰写，名为《有色人种的兴起》，封面带有护封，上面绘有一幅夸张且骇人的插图，以及一条"白人世界霸权面临威胁"的标语。斯托达德是一个

"科学种族主义者"，他认为，除非出台严格的移民控制措施，并废除《凡尔赛和约》的一些条款，否则西方白人世界将被黑人、棕色人种和黄色人种的浪潮所淹没。这本书因此畅销世界。

　　菲茨杰拉德当然完全有能力在他的作品中引用正确的书名，并将它们用于象征性的目的。在第二章中，他提及了《名字叫彼得的西门》，这是一本关于牧师通奸的色情畅销小说。[1]尼克·卡罗威曾在纽约闷热的公寓里翻看这本书，菲茨杰拉德以此来暗示汤姆·布坎南与默特尔·威尔逊两人正在隔壁的房间里热火朝天地做着爱。因此，我们可以认为，菲茨杰拉德是故意让汤姆把作者的姓名及他那本堪称种族主义圣经的书名都记错的，这让粗鲁的汤姆显得愈发无知。如果汤姆广泛阅读了一战后如雨后春笋般出现的白人至上主义文学，他可能就不会把洛斯罗普·斯托达德和优生学家 H. H. 戈达德混为一谈了。戈达德是《人类效率与智力水平》一书的作者，该书内容源自作者 1919 年在普林斯顿大学发表的一系列演讲，并于次年结集出版。戈达德利用

1　在给珀金斯的信中，对于这种有伤风化的场景描写，菲茨杰拉德不止一次地表达了其可能会给自己带来麻烦的担忧。

一些可疑的心理数据"证明","智力低下"是遗传的，在移民中尤为突出。

当菲茨杰拉德在马尔罗的那本书中草草写下盖茨比的创作来源时，他的记忆已经被酒精损害了。现在轮到他把名字搞错了。他似乎忘记了汤姆气势汹汹的说话出现在第一章，而不是第三章，斯托达德而非戈达德，才是小说中涉及种族问题原始素材的作者名字。他应该写成"斯托达德们"才对。为什么是复数？因为在第三章中，尼克·卡罗威和乔丹·贝克在盖茨比的图书室里遇到了"猫头鹰眼镜男"，一个长相酷似林·拉德纳的文学家。小说中，盖茨比的图书室是仿照牛津大学的默顿学院图书室建造的，四壁饰有精雕细刻的英国橡木镶板。就像了解盖茨比本人一样，他们想了解这些书是真还是假，于是猫头鹰眼镜男取下了一卷《斯托达德演说集》。菲茨杰拉德让他的读者对书脊上印着《斯托达德演说集》的一排十卷本产生了无限遐想。当猫头鹰眼镜男打开其中一卷时，他会看到扉页上的文字：《约翰·L.斯托达德演说集：配有世界名胜与名人插图，以斯托达德演说为题集结的过往十八年演讲内容》。这是一套讲述世界各地风土人情的插图系列书，配有大量的照片，广受读者的欢迎与喜爱。作者约翰·劳森·斯托达德是洛斯罗普·斯托达德的父亲。因此，复数的"斯托达德们"，意指斯托达德父子。

为什么这一点很重要？因为菲茨杰拉德是心怀愧疚的，小说中，他将自己的种族主义思想投射到了最具敌意的人物，那个白人至上主义者之子身上。1921年第一次欧洲之行时，他在给"邦尼"威尔逊的信中透露过自己的种族主义思想，当时洛斯罗普的书正引发广泛轰动。菲茨杰拉德当时对自己的描述——"自私、反社会主义、偏狭＋种族优越"——在后来的事件中一一得以验证。作为热衷阅读报纸的人，他应该知道1921年晚些时候，在泽尔达的家乡亚拉巴马州，总统沃伦·哈丁在一次支持种族隔离的演讲中说，"无论是谁，如果花时间去阅读和思考洛斯罗普·斯托达德先生的《有色人种的兴起》……都必定能意识到，美国的种族问题，不过是全世界面临的种族问题的一个阶段而已"。

菲茨杰拉德并不喜欢哈丁，他在《爵士时代的回声》一文中将哈丁与魅力十足的花花公子威尔士亲王（即后来退位的爱德华八世）进行了一番对比：
"这是一个奇迹的时代，这是一个艺术的时代，这是一个挥金如土的时代，这也是一个充满嘲讽的时代。美利坚合众国的王座上，端坐着一个道貌岸然的家伙，正在颐指气使、洋洋自得地敲诈勒索着；一位时髦的年轻人匆匆走来，代表英国国王向我们展示风采。"就国内而言，他也应该知道，1923 年，就在他与《赫斯特国际》杂志签约之时，该杂志发表了一项调查，揭露洛斯罗普·斯托达德是三 K 党成员。该党首领曾建议每个成员都应该读读这本书。

反犹太主义是那个时代种族主义的普遍现象。洛斯罗普·斯托达德谴责《赫斯特国际》杂志是一个"激进的犹太人组织"，企图陷害他。这种说法很讽刺，因为他的父亲就是一个著名的早期犹太复国主义者。猫头鹰眼镜男把《斯托达德演说集》的第一卷从盖茨比的书架上取了下来，但该套书中最著名的一段是在第二卷。在关于耶路撒冷的章节中，斯托达德提出了他所谓的"'东方问题'的最终解决方案"。他建议，世界大国应该团结起来，下定决心让犹太人回到他们的历史家园：

设想一下，那些被宽宏大量所感动的基督教国家，会对他们或他们的祖先曾长期迫害的这个民族说："去夺回你们祖先的土地吧。我们会保证它的独立性和完整性。在经历了这么多世纪的苦难之后，这是我们能为你们做的最起码的事了。你们都不愿意去那里，但是很多人愿意。目前，巴勒斯坦仅养活六十万人口，但是，通过适当的耕种，它可以轻松养活二百五十万人口。你们是一个没有国家的民族；而那儿有一个没有民族的国家。要团结在一起。实现你们的老诗人和先祖们的梦想。回去吧，回到亚伯拉罕的土地上去吧。"

洛斯罗普接着列举了犹太人培养出的"伟大政治家们"，打消了那些怀疑他们是否有能力建立国家并进行自治的读者的疑虑。

盖茨比并没有裁开他那套《斯托达德演说集》的书页——由此可见，他的图书室只是为了装点门面，正如尼克和乔丹所怀疑的那样——但菲茨杰拉德在小说中专门提及这位与众不同的作家，一定具有其象征意义。毕竟，猫头鹰眼镜男也完全可以去看其他一些能代表文化的书籍，比如说莎士比亚或歌德的作品。菲茨杰拉德把老斯托达德的书摆放在盖茨比的书房里，却让汤姆去读小斯托达德的书，这就在小说中建立了一种刻意而明显的隐喻性对立。汤姆·布坎南：白人至上主义者。杰伊·盖茨比：亲犹太者。

据泽尔达·菲茨杰拉德称，盖茨比这个角色的原型来自他们在大颈镇居住时的一位邻居："一个名叫冯·格拉赫或什么的条顿人"，他"因为贩卖私酒而惹上了麻烦"。到了 20 世纪 50 年代，这个人曾打电话给菲茨杰拉德的首位传记作者，宣称他就是盖茨比的原型。他当时是一个二手车推销员，曾试图自杀，结果弄瞎了自己的眼睛。菲茨杰拉德夫妇剪贴簿上的一张 1923 年夏的剪报证实了他的这一身份。剪报的标题为《美丽与诅咒》并非完全如此"，配发的照片上，斯科特、泽尔达和两岁的"斯科蒂"站在他们位于长岛寓所的草坪上，三人看起来心情很好，脸上没有任何愁苦之色。随同剪报一起交给他们一家的，还有一张字迹潦草的纸条，上面写着："前往海滨的途中——到这里出差几天，你和家人都好吗，老兄？格拉赫。"菲茨杰拉德肯定是从格拉赫那里学会了这个称呼，小说中盖茨比使用了四十多次的"老兄"，他试图把自己塑造成一个地道的牛津式盎格鲁-撒克逊绅士。

关于盖茨比背景的问题一直困扰着菲茨杰拉德和他的编辑。在珀金斯阅读了小说草稿后，他重点批评了盖茨比本人的性格。珀金斯对菲茨杰拉德的这部"暗示了各种各样想法和情绪的非凡之作"表示祝贺，他特别称赞了以尼克为叙述者的写作技巧、埃克伯格医生眼睛的象征意义，以及黛西丈夫这个人物（"如果在街上遇到汤姆·布坎南，我会立刻认出他，并躲得远远的"）。但是，他还是觉得盖茨比这个人物"有些模糊不清"。他承认，菲茨杰拉德的艺术意图可能是让这个人物"或多或少保持神秘色彩"，但他觉得读者会不满意。他们或许想更多地了解盖茨比的财富是如何得来的，而不仅限于知道这些财富在来源上与沃尔夫山姆[1]有某种关联。尽管珀金斯表示，鉴于这部小说"总体上出色的品质"，他对自己所提出的批评略感不安，但他还是建议，盖茨比身世的真实性或虚构性——比如他声称的牛

1　珀金斯将沃尔夫山姆这个名字拼作"Wolfsheim"（典型的犹太式拼法）；常犯拼写错误的菲茨杰拉德在小说中将其从头至尾都拼作"Wolfshiem"。

津大学求学与在战争中服役的经历——应该"在实际叙述过程中一点一点地展现出来"。菲茨杰拉德回应说，他不想删去草稿第八章中关于盖茨比过去的长篇叙述，或者说，他不想牺牲其中的任何一部分，但他同意增加一些额外的细节，明确说明这笔钱来自贩卖私酒。

在将小说的打字稿寄给珀金斯后，菲茨杰拉德一家从法国里维埃拉驱车前往罗马。他们又缺钱了，疲软的里拉使意大利成为一个生活成本低廉的好去处。他们在那里过冬，住在西班牙广场 15 号的一家旅馆里。令菲茨杰拉德高兴的是，他可以从卧室的窗户探出身子，望见济慈去世时的那所房子。正是在这里，他重新修订了《了不起的盖茨比》。他告诉珀金斯，自己花了"六个星期不间断地工作"，对校样做了大量修改。严格地说，"不间断"并不完全准确。在罗马期间，菲茨杰拉德为偶然目睹教皇尊容而感动，并与在那里拍摄《宾虚》的演员和工作人员往来密切，甚至还和饰演埃及吸血鬼的影星卡梅尔·迈尔斯眉来眼去。他因拒绝支付出租车费用而被捕，并在监狱里挨了一顿痛揍。这促使他和泽尔达逃到更为平静的卡普里岛。一离开罗马，他就把那些修改得密密麻麻的校样寄给了珀金斯，附信解释说，他已经"使盖茨比变得栩栩如生"，交代了盖茨比的财富来源，并拆解了这个冗长的背景故事。

一如既往，菲茨杰拉德采纳了珀金斯的大部分建议，但同时坚持自己相信的细节。诚然，当默特尔·威尔逊被车碾过时，她的乳房被撕扯了下来，十分可怖，但这一幕"正是小说效果所需要的场面"；不，"orgastic"（极乐的）并不是"orgiastic"（狂欢的）的拼写错误，它是"'orgasm'（性高潮）的形容词形式，准确地表达出了预期的狂喜"。他的主要创新之处是将盖茨比与富有的冒险家丹·科迪相识的叙述提至前面。（斯科特在马尔罗书中的笔记"鲍勃·科尔的故事"，被认为是科迪和其游艇的原型——少年时代的科尔居住在大颈，他曾目睹一艘豪华游艇准备在一个海湾抛锚，他知道一旦潮水退去，它就会搁浅；于是他划船过去，提醒了那位富有的游艇主人，后者出于感激雇用了他。）

即使在最终版本中，围绕着这个同名主人公的神秘气息还是被保留了下来。我们知道杰伊·盖茨比的真名叫詹姆斯·盖茨，是由北达科他州"庸庸碌碌的庄稼人"抚养大的，在明尼苏达州的一所小型路德教会学院待了两周就退学了，在苏必利尔湖上，他从科迪那里获得了人生中的第一个机遇。从那以后，他开始涉足经由五大湖并越过加拿大边境的私酒贸易。他与迈耶·沃尔夫山姆密切合作，从事不正当的商业交易，后者正是"在1919年非法操纵世界棒球联赛的那个人"。人们早就认识到，沃尔夫山姆这个被描绘成令人厌恶的刻板犹太人的形象，其原型是阿诺德·罗斯坦，一个据称就是贩卖私酒的诈骗犯和赌徒。根据这些联系，我们可以推测出，小说开头提到的盖茨比的财富与他是德皇威廉的侄子或堂亲的身份有关，是毫无根据的谣言，不过，对盖茨比可能具有日耳曼血统的暗示，无疑来自菲茨杰拉德在创作过程中借用的麦克斯·格拉赫这个元素。

泽尔达知道格拉赫是"冯·格拉赫"，但并不是一个真正的德国男爵。他在纽约安家落户时，自己给自己加封了这个头衔，以强化身世背景。这在移民中并不罕见。例如，乔纳斯·斯坦博格来自维也纳，是一个贫困的东正教犹太家庭孩子，初到美国时，他将自己的名字改为约瑟夫·冯·斯坦博格，后来成为20世纪20年代好莱坞最杰出的电影导演。

可见，改名或多或少可以将犹太身份隐藏起来。

　　说来奇怪，菲茨杰拉德研究者们居然忽略了如下一些事实。"Gatz"是一个犹太姓氏，是希伯来语"Gabbai Tzedakah"每个词各取前两个字母的缩写，意为"负责慈善和施舍的公共官员"。"Goetz""Gotz"和"Getz"都是同一个姓氏的变体。这些名字在阿什肯纳兹犹太人中都很常见——这是一个庞大的犹太人群体，中世纪开始散居在莱茵兰地区。19世纪，成千上万的阿什肯纳兹犹太人从德国移民到了美国。其中许多人最终在大平原地区安家落户，并获得耕作田地。1880年到1916年间，有近千名犹太人在北达科他州递交了土地申请，这通常是在犹太农业和工业援助协会的帮助下进行的。他们中很少有人是"懒惰的"，但大多数人却是"不成功的"，因为遭遇了巨大的困难和太多的偏见。不过，在北达科他州有许多犹太教堂，他们可以在那里找到族群的归属感。

　　与迈耶·沃尔夫山姆的密切关系，以及老斯托达德的书出现在图书室所透露出的信号，所有的这些间接证据都有力地表明——有意或无意地——菲茨杰拉德在暗示盖茨/盖茨比可能是一个阿什肯纳兹犹太人，通过改名伪装成纯种白人（他曾进入过一所路德教会学校就读，那是他第一次尝试融入社会，却发现自己格格不入）。"James"（詹姆斯）是典型的犹太名字"Jacob"（雅各）的英语化形式。如果菲茨杰拉德把杰伊·盖茨比的原名改成雅各·盖茨，那么他是犹太人的事实就不言而喻了。为了保持人物的神秘感，并让他成为一个典型的局外人，而不是一个过于明确的单一种族的人，詹姆斯这个名字被选中，所以犹太人身份的含义是模糊的。[1] 小说出版后不久，菲茨杰拉德致信普林斯顿大学好友约翰·皮尔·毕肖普说"让盖茨比模糊和不完整是对的"。"连我自己都从来没弄清楚过他"，他继续写道，"因为他一开始是我认识的一个人"——大概是格拉赫——"然后变成了我自己"。他自己的爱尔兰血统和中西部出身也赋予了他局外人的感觉。

在我看来，犹太元素似乎是盖茨比这个模糊拼图的一个重要组成部分。在小说的倒数第二页，在

1　在对这一人物的前世想象中，人们可以假设其父母在抵达美国后将他的名字由雅各改为詹姆斯，也许同时其父亲也将自己的日耳曼名字海因里希改为盎格鲁-撒克逊的亨利。我们从未听说其母亲名字——当然，犹太血统是经由母系而非父系传承的。

盖茨比已无人居住的豪宅白色台阶上，尼克用他的鞋子擦去了"一个脏词，不知是哪个男孩用砖头涂写的"。小说没有告诉我们这个脏词是什么：这一空白使盖茨比成为西卵惨案的替罪羊。但是，对豪宅白色台阶上脏词的强调，是对种族不纯洁的强烈暗示。细心的读者可能会想，这个词是不是一个对犹太人的贬义词，也许是"尖声尖气、没精打采、漂漂亮亮，可是非常讨厌"的麦基太太在纽约肮脏的派对中使用的那个词："我差点嫁给了一个追了我好几年的小犹太佬。"难道我们要把盖茨比想象成另一个"小犹太佬"，多年来一直在追求南方白人美女黛西？难道他的种族不纯正就是那个拥有"美好而纯洁的少女时期"、身着白色衣裙、开着一辆"白色小跑车"的她一开始不愿意嫁给他，而选择了偏执的美国白人新教徒汤姆·布坎南的原因吗？

默特尔·威尔逊含糊其词地回答麦基太太："唉，我嫁给了他。"模棱两可之处在于，不知她是指嫁给了这个问题中的男人，还是指嫁给了一个像他这样配不上她的人，她错误地以为对方是一个"应该有点学问和教养"的"上等人"。不过嫁给后者的可能性更大：没有迹象表明乔治·威尔逊是犹太人。但他和盖茨比的共同点在于，他们都是身世可疑的人，都毫无保留地爱着一个女人，而这个女人却和纯种的汤姆·布坎南睡在了一起。在小说的最后，他们是被牺牲的受害者，而白富美的黛西和汤姆却逍遥法外。当司机、管家、园丁和尼克把盖茨比的尸体从游泳池往宅子里搬时，"园丁才在不远的草丛里看见了威尔逊的尸体，于是，这场浩劫，终于结束了"。

犹太人成为替罪羊："浩劫"这个词有一种预言性的讽刺意味，因为它在菲茨杰拉德死后被赋予了新的含义，就像沃尔夫山姆的掩护机构被称为万字控股公司一样。

洛斯罗普·斯托达德为优生学辩护，强烈反对异族通婚和有色人种移民，他还是三K党成员，在《有色人种的兴起》之后又出版了另一本书，《文明的反叛：次等人的威胁》，该书的德文译本与《了不起的盖茨比》同年出版。虽然之前"次等人"一词已经诞生并流传，但斯托达德对该词的使用，对希特勒的种族主义理论家阿尔弗雷德·罗森堡及其鼓吹者尤利乌斯·施特莱彻产生了重大影响。同样，纳粹最初热衷于采用老斯托达德善意的"最终解决方案"来解决东方问题：尽管他提议让犹太人自愿遣返巴勒斯坦，但纳粹试图将其变成强制性的。当因为战争该方案被证明不可行时，他们提出了自己的"犹太人问题最终解决方案"。

*

菲茨杰拉德为该书后几章的撰写列出了一个参考清单，来源从个人回忆到文化典故都有。例如，第四章引用了"纽约的蔬菜日子"，而第五章则借鉴了当时非常成功的百老汇音乐剧《玛丽》。它的标志性曲目叫作《爱巢》，就是盖茨比带着尼克和黛西参观自己的豪宅时，让克利普斯普林格在钢琴上弹奏的那首曲子。这一章以盖茨比与黛西在尼克的小屋里相遇开始，他打算把那里变成他的爱巢。

还有一些是现实生活中的书信，菲茨杰拉德并没有在清单中提及。在给珀金斯的信中，他解释说，盖茨比多年无联系的恋人黛西的闺蜜乔丹·贝克，原型是著名高尔夫球手伊迪丝·卡明斯，她曾是第一个登上《时代》杂志封面的女运动员。菲茨杰拉德没有提到的是，伊迪丝还是他久无联系的恋人吉尼芙拉的闺蜜。盖茨比的战争荣誉以及从"小小的蒙特内格罗"获得的勋章，都是模仿了1918年秋季激烈的阿贡森林战役里，阿尔文·约克中士的英勇表现。约克的功绩被报纸大肆宣传，菲茨杰拉德在自己1920年的短篇小说《戴利林波的堕落》中曾提到过他。这两个"来源"完美地体现了菲茨杰拉德在选取小说素材方面的天赋，他从报纸和杂志上捕捉爵士时代的杰出人物类型——高尔夫球女郎和战争英雄——并将其与自己的失落和缺憾联系起来：对吉尼芙拉的回忆，对服役却没有机会前往欧洲战场的失望。

谋杀和简陋的葬礼都是"虚构的"。尽管珀金斯以他特有的敏锐性将其描述为"一种奇妙的融合，现代生活中极不协调现象的统一呈现"，但《了不起的盖茨比》并不是一部关于爵士时代的纪录片。真正的进步是，菲茨杰拉德掌握了济慈式的消极能力。《人间天堂》是浪漫主义自我崇高的现代转变；《美丽与诅咒》可以被视为一部自我主义的讽刺作品（类似于拜伦勋爵嘲讽浪漫主义的浪漫主义），而在《了不起的盖茨比》中，菲茨杰拉德"能够置身于不确定、神秘和怀疑之中，而不是急于去弄清事实与原委"。小说富于浪漫和讽刺；盖茨比（以及尼克本人）既令人钦佩也让人鄙视；盖茨比对希望的无限憧憬既是一种错觉，也令人惊叹。若干年后，在谈及自己的消极能力原则时，菲茨杰拉德写道："一流智力的检验标准是，在头脑同时持有两种相反想法的情况下，仍能保持正常运转的能力。例如，一个人应该既能看出事情是没有希望的，却又下定决心扭转这种局面。"

菲茨杰拉德坚持认为，像济慈一样，自己应该因为消极能力而不仅仅是感性而受到赞美。他反驳了马修·阿诺德的说法，即济慈之所以会被后人铭记，是因为他的诗歌具有"迷人的感性"，但同时也会被人质疑除此之外是否还有更多拿得出手的东西："很多东西可能会被提出来，似乎表明他处于感性的陶醉和唯一支配之下，以至于丧失了更多的欲望。"菲茨杰拉德在自己的阿诺德《批评二集》页边空白处写道："后世之人完全不同意这一点。它以丑陋的姿态，展现了维多利亚时代的僵硬和拘束。"

他还认同济慈的观点，即通过想象力所捕捉到的美，不仅一定是美的，而且一定是真的。就像"想象的诚实"一样，它承认幻觉和怀疑，也承认对美的迷恋和信仰。正如他在"现代文库"当代经典系列小说的再版序言中所写的那样，"作者想说，在此之前，从未有人像他这样，能在十个月的创作中努力保持自己艺术良知的纯洁"。"在我看来，这与真实并无出入；真实，或者更确切地说，真实的对等物，是对想象的诚实尝试。"

作为这部小说出版后的早期评论之一，卡尔·范·韦希滕一针见血地指出，盖茨比"用劣质的爱情故事素材为自己编造了一种完全虚构的职业"。《了不起的盖茨比》的作者亦是如此。他从罗伯特·基布尔的《名字叫彼得的西门》等通俗言情小说中提炼出了通奸主题，并将其上升到纯粹悲剧的层面。这部小说包含了亚里士多德在《诗学》中所说的古典悲剧的所有要素：一个在某种程度上比我们伟大的英雄，但又不至于伟大到让我们无法认同；一种必然性（因果关系）与惊喜相结合的感觉；情节、人物与思想的统一；命运逆转的时刻和对灾难性错误的承认；苦难事件的高潮场面；结构与语言上的和谐与韵律；写作的明晰性；最重要的是，在观众中营造出一种怜悯与敬畏的复杂情感，以达到一种情感的宣泄与惊奇感的获得。

范·韦希滕还将盖茨比与詹姆斯代表性中篇小说《黛西·米勒》中的主人公做了巧妙的比较："一个肮脏的，甚至可以说是廉价的人格主题，经过激情的理想主义改造，变得可悲地吸引人。"较之于其前两部小说，它进步的一个关键因素是，菲茨杰拉德让尼克作为叙述者。从亨利·詹姆斯和伊迪丝·华顿那里，他学会了通过处于主要情节边缘的叙述者视角来书写场景的技巧，这个叙述者认为自己比作者更重要。

尼克·卡罗威把自己比作"暮色苍茫的街道上一位观望的过客"，观察着人类的秘密，他"既身在其中又身在其外，对人生的千变万化既感到陶醉，同时又感到厌恶"。这是菲茨杰拉德，也是尼克。正如评论家马尔科姆·考利在对他下一部小说的评论中所言："某些时候他就像一个小男孩，透过窗户向里窥视，为音乐和穿着漂亮的女人所陶醉——一个浪漫但又冷静的小男孩，时不时会停下来，想弄清这一切要花多少钱，钱从哪里来。"济慈亦是如此，正如菲茨杰拉德与希拉·格雷厄姆分享的一首 W. B. 叶芝的诗中所写的那样：

他的艺术是欢乐的，但谁了解他的心思？

当我想起他的时候我看见一个学童，

脸蛋和鼻子贴在一家糖果店的橱窗上……

作为一个马车行看守的教养粗陋的儿子，

被关闭在人世间的一切奢侈享受之外。[1]

在《人间天堂》中，艾默里和安东尼与菲茨杰拉德本人有着明显的相似之处，而在《了不起的盖茨比》中，他以一种融合了同情与讽刺的微妙方式，偷偷地把自己投射到尼克和盖茨比身上。他也一直在阅读约瑟夫·康拉德的小说，于其中他再次发现了非常老练的叙事方式。他告诉 H. L. 门肯，自己从陀思妥耶夫斯基《卡拉马佐夫兄弟》中的"男性气概"影响中受益，他在大颈读了这本书："它是一种无与伦比的形式，而非《一位女士的画像》中那种女性化的"。

对詹姆斯的提及告诉我们，那个时代的文学文化笼罩在现代小说"大师"们的可怕阴影之下。因此，当另一位现代文学大师 T. S. 艾略特由衷地感谢

1　译文出自 1994 年中国工人出版社出版的《叶芝抒情诗全集》，傅浩译。——译者注

菲茨杰拉德寄去的这部小说（题献给"当世最伟大的诗人"）时，菲茨杰拉德感到无比自豪。艾略特说："这是近年来最令我感到兴味盎然和激动的一部新小说……事实上，在我看来，它是自亨利·詹姆斯以来美国小说迈出的第一步。"

*

他从一开始就明确表达了自己在这部小说创作方面的抱负，在写给珀金斯的信中，他谈到了1922年以镀金时代为背景的第一个版本的流产："我想写一些新颖的东西——一些特别的、美丽的、简单的 + 精心构思的东西。"要做到既新颖又美丽，这部小说必须将其主要文学意图隐藏于表象之下。他在笔记中写道："从书本中，你能学到的只有节奏和技巧。"他逐渐意识到，《人间天堂》的问题在于，它是"一部罗曼史和一个阅读清单"（而其朋友和竞争对手海明威的《太阳照常升起》则是"一部罗曼史和一本指南书"）。《美丽与诅咒》也太过刻意追求文学性，正如泽尔达在评论她朋友丈夫的新书时所敏锐地察觉到的那样："书中我不喜欢的一些其他东西——

我指的是那些无关紧要的东西——是文学典故，以及试图传达的一种深邃博学的气息。它让我联想起以前在学校时，常常最后一刻起床，在《大英百科全书》里查找一些文章的奇怪名字，异常沉闷乏味。"

H. L. 门肯的批评尖锐犀利，但在政治和种族观点上则是保守的，他看到了菲茨杰拉德在写作上的进步：在他的第一部小说中，菲茨杰拉德只是"一个聪明的大学生"，对人物和事件有着敏锐的观察力，但文体粗枝大叶，"对文字的色彩和品味没有任何感觉"。而《了不起的盖茨比》的进步如此不同寻常，简直令人难以置信。这部小说的杰出之处，并不在于对情节或人物的处理，而在于"写作的魅力与美感"。

如果没有济慈，就不可能产生这种美。菲茨杰拉德说，《圣亚尼节前夕》包含了"英语中最丰富、最感性的意象，连莎士比亚也难望其项背"。而这就是他吸收在《了不起的盖茨比》中的东西。

盖茨比既是玛德琳那样的梦想家，又是波菲罗那样的理想追求者。当玛德琳像一朵盛开的玫瑰出现在波菲罗的脑海里时，他"痛苦的心中／掀起紫色骚动"。年轻时的盖茨比有一颗狂野的心，也有激发他想象力的梦想。他的卧室和玛德琳的一样，月光洒满房间，照在地板上的一堆衣服上：

　　但是他的内心却始终处于躁动不安之中。夜晚躺在床上时，各种怪诞离奇的幻想始终萦绕心间。一个难以言喻的绚丽宇宙浮现在他的脑海里，这时，洗脸架上的时钟嘀嗒嘀嗒地响着，如水般的月光浸泡着地板上他那乱七八糟的衣服。每天晚上，他都会给这些幻想的图画增添色彩，直到昏沉的睡意来袭，合上这生动多姿的画页。有一段时间，这些幻梦为他的想象力提供了一个宣泄之口；它们令人满意地暗示，即现实是不真实的，表明世界的基石是牢牢地建立在仙女的翅膀上的。

　　盖茨比从年轻时就记住的这种灯光效果，当他望向黛西的码头时，它预示着海湾上的月亮，同时也呼应了玛德琳房间里"月亮的幽光"下的"晶莹的杯盘"。

　　盖茨比期盼着，波菲罗站在月光下恳求天使：

……给他机会一睹梅黛琳，

　　在他耐心久等后给一个瞬间，

　　让他悄悄凝视她，倾注爱慕心；

　　也许能说话，屈膝，或亲吻——后来都
成真。

　　当玛德琳盖着"纯白亚麻被，柔滑，熏了香"
酣眠时，波菲罗从壁橱里拿出诱人的"一盘又一盘／
苹果脯，榅桲，李子，南瓜的甜瓤"，他的"珍馐"
来自丝绸之国"撒马（尔）罕"。菲茨杰拉德把亚麻
布和丝绸都用在了盖茨比身上，让他从衣柜里拿出
一堆质地各异的衣服：

　　他拿出一堆衬衫，开始一件一件扔在我
们面前，薄麻布衬衫、厚绸衬衫、细法兰绒
衬衫都抖散了，五颜六色摆满了一桌。我们
欣赏着的时候，他又继续抱来，那个柔软贵
重的衬衣堆越来越高——条子衬衫、花纹衬
衫、方格衬衫，珊瑚色的、苹果绿的、浅紫
色的、淡橘色的、上面绣着深蓝色的他的姓
名的交织字母。突然之间，黛西发出了很不

自然的声音，一下把头埋进衬衫堆里，号啕大哭起来。

"这些衬衫这么美，"她呜咽地说，她的声音在厚厚的衣堆里闷哑了，"我看了很伤心，因为我从来没见过这么——这么美的衬衫。"

玛德琳哭泣，是因为她发现现实中的波菲罗面容苍白，与梦中色彩艳丽的形象截然相反；黛西之所以哭泣，是因为盖茨比的真丝衬衫体现了无与伦比的美——但是，略带讽刺意味的是，这种展示也具有粗俗的炫耀之意。

虽然济慈说，他希望读者觉得波菲罗与玛德琳发生了性关系，但诗中对此却语焉不详；盖茨比解雇了所有的仆人，重新雇用了可以信赖且谨慎的人，因为黛西开始在下午来看望他，这就故意模糊了他们重新交往的程度。小说和这首诗的不同之处在于，在故事的最后，这对恋人最终并没有一起逃入世界的风暴之中。

在最初的打字稿中，盖茨比告诉尼克，黛西想和他一起私奔，而且她已经把行李箱收拾好放到车里了。但是盖茨比解释说他们不能这么做，于是把她弄哭了。"换句话说，你得到了她——但现在你又不想要她了。"尼克回答道。不，盖茨比说，根本不是这回事：原因在于，光拥有她是不够的，他还必须相信她一直爱着他，从来没有爱过汤姆。盖茨比要她去找汤姆，把这事告诉他。只有到那时，他们才会回到路易斯维尔结婚，就像她第一次结婚时那样。对此，尼克用他在整部小说中最睿智的话回答："黛西是一个活生生的人——她不只是一个存在于你梦中的那个她。"在《圣亚尼节前夕》中，梦中的形象与现实中的人融合在一起；在这里，它们是分开的。盖茨比永远不会真正拥有对方。由尼克的叙述可知，盖茨比剩下的只有渴望和"充满希望的美好天赋"。为了唤起渴望而不是拥有，菲茨杰拉德将想象力从《圣亚尼节前夕》转向了济慈的颂诗。

他明白自己受到了最喜爱的诗人的影响。在小说的开头，黛西说："草坪上有一只鸟，我想它一定是搭乘'康纳德'或'白星'公司邮轮到这儿的夜莺。它一直在歌唱——"其实她的声音也像在歌唱："很浪漫，不是吗，汤姆？"不懂浪漫的汤姆回答说："非常浪漫。"我们可以假设，在搭乘客轮来到大西洋彼岸之前，这只夜莺是从济慈颂诗中枝叶繁茂的浪漫花园飞出来的。菲茨杰拉德在晚年给斯科蒂的信中，嘱咐女儿"仔细阅读济慈的《夜莺颂》"。他解释说，她会在那里读到一个短语，让她立刻想起他的作品《夜色温柔》。接着他又说："在同一节中还有另一个短语，带着愧疚之感，我把它改编成散文，用在《了不起的盖茨比》第115页的第二段。"然后他向她提出"问题"："当你找到我所指的诗句时，你是否感受到动词在描写中的力量？"

问题中提到的诗句出现在《夜莺颂》的第四节中，紧跟在后来他用来命名自己下一部小说的那行诗句以及群星仙子（Fay）簇拥的月亮皇后形象之后——"Fay"既是黛西的名字，也是菲茨杰拉德年轻时尊崇的一位主教的名字。诗节还在继续：

但这里是一片幽晦，

只有微风吹过朦胧的绿色

和曲折的苔径才带来一线天光。

克利普斯普林格在演奏音乐剧《玛丽》中的

《爱巢》时，盖茨比只开了音乐厅里的一盏灯。然后，"他用一根颤抖的火柴点燃了黛西的香烟，然后和她一起远远地坐在房间另一头的沙发上，那里除了地板上从过道里弹跳过来的一点亮光之外，没有其他光线"[1]。这段话中，借自《夜莺颂》的短语是"here where there/is（was）no light save what"，但菲茨杰拉德关注的细节是诗中对动词的选择。光是如何被微风"吹过"的？在济慈的描写中，动词的力量来自联觉，就是将与声音相关的动词别出心裁地运用到对光的描述上。菲茨杰拉德的描写更加自然，因为光线确实像是从闪闪发光的地板上弹跳过来的。这个动词活力十足，也呼应了盖茨比试图重燃与黛西关系时所寻求的回应。《跳得高的爱人》是菲茨杰拉德为这部小说所拟的众多不合适的书名之一（还有《在灰烬堆与百万富翁之中》《戴金帽子的盖茨比》《去西卵的路上》《特里马尔乔》《西卵的特里马尔乔》《在星条旗之下》——这个名字是他的最爱，以及再普通不过的《盖茨比》）。小说的扉

---

1 "那里除了地板上从过道里弹跳过来的一点亮光之外，没有其他光线"对应的英文为"where there was no light save what the gleaming floor bounced in from the hall"。——编者注

页题词中保留了"bounce"这个词，题词以济慈颂诗片段的风格写成，作者是托马斯·帕克·丹维里埃，他是《人间天堂》中的一个虚构的诗人，实际上就是菲茨杰拉德本人：

> 那就戴上金帽子，如果可以打动她；
>
> 倘若你能跳得高，也请为她跳起来；
>
> 直到她大声喊："亲爱的爱人，
>
> 戴着金帽子、跳得高高的爱人，我一定要拥有你！"[1]

这是济慈的风格，它不仅体现在复合形容词和韵律的使用上，还体现在对爱人慷慨激昂的声音的馈赠上，就像《忧郁颂》中"让她说痛快"部分那样。

济慈式的微光一次又一次地重现。读过一遍又一遍的《希腊古瓮颂》在菲茨杰拉德的脑海中不断回响。济慈："怎样疯狂的追求？竭力的脱逃？"菲茨杰拉德："世界上只有被追求者和追求者……那

1　译文引自南海出版公司出版的《了不起的盖茨比》，邓若虚译。——译者注

首似乎在召唤她回去的歌曲中究竟包含着什么呢？
在这个幽暗的、无法预算的时刻又会发生什么样的
事情呢？"

　　在战争即将结束时，盖茨比才第一次遇见他
的南方佳人，当时他还是一名在南方接受训练的年
轻军官。而现实中的这个南方佳人，就是泽尔达。
1924年夏天，当菲茨杰拉德在瓦莱斯库尔的玛丽别
墅撰写这部小说时，她和约赞两人发生了婚外情，
《了不起的盖茨比》的悲情基调不可避免地受到了这
个事件的影响。当一段婚姻因婚外情而破裂时，受
到伤害的一方可能会因为对过去的怀念而选择谅解。
菲茨杰拉德希望抹去这段婚外情，就像盖茨比希望
抹去黛西和汤姆在一起的岁月那样。小说中，小帕
米受到了母亲黛西的忽视，这是因为菲茨杰拉德向
来是一位尽职的父亲，他对泽尔达和约赞搞在一起，
没有好好照顾女儿斯科蒂而感到愤怒。

　　婚外情的另一个影响是，那些觉得自己的婚姻
正在从他们身边溜走的人会想："要是我和我的初恋
结婚了该有多好啊。"在他们婚后忙乱的头四年里，
斯科特和泽尔达给人的印象都是一对灵魂伴侣。但
假如他真正的灵魂伴侣是吉尼芙拉又会如何呢？当

想象力停留在"过往"而非"现在"的时候，理想化的畅想便有无限可能。菲茨杰拉德将"吉尼芙拉婚礼的回忆"列为小说的素材之一。在以吉尼芙拉为灵感的小说《冬天的梦》中，门廊上的吻就是照搬了他自己的经历，而这只是她的影子在小说中闪烁得最明显的一个例子。

> "我是不会对她要求太高的，"我冒昧地说，"昔日是无法重来的。"
> "昔日无法重来?"他难以置信地叫道，"怎么不行，当然可以!"

对泽尔达的幻想破灭后，斯科特用两段清澈的散文回忆了他与吉尼芙拉的初吻，这恰似济慈的《希腊古瓮颂》中的恋人，虽然从未真正亲吻过，但永远不会分离开。

> ……一个秋天的夜晚，五年以前，落叶纷纷的时候，他俩走在街上，走到一处没有树的地方，人行道被月光照得发白。他们停了下来，面对面站着。那是一个凉爽的夜晚，那是

一年两度季节变换的时刻，空气中洋溢着那种神秘的兴奋。家家户户宁静的灯火仿佛在向外面的黑暗吟唱，天上的星星中间仿佛也有繁忙的活动。盖茨比从他的眼角里看到，一段段的人行道其实构成一架梯子，通向树顶上空一个秘密的地方——他可以攀登上去，如果他独自攀登的话，一登上去他就可以吮吸生命的浆液，大口吞咽那无与伦比的神奇的奶汁。

当黛西洁白的脸贴近他自己的脸时，他的心越跳越快。他知道他一跟这个姑娘亲吻，并把他那些无法形容的憧憬和她短暂的呼吸永远结合在一起，他的心灵就再也不会像上帝的心灵一样自由驰骋了。因此他等着，再倾听一会那已经在一颗星上敲响的音叉。然后他吻了她。经他的嘴唇一碰，她就像一朵鲜花一样为他开放，于是这个理想的化身就完成了。[1]

一时间，叙事视角从尼克转向了盖茨比。在发给珀金斯包含这段文字的原始打字稿中，尼克谈到

---

[1] 译文出自 2011 年上海译文出版社出版的《了不起的盖茨比》，巫宁坤译。——译者注

309

盖茨比"与空间和时间进行了奇妙的交流"。[1] 这就是菲茨杰拉德在此处所表现的，对尼克来说，则引发了他对自己过往的一些难以言喻的回忆：

> 他的这番话，甚至他那令人惊叹的感伤，使我回想起一些什么……一段难以捉摸的节奏，几句早已零落的歌词，那是很久之前，我曾在哪儿听到过的东西。有那么一瞬间，有一句话几乎快到嘴边了，我的嘴唇却哑巴一样张开，仿佛除了一丝受惊的空气，还有别的什么东西挣扎着要出来。可叹发不出声音，因此我几乎想起的东西就永远无法表达了。

如果把尼克自己（谣传的）婚约破裂的事情牵涉进来，实在太容易了。"难以捉摸的节奏"是试图摆脱记忆的挣扎，"发不出声音"的话语则产生了普遍化而非个人化的效果。"听见的乐曲是悦耳"，济慈在颂歌中写道，"听不见的旋律／更甜美"。

1　在《了不起的盖茨比》的早期版本《特里马尔乔》中，回忆出现在小说的后面，即盖茨比宣布黛西希望他们一起私奔的时候；在修订版中，盖茨比与黛西之间的通奸、破裂的婚姻，以及可能的未来都被删去了，两人的关系从而变得更加浪漫和怀旧。

第十二章
"春歌在哪里?"

范妮·济慈将自己在阿比先生监护下的童年和青少年时期视为一种监禁。乔治·济慈在前往美国之前已经认领了属于他的那部分家族遗产,同时约翰还借给了他一部分自己的遗产。现在,他们的舅舅詹宁斯上尉的遗孀,曾是他们外祖母财产的其他受托人之一,正在就信托的管理问题起诉阿比。剩余的资金曾为济慈提供了一笔微薄的收入,但现在被冻结了。他们的外祖父为济慈兄妹的生计留下的另一个信托基金,与一项投资有关,要到1824年范妮成年后才能提取和分配。济慈一向慷慨大方,曾借给海登一些钱,但当济慈讨要时,海登却没有归还。

面对这些经济困难,济慈甚至开始重新考虑,是否要到东印度公司的一艘船上做一名外科医生。他向在西部乡村与他交上朋友的年轻女子莎拉·杰弗里提到了这个打算，并认为这对他的诗歌创作来说也许是个富有成效的举措。她告诉他，这样的举动会摧毁他的"思想能量"。他不同意："恰恰相反，它将是这世界上增强思想能量的最好方式——"

置身于一群对您漠不关心，而您对他们也缺乏共情的人之中，您的大脑会被迫自行运转起来，无拘无束地体察人性的差异，并以植物学家的冷静对其进行分类。一艘去印度的大商船就是一个小世界。英国能培养出世界上最好作家的一个重要原因就是，他们生前受到英国社会的虐待，死后才被接纳抚育。他们都被踹进了人生的穷途末路，阅尽人世朽烂。

但他并不是认真的。在同一天给妹妹范妮的一封信中，他说他已经放弃了这个念头。他并不想离开伦敦文坛的朋友们，或不想离开芳妮·布劳恩。

他通过雷诺兹认识的另一个朋友詹姆斯·赖斯，邀请他回怀特岛住一个月。在那里，他们的生活成本很低，还可以呼吸到海风——因为赖斯身体抱恙。济慈是从尚克林开始给芳妮写情书的，那是在岛的南边，眺望着英吉利海峡。他销毁了自己写的第一封信，因为觉得这封信的风格太像卢梭的《新爱洛伊丝》了，它是那个时代最广为人知的一部浪漫主义小说。他的第二次尝试也没怎么克制：

早晨于我而言，是给我如此深爱的美丽姑娘写信的最佳时间……问问你自己，我的爱，你如此地束缚我，如此地破坏我的自由，是否太过于残酷。要是你愿意承认，请立刻写信给我，并尽可能地在信中安慰我——让它像浓郁的罂粟蘋果汁一样令我陶醉——写下最温柔的话语，然后亲吻它们，这样我至少可以用嘴唇触碰你曾亲吻过的地方。而我自己，我不知道如何表达我对如此美丽佳人的爱慕之情：我想要的词比光彩照人还要光彩照人，比美丽优雅还要美丽优雅。我真希望我们都是蝴蝶，只在夏天里活上三天——与你在一起的这三天，我会往里面装入平常五十年也装不下的快乐。

颂诗的语言也融入了他的散文：罂粟蘋果汁是

《夜莺颂》中"一口葡萄美酒"的另一种形态，而残酷和陷阱的形象则与《忧郁颂》相呼应。济慈还使用了莎士比亚这个他最喜欢的语言资源，"词比光彩照人还要光彩照人，比美丽优雅还要美丽优雅"改编自《爱的徒劳》："真理本身，你是可爱的：比公平更公平；比美丽的更美丽；比真理本身更真实。"被爱情冲昏了头脑，济慈似乎忘记了这句话来自夸其谈的唐·亚马多所写的一封信，莎士比亚在信中戏仿了一种情人的语言，让亚马多自称是女人的"裙下之臣"。

济慈接着说，莎士比亚同时代戏剧中的一些台词一直回响在他的耳边，提醒他一想到"那甜蜜的嘴唇（甘露由此而生）"可能会"被任何人温柔地吻，除了我自己"，他就感到恐惧。此外，他恳求她不要在聚会上与其他男人跳舞。他总是在意自己矮小的身材和脆弱的身体，他嫉妒的性格正在形成，有时对不忠近乎偏执，这与他对男性朋友的信任以及与其他女性（如莎拉·杰弗里）书信往来中的戏谑完全不符。

在启程前往怀特岛之前，济慈一定已经向布劳恩表达了自己的爱，但他仍不确定自己的爱是否得到了充分的回报。这是写给"我最亲爱的女士"的第一封信,署名是"请把这段距离所能允许的仁慈赐予你的J.济慈"。芳妮的回信使他安心了,可惜这封信没有保存下来。一周后,他再次写信给她,称呼她为"我可爱的姑娘",表达了收到她来信的喜悦之情,他的热情溢于言表:

> 我以前从来不知道,你让我感受到的爱是什么滋味;我过去不相信它;我的幻想害怕它,怕它把我烧掉。……为什么我不能谈论你的美,如果没有美,我对你的爱就无从谈起——除了美,我想不出我对你的爱能从何处开始。

这一次他在信末署名"我的爱,永远属于你——约翰·济慈!"。他把布劳恩寄给她的第二封信带到床上一起入眠,第二天早晨醒来,他沮丧地发现,体温已经把她的名字从封蜡上熔化掉了。

到了月底,他满脑子都是她——像个板球一样被塞得结结实实。

我深深地爱着你……认识你的第一个星期我就写了信，愿为你裙下之臣，但紧接着再见你时，我觉得你流露了某种对我的讨厌，于是我把信烧了。如果你对男人像我对你那样一见钟情的话，我就不知所措了。……我不是一个值得欣赏的人。你才是，我爱你；我所能带给你的，只是对你美貌的钦慕。……散步时我想着两件奢侈之事，你的可爱与我的死亡。哦，但愿我能在同一时刻拥有它们。

他将对不忠（毫无根据）的焦虑融入了创作于海边的一首新叙事诗中。这首名为《拉弥亚》的长诗改编自他从伯顿《忧郁的解剖》中读到的一个故事。在这个故事中，一个名叫里修斯的年轻人娶了一个非常美丽的女人，但参加婚礼的客人，哲学家阿波罗尼却揭露说，她其实是"一条蛇，一个拉弥亚"。济慈用他惯常的神话演绎和林中神灵的手法丰富了这个故事。故事始于希腊神祇赫尔墨斯与蛇达成的协议：他帮助蛇变为女身，使她能够诱惑里修斯，作为回报，蛇帮助赫尔墨斯找到了他一直寻觅的那个美丽的森林仙女，之前蛇将仙女隐藏起来，以保护她不受各类林中神灵和萨提尔的侵犯。仙女出现了，然后又消失了，好在赫尔墨斯及时用温暖的手握住了她，这时她睁开眼睛，"把她的蜜献给背阴的地方"。于是她和赫尔墨斯私奔了，就像恩底弥翁和印度姑娘、波菲罗和玛德琳那样："他们向绿荫幽深的林间奔来，不像人间的恋人们那样苍白。"就像希腊古瓮上的人物一样，他们被赋予了永生，而里修斯则遭遇了凡间恋人们的命运，从狂喜到怀抱"失去了欢忻"——最后悲痛而亡。从心理上来说，济慈一方面希望自己和芳妮能像赫尔墨斯和仙女那样结合，另一方面又担心她可能是一条蛇——女性作为诱惑者的传统厌女形象——而没有她，他又可能会死去。

济慈需要钱才能说服布劳恩太太把芳妮嫁给他。查尔斯·布朗带着一个计划来到怀特岛。他从德鲁里剧院上演的歌剧《纳兰斯基》中获得了一笔可观收入，而莎士比亚风格的历史剧有可能取得更大的票房成功——哥特小说作家查尔斯·马图林曾从其《伯特仑》一剧中赚了一千英镑，这部戏剧由票房巨子、身材矮小的埃德蒙·基恩主演。那么，为什么不联手创作一部类似的戏剧呢？布朗擅长编排剧情；济慈擅长无韵诗五步抑扬格，这种诗体可以改编成莎士比亚式的戏剧对话。他们一拍即合：

奥托大帝

一部五幕悲剧

第一幕

第一场——城堡中的一处厅堂

康拉德上

康拉德　这么说，我安然无恙地走出了这场风波！

在成千上万的残骸中，我完好无损；

每犯下一次罪行我都获得一个桂冠，

每撒一次谎，就得一个爵位。我的财富之船

至今也没有收起她的丝绸帆，——

让她继续滑行吧！这条危险的脖颈得救

了……[1]

情况没有任何好转。主角鲁道夫是德国皇帝奥托大帝的儿子，他对康拉德的妹妹奥兰娜痴情不已，这是为基恩量身定制的剧本。济慈雄心勃勃，希望

1　孙峰译。——译者注

能"像基恩的表演那样，在现代戏剧写作上掀起一场伟大的革命"。济慈在给出版商的信中写道："如果基恩能塑造好具有热血性格的鲁道夫 —— 他是唯一能做到这一点的演员 —— 他将名利双收。"但鲁道夫的大独白极度做作，是对《罗密欧与朱丽叶》最蹩脚的模仿：

> 奥兰娜！我的至爱！
>
> 我爱你已时日久长，却仍未被你所爱……
>
> 哦，不近人情的爱，你为什么要让
>
> 黑暗如此疲倦地悄悄降临在这
>
> 沉睡的世界上；仿佛夜晚的战车车轮
>
> 被厚厚的云层所堵塞。哦，多变的爱，
>
> 不要让她的战马迈着困倦的步伐
>
> 跨过高处的星星，因那甜蜜的使者
>
> 尚未从完美结合了自然界所有微妙智慧
>
> 创造出来的沉睡美人那里姗姗而来。
>
> 她虚弱的嘴唇因红润的健康重新噘起，
>
> 你稚嫩的手指撩起她病态的眼睑边缘
>
> 垂下的刘海；那双眼睛会向我发出
>
> 求爱的光芒，在晨曦凝视着我之前，

带着厌恶、灰暗、空洞和冷淡的眼神。[1]

济慈和布朗试图让这部戏剧在舞台上呈现出宏大的场面——也许可以加入一个有大象的场景——但当听到基恩可能很快就要去美国的传言时，他们对这项创作计划失去了信心。

他居住的房子临海而立。赖斯已经离开了小岛，而布朗则去了乡间闲逛，因为他觉得自己已经完成了为创作伙伴提供情节的任务。那是一个沉闷的英国夏天，早晨的薄雾笼罩着尚克林，潮湿的天气使孤独的济慈饱受折磨。他决定搬到内陆风景如画的中世纪小镇温彻斯特，那里有一个图书馆，可以帮助他了解这部剧的历史细节，他还可以在闲暇时间阅读。在返回英国大陆的短暂航程中，所乘渡轮差点被一艘海军舰艇撞沉。

*

他喜欢温彻斯特，那里有宏伟的大教堂、清新的周边乡村和宁静的街道。"整个城市的树木郁郁葱

1 孙峰译。——译者注

葱。从最东边的小山上，你可以俯瞰街道全景，古老的建筑掩映在绿树丛中。那儿还有我见过的最美的溪流——里面满是鲑鱼。"他沿着鹅卵石铺成的小巷漫步，注意到门前的台阶擦得一尘不染，黑色的前门上有狮子头或公羊头形状的黄铜门环；他在城市边缘干爽的白垩地呼吸着乡村的清新空气，估摸着它的价格是"六便士每品脱¹"。与布朗重聚后，他在大教堂附近找到了一处相当不错的便宜住处，只有房东太太的儿子练习小提琴时发出的刺耳声音偶尔会打扰到他。

"诗歌的大美之处在于，它使任何地方的一切都变得有趣，"他写道，"威尼斯的巍峨宫殿与温彻斯特的漂亮修道院同样有趣。"这让他想起了《圣马可节前夜》，这是一首未完成的长诗，那一年早些时候他在"相当凄清的小镇氛围"中写的。它营造出一个静谧的周日夜晚氛围，作为一个尚未讲述的故事前奏。斯科特·菲茨杰拉德把它列入济慈诗歌阅读清单，供希拉·格雷厄姆阅读。他对这首诗的兴趣，源自康普顿·麦肯齐的小说《罪恶之街》中的

1　容积单位，1英制品脱约为568毫升。——编者注

一个抒情段落，而这部小说同时还给了他创作《人间天堂》的灵感：

那年的圣马可节前夜恰逢周日，迈克尔几乎整个下午都在读济慈的诗，他惊讶于这个巧合。此时，牛津给他的感觉，恰如当年温彻斯特给诗人的感觉那样。迈克尔坐在靠窗的座位上，遥望着外面宽阔的圣吉尔斯大街，听着安息日人们急促的脚步声和低沉的钟声；他坐在那里，看着窗外的城市渐渐消失，湮没在暮色之中，此时，他比以往任何时候都更加想知道，几周后它到底会如何消失。钟声和脚步声沉寂了一会儿，太阳已经西沉，这是晚祷时的寂静。慢慢地，书页上的文字在他眼里变得模糊起来。房间远处的角落已是一片漆黑，靠墙的书架上，书本的金色纹饰不时闪出光泽，恰似壁炉里跳动着的火舌。当人们走出教堂时，四周已是一片漆黑，脚步声于是又响起来了。迈克尔羡慕济慈所具有的能力，可以永远保存八十年前温彻斯特的那个圣马可节前夜。令人恼火的是，现在脚步声已经渐渐远去，脚步声的感觉已经消失殆尽，而他却无法用诗歌的魔杖，禁止时间来打扰牛津这个美妙的时刻。只有艺术能像古老童话故事中的女巫那样迷惑现在的人，因为在很久以前她曾让整个王宫陷入沉睡。

正是从济慈那里，麦肯齐及之后的菲茨杰拉德学会了通过艺术来迷惑现在和召唤过去。

济慈终于找到了一个地方，让他能沉醉于自己最宁静的诗歌，它所营造出的氛围，在读者心中产生一种类似于睡眠的平静感觉，同时也激发了美感。让他感到振奋的不仅是自己在创作上的生产力——《圣亚尼节前夕》和《伊莎贝拉》都完成了，《拉弥亚》完成了一半，四幕悲剧《海伯利安》也取得了一定的进展——还有九月异常的温暖空气。他向出版商建议："我们的体质体格与我们所呼吸的空气的关系超乎我们的想象。"他已经开始在脑海里酝酿着写一首关于天气的诗了。

1815 年 4 月，也就是济慈第一首诗发表的前几周，在世界的另一端，印度尼西亚小巽他群岛上长期休眠的坦博拉火山发生了一次大喷发。坦博拉山顶被喷掉，导致其海拔足足降低了五千英尺。在一千多英里外的苏门答腊也能听到喷发时的爆炸声。超过七万人因此丧生。火山灰如雨点般落到远至婆罗洲的地方，并在平流层滞留，引起全球气候模式的混乱。1816 年被称为"无夏之年"，因为天空总是云雾缭绕。气候变化使得整个欧洲的农作物歉收，在这次百年不遇的饥荒中，爆发了食品骚乱。那年九月初，也就是济慈从海边返回伦敦时，中午的气温很少超过五十华氏度[1]。如今，三年过去了，终于出现了长时间的温暖干燥天气。济慈漫步于温彻斯特附近的草地和田野里，沐浴在接近七十华氏度的温暖之中，农夫们聚集在田间收割庄稼，迎接多年来的第一次丰收。"这两个月的舒爽宜人天气是我能得到的最大满足"，他在给妹妹的信中写道，

> 不会把鼻子冻得红彤彤的，不会冷得打战，只有可以思考问题的美妙氛围；一条带熨痕的干净毛巾和一盆清水，每天洗上十来次脸：不需要太多运动，每天一英里就够了——

1　华氏度 =32+ 摄氏度 ×1.8。——编者注

我最大的遗憾是，尽管在海边待了两个月，而且现在的住处离很棒的浴场也不远，却因身体不好没有什么机会下海——但我仍然很享受这种天气，我喜爱好的天气，因为它是我能拥有的最大祝福。给我书籍、水果、法国葡萄酒、美好的天气和一点户外音乐，由我不认识的人演奏——不用像跳吉格舞那样付出时间的代价——只需随意来些音乐，我就能非常安静地度过一个夏天，不用去关心胖子路易、胖摄政王或惠灵顿公爵。

他确实对政治颇为关心——法国反动的波旁王朝（胖子路易）的复辟，乔治三世国王精神失常后胖子摄政王的放荡奢靡，惠灵顿公爵加入利物浦伯爵的托利党内阁担任军械总监，当时政府正在镇压政治异见和公众集会——但宜人的天气让他将这一切都抛诸脑后。在给乔治和乔治亚娜的信中，他长篇大论地谈论着历史的循环——国家是如何变得更好，然后变得更糟，然后又变得更好——他希望曼彻斯特"彼得卢"骚乱的平息会带来新的改革，而不是旧的暴政。但他现在满足于活在当下，享受独处的乐趣（布朗离开温彻斯特去了奇切斯特，留下他一个人独自待了三个星期）："我认为，如果我有自由、健康和持久的心肺组织——像公牛一样健壮——从而能够毫发无损地承受极端思想和感觉的冲击而不会感到疲倦，我就可以近乎孤独地度过我的一生，即便是活到八十岁。"他告诉雷诺兹，他所关心的一切，他为之而活的一切，就是能够创造诗歌的精神状态。但这种诗歌并不像他惯常的风格那样令人沮丧：

有些人认为我已经失去了曾经的诗歌热情和激情——事实是，也许我真的失去了；但是，我希望取而代之的是一种更深思熟虑、更冷静的力量。如今我常常满足于阅读和思考，不过时常也会冒出雄心勃勃的想法。我的脉搏更加平静了，消化能力也得到了改善，我努力克制着思想带来的烦恼，写出好的诗句后我很难做到心平气和，因为它们让人心头发烫。我不想在这种激情之中写作。

这就是他在秋天散步后所做的。

"现在正是美好季节，"他在寄往美国的信中继续写道，"我每天晚餐前都会散步一小时，路线大致是这样的。"他让乔治和乔治亚娜用想象跟着他的脚步走。出了住所的后门，穿过一条巷子，进入大教堂的院子，走过树下平铺的小道，经过大教堂漂亮的正门，在一个石门下左转，继续"穿过两所学院似的方庭，它们似乎是作为教长和受薪牧师的住所而建的——有草坪作装饰，有树荫为遮蔽"。然后穿过一座古老的城门，沿着学院街，穿过水草地就出了城。顺着"菜园当中的乡间小道"走到底，

我到达了，也就是说，我的朝拜之行就到达了圣克鲁斯基金会，这是一个非常有趣且古老的地方，既因为它哥特式的塔楼和布施广场，还因为它会从丰厚的租金收入中拨钱给温彻斯特主教的亲朋故友——然后我穿过圣克鲁斯草地，一直走到最美丽清澈的河流边——而这只是我一英里的散步路程。

写到这里，他停下日记信去吃晚餐了。之后也没有继续描述剩下的两英里散步路程，但他很可能

是折向东边，绕着圣凯瑟琳山走了一圈，那些春天在水草地上养大的羊羔彼时正在山上吃草。然后，他会向北走到圣吉尔斯山，并从山上眺望这座城市的美景。圣吉尔斯山在每年秋季都会有繁忙的集市，到九月的第三个星期结束时一切已重归平静。从圣吉尔斯山顶，济慈可以欣赏到城镇和乡村的不同景观。正如当时的一本旅行指南所记载的那样，"已经走到了这么远的地方，好奇的陌生人一定会登上那座白色悬崖的顶端一探究竟，它俯瞰着城市，曾经是城市的一部分，名为圣吉尔斯山，想要登上山顶，要么经由长长的盘山公路，要么顺着眼前虽短却陡峭的斜坡攀爬上去"。有着向北徒步经历的济慈不会被这短短一截的攀登所吓倒。

当到达与主街呈一条线的山顶时，他一定会承认爬到这里所付出的辛劳是回报颇丰的。事实上，整个城市都已经在脚下了，我们可以鸟瞰之前描述过的所有事物，包括街道、防御工事、宫殿、教堂和废墟，以及星罗棋布的花园、田野、树林和溪流。

下山后，他会经过一片茬田——这片地有一部分被玉米覆盖着——然后到达伊钦河边一个叫"索克"的地方，那里有一个谷仓。

就在他为侨居美国的乔治和乔治亚娜描述他的散步路径的同一天，他还给雷诺兹写了一封更简短的信：

> 现在这个季节是如此美好——空气是如此清新，带着一种温和的犀利。说真的，不是在开玩笑，纯洁的天气、戴安娜的天空——我从来没有像现在这样喜欢收获后的麦茬地——是的，它要比春天寒冷的绿色感觉更好。不知何故，茬田看起来是温暖的——就像一些绘画看起来也是温暖的那样。在星期天的散步中，这些所见所感令我印象深刻，我忍不住要创作起来。

在对路上遇到的女孩说了一些粗鲁的话之后，他为伍德豪斯抄写了这首诗：

> 雾霭的季节，果实圆熟的时令，

你跟催熟万类的太阳是密友；

同他合谋着怎样使藤蔓有幸

挂住累累果实绕茅檐攀走；

让苹果压弯农家苔绿的果树，

教每只水果都打心子里熟透；

教葫芦变大；榛子的外壳胀鼓鼓

包着甜果仁；使迟到的花儿这时候

开放，不断地开放，把蜜蜂牵住，

让蜜蜂以为暖和的光景要长驻；

看夏季已从黏稠的蜂巢里溢出。

谁不曾遇见你经常在仓廪的中央？

谁要是出外去寻找就会见到

你漫不经心地坐在粮仓的地板上，

让你的头发在扬谷的风中轻飘；

或者在收割了一半的犁沟里酣睡，

被罂粟的浓香所熏醉，你的镰刀

放过了下一垄庄稼和交缠的野花；

有时像拾了麦穗，你跨过溪水，

背负着穗囊，抬起头颅不晃摇；

或者在榨汁机旁边，长时间仔细瞧，

对滴到最后的果浆耐心地观察。

春歌在哪里？哎，春歌在哪方？

别想念春歌，——你有自己的音乐，

当层层云霞把渐暗的天空照亮，

给大片留茬地抹上玫瑰的色泽，

这时小小的蚊蚋悲哀地合唱

在河边柳树丛中，随着微风

来而又去，蚊蚋升起又沉落；

长大的羔羊在山边鸣叫得响亮；

篱边的蟋蟀在歌唱；红胸的知更

从菜园发出百啭千鸣的高声，

群飞的燕子在空中呢喃话多。[1]

　　济慈备受朋友贝莱赞叹的音响系统，在这里达到了完美的高度。前两行重复出现的"m"音[2]让人们仿佛听到嗡嗡作响的声音，预示着这一诗节结束时蜜蜂的出现。5月写的颂诗大部分都关于济慈的

1　济慈《秋颂》。——译者注
2　前两行的原文为"Season of mists and mellow fruitfulness, /Close bosom friend of the maturing sun"。——编者注

感受，现在他进一步发展了在《希腊古瓮颂》里的客观凝视。颂诗的三个诗节在济慈脚步的挪动中移步换景，首先是听觉，然后是视觉，最后回到听觉，这让济慈的整个身心完全沉浸在景色之中。在第一节，四下不见人的身影，只有蜜蜂的嗡鸣声，这意味着它们的授粉工作促成了自然的丰收过程。在第二节，诗人的目光落在大自然中一系列静止的生命上：秋天被拟人化为女性劳动者，在午后的温暖中短暂休憩，她们或是停留在玉米茬田里，或是在谷仓和压榨苹果的仓房里，或是在济慈可能蹚过的某条溪流的中间。在第三节，春天的黎明合唱被秋天傍晚的蚊蚋合唱声、篱边蟋蟀歌唱声、圣凯瑟琳山上羊群的咩咩声所取代，最后是两种分别象征着不变和变化的鸟类：一种是全年都待在那里的红胸知更鸟，它将在冬季的几个月里为人们带来欢乐，另一种是准备向南迁徙的燕子，而济慈很快将不得不像它们一样向南迁徙。

《秋颂》无疑是被收入英语文学选集次数最多的诗歌之一。弗·斯科特·菲茨杰拉德尤其喜爱 F. T. 帕尔格雷夫的《英诗金库》。在送给情人希拉·格雷厄姆的济慈诗集中，他将这首值得特别关注的颂诗做了标注，并认为最好能背下来。在去世前不久给女儿斯科蒂关于诗歌的信中，他写道，"读了济慈诗歌之后的一段时间里，你会觉得所有其他人的诗歌似乎都只是吹口哨或哼唱"，这也在下意识中呼应了《秋颂》中蜜蜂的嗡鸣和燕子的呢喃。

第十三章
"一大杯盛满了南方的温热"

"美国人的生命中没有第二幕。"对菲茨杰拉德来说,《了不起的盖茨比》是人生第一幕的高潮。他知道这是自己迄今为止最好的作品,所以急切地等待着外界的评论。同时,他也立即开始着手下一部小说的写作。这部名为《我们的类型》的小说,将围绕"一桩基于李奥波德与勒伯犯罪艺术的高智商谋杀案"来展开。小内森·弗罗伊登塔尔·利奥波德和理查德·阿尔伯特·洛布是芝加哥大学的两个出身富有家庭的学生,他们在1924年绑架并谋杀了一名十四岁的少年,仅仅是为了证明他们拥有杰出的智商,可以犯下完美的罪行并逃脱惩罚。他们最终被抓获并被判处终身监禁。这起案件引起了媒体的轰动,受此启发,英国作家帕特里克·汉密尔顿创作出了舞台剧《绳索》,这部剧后来被希区柯克翻拍成了电影。菲茨杰拉德将小说主人公塑造成一个聪明但脾气暴躁的美国年轻人，他和母亲一起去法国旅行，并在那儿谋杀了她。主人公的名字很奇特，叫弗朗西斯·梅拉基（Francis Melarky），"Francis"是斯科特的名字，而"me""larky"（爱闹玩的）则暗指"我在拿自己身份的某些方面开玩笑"。其中似乎包括酗酒：谋杀将在醉酒状态下实施。他告诉珀金斯，这本小说碰巧是"关于泽尔达＋我＋去年五月的歇斯底里＋六月在巴黎（此为机密）"的组合。

小说的草稿只保存下来三章，但足以让故事发展到主人公弗朗西斯和他的母亲抵达里维埃拉这一情节，同时也揭示书中将有许多自传元素——比如在罗马被警察暴打。小说人物包括一对住在里维埃拉的富有而好客的美国夫妇和一个酗酒的音乐家。小说还将出现一场决斗。直到九年之后，它才以完全不同的形式和主题出版问世。菲茨杰拉德在五年里写了三部小说，而在生命剩下的十五年里只完成了一部半。他人生的第二幕是每况愈下。

《了不起的盖茨比》于 1925 年 4 月出版，卷首题词是"再次献给泽尔达"。小说定价为两美元，斯克里布纳出版公司印了两万册。早期的评论并不乐观：《纽约世界报》宣称，"弗·斯科特·菲茨杰拉德的新小说是一部失败之作"。销售速度比前两部要慢，但大部分评论都非常好。其中有四个尤其引人注目。H.L.门肯称赞了这部作品精彩的结尾，认为"文体家菲茨杰拉德"已经站出来挑战"社会历史学家菲茨杰拉德"。康拉德·艾肯认为，这部小说受到来自亨利·詹姆斯与电影两者不同的影响，取得了与众不同的成就。吉尔伯特·赛尔德斯在颇具影响力的文学杂志《日晷》上发表了一篇题为《春天的飞行》的评论，他认为菲茨杰拉德"不仅仅是成熟了"，更是真正"掌控了自己的天赋，以优美的姿态腾空高飞，把他早期作品中所有可疑和棘手的东西都抛在了身后，把他的同代人和大多数前辈都远远地甩在了身后"；他称赞"这本书的浓缩语言"类似于济慈的灵性化学制剂，"非常强烈，主要人物就像香精和具有腐蚀性的酸一样，发现自己在同一个金杯里，别无选择，只能相互作用"。在一篇题为《〈了不起的盖茨比〉：地下铁上的巴格达》的评论开头一段中，多产诗人、传记作家及书评家托马斯·卡尔德科特·查布在对这部小说赞赏有加的同时，也总结了菲茨杰拉德早期职业生涯令人眼花缭乱的成就：

　　菲茨杰拉德在短短五年的职业生涯中，已经抽出时间做了许多事情。他写出了年轻一代最出色的小说。他写出了年轻一代最好的两部小说之一。他写出了可能是所有时代中最糟糕的剧本。他出版了多部稿酬更高的短篇小说集，总共收录了将近五十篇的通俗小说。他讲述了——大概是基于自己的经历——一年是如何挥霍掉三万美元的。最近，他创作了《了不起的盖茨比》，一本现实主义小说形式的寓言小说，以天方夜谭的形式，讲述了发生在曾被欧·亨利称作地下铁上的巴格达周边的故事，是关于拿骚市一个具有浪漫情怀的居民的不切实际的梦想，顺便提一句，这也是菲茨杰拉德最吸引人的一部小说。

*

　　"五月和六月的歇斯底里"发生在他们从卡普里岛回到法国的时候，他们在巴黎的蒂尔西特街上租了一套公寓，离凯旋门只有一个街区。他们的歇斯底里主要与饮酒有关，对此他们当时的新朋友欧内斯特·海明威后来在《流动的盛宴》中做了详细的记录。

斯科特在塞纳河左岸的丁戈酒吧遇见了他。与菲茨杰拉德不同，海明威曾在战争中服过役。在意大利的一次战役中，他驾驶的红十字会救护车被迫击炮击中，自己也身负重伤。两人初识时，菲茨杰拉德二十八岁，他二十五岁，正在巴黎做记者，并开始发表短篇小说，这种简洁的散文风格后来成为他的独特标志。海明威是男子气概的缩影：身材高大，皮肤黝黑，眼睛棕色，肌肉发达。他形容菲茨杰拉德"看起来像个孩子"，长着一张介于英俊和秀美之间的脸蛋："他有一头金色的卷发，额头饱满，眼神兴奋而友好，长长的唇线勾勒出一副爱尔兰人特有的纤薄嘴唇。要是女孩长了这么一张嘴，肯定是个美人。"他的漂亮来自他的金发和嘴巴。海明威那句经典名言由此诞生："那张嘴在你熟识他之前总令你烦恼，等你熟识了就更令你烦恼了。"

海明威还记得第一次见到这位文笔与自己截然相反的作家时的情形，菲茨杰拉德走进酒吧，穿着布鲁克斯兄弟服装公司的套装，里面是一件衣领钉有饰扣的白衬衫，系了一条格尔德公司生产的英国军队领带。陪同他的是一位著名的普林斯顿棒球投手。菲茨杰拉德向海明威做了自我介绍，然后要了香槟酒，不停地说话。他不停地问问题——"我叫你欧内斯特，你不介意吧？"以及"你和你的妻子在结婚前一起睡过吗？"——直到他醉得不省人事，被人抬上了出租车。海明威的这番叙述可能包含了一些添枝加叶的内容。

海明威加入了一个由受人尊重的格特鲁德·斯泰因主持的美国作家圈子。他带菲茨杰拉德去见她，她说出了自己对《了不起的盖茨比》的评价：

> 我们已经读了你的书，这是本好书。我欣赏你小说中的旋律，它体现出你那美丽温柔的背景，这让人感到欣慰。接下来好的地方是，你写出了自然放松的句子，这也让人感到欣慰。……你正在塑造当代世界，就像萨克雷在《潘登尼斯》和《名利场》中所做的那样，这不是糟糕的恭维。你创造了一个现代世界，一个狂欢的现代世界。

她似乎认为《了不起的盖茨比》中高潮部分的"极乐未来"指的是狂欢而不是性高潮，但菲茨杰拉德应该会很高兴看到，自己献给泽尔达的这本书，被视作一种"温柔"的标志。不仅仅是济慈关心温柔的夜晚；温柔，就像善良一样，对斯泰因来说亦是非常重要的。她在《软纽扣》关于糖的片段中写道："这种戏弄是温柔的、试探性的和深思熟虑的。"《软纽扣》是她对物体、食物和房间的意识流冥想，是温柔的、试探性的、深思熟虑的，但绝非甜腻的拼贴。

在巴黎，菲茨杰拉德的大部分时间都流连在不同的酒吧里，有时与人结伴，有时独自一人。他告诉珀金斯，他对自己正在从事的工作感到兴奋，"这是一种在形式、想法、结构上真正新颖的东西——是乔伊斯和斯泰因正在寻找，而康拉德寻觅无果的时代模式"。[1]但酗酒阻碍了它的进展。海明威喜欢年轻时在巴黎的那种"流动的盛宴"，这种记忆会伴随你一生。菲茨杰拉德则不然：他更喜欢里维埃拉。1925年夏天，他和泽尔达回到南方，与杰拉尔

1　后来，他们邀请乔伊斯来其位于巴黎的公寓共进晚餐，斯科特对他毕恭毕敬，泽尔达却显得不以为然，这让她的丈夫很是恼火。

德·墨菲和萨拉·墨菲一起在昂蒂布海角游玩。杰拉尔德既是一个唯美主义者和知识分子，又是一个奢侈品爱好者和先锋艺术家。他孜孜不倦地创作着立体主义风格的精确几何绘画。萨拉是一个完美的派对女主人，她的父亲是个白手起家的百万富翁，且并不看好她的婚姻。在位于昂蒂布海角的"美国别墅"，这所他们精心布置的家里，聚集了一群一流的艺术家，从巴勃罗·毕加索到科尔·波特。菲茨杰拉德夫妇在此乐而忘返。

菲茨杰拉德在里维埃拉创作的小说最终以《夜色温柔》为名出版了。小说的开头，在清晨的阳光中，迪克·戴弗独自在昂蒂布海角酒店下面"亮棕色跪毯一般的沙滩"边游泳，远处是夏纳那粉红与浅黄相间的古老城堡。菲茨杰拉德对场景的描写是观察和创造的精心结合。事实上，里维埃拉本来并非夏季度假胜地，直到20世纪20年代初，一小群美国人——先是科尔·波特夫妇，然后是墨菲夫妇，再之后是他们的客人，比如菲茨杰拉德夫妇——开始去那里。杰拉尔德·墨菲真的亲手清理了加洛佩海滩。他的条纹泳装引发了一股巴黎时尚潮流，正如迪克·戴弗在小说中所表现的那样。但菲茨杰拉德的艺术诉求是重塑混乱的现实，赋予它神话般的锋利边缘和明亮光芒。就像他把墨菲一家和菲茨杰拉德一家融合在一起，创造了戴弗一家那样，他对现实场所也做了调整：如果去昂蒂布海角，你会发现那座"高大、华丽、玫瑰色的旅馆"还屹立在那里（虽然现在变成白色的了），但那"短短的一片耀眼海滩"并不像小说中所描绘的那样，紧挨着可以俯瞰戛纳的那个海角一侧的酒店——加洛佩海滩实际上隐藏在岩石更多、更隐蔽的海角东侧，现在已经消失不见了。但因为艺术的缘故，小说还是把酒店和海滩连在了一起。

在墨菲的"美国别墅"，里维埃拉的夏天是一席暖日里流动的盛宴，似乎永远不会结束：

> 临近中午时分，杰拉尔德就会从画室出来，所有的人——孩子们、泽勒太太、住在别墅里的客人，还有杰拉尔德和萨拉——都会挤进汽车，或者沿着蜿蜒的道路步行到加洛佩海滩去。在那里，孩子们和杰拉尔德一起做运动——昂头抬腿、做犁式瑜伽和触摸脚趾。每

个人都在晒日光浴、游泳。海水很清澈，你能看到自己的脚踩在水底的沙上，水咸咸的，凉凉的，让人神清气爽……过了一会儿，大家都回别墅吃午饭了。在露台的椴树下，他们围坐在大餐桌边用餐——煎蛋卷和产自花园的蔬菜沙拉，或者在奶油玉米上放荷包蛋，旁边配一些炒普罗旺斯西红柿，或者一盘刚挖出的土豆，配上来自别墅饲养奶牛的黄油和新鲜的欧芹，餐后再佐以简单的本地葡萄酒。天空会变成深蓝色，大地会散发出蕨类植物和桉树的气味，空气也会随着蝉鸣而悸动。

和杰拉尔德及萨拉在一起总是那么美好，但那群自信的艺术家却加剧了斯科特的焦虑。在那些能轻松施展才华的人面前，他总是没有安全感。

在泽尔达的影响下，他日渐沉溺于社交，无法静下心来将时间和精力投入到写作中去。在富有魅力而又漫不经心的姿态下，他就像一个嫁接者、一个手艺人，不断地修改打磨自己的句子。《了不起的盖茨比》是他最好的小说，主要原因在于它比前两部都要短。与心目中的小说大师居斯塔夫·福楼拜一样，菲茨杰拉德也相信，对于优秀作品来说，少即是多。"小说中精选事件的呈现应该这样"，他给爱长篇大论的天才作家托马斯·沃尔夫建议道，"诸如福楼拜这样的伟大作家，会有意识地省略比尔或乔（对他来说是左拉）马上会说的东西"：

> 他只会说他自己看到的东西。因此，包法利夫人成了永恒，而左拉已经随着时代的变迁岌岌可危。压抑本身是有价值的，恰如一位诗人在为某个必要的押韵绞尽脑汁时，意外地获得了一个新词的联想，而这种联想是任何心理甚至意识流动过程都不会产生的。《夜莺颂》中全是这种东西。[1]

这也许是菲茨杰拉德给其他作家最好的建议，同时也是对济慈诗歌中押韵和词汇联想之间关系的深刻理解。《了不起的盖茨比》的伟大之处尤其在于它对事件的选择和对过多的自传细节的控制。这部

1　如果沃尔夫早一点得到这样的建议（或者说，如果他多听取珀金斯的建议），他的处女作成长小说《天使望故乡》（1929 年）也许就能保持其耀眼的光彩，而不至于成为一个结构松散的庞然大物。

新小说的问题则在于它涉及了太多不同的方向。

他人生的第三十个年头，主要是在里维埃拉和巴黎度过的，其中也包括前往伦敦、比亚里茨、凡尔登和索姆河战场的短途旅行，斯科特在他的总账中写道："徒劳、可耻、无用，但在1924年的工作中获得了三万美元的报酬。自我厌恶。健康没了。"过去一年努力的经济回报来自他的第三部小说集《那些悲伤的年轻人》的一大笔预付版税，其中包括许多他最优秀的作品（《阔少爷》《冬天的梦》《赦免》《明智之举》），以及大获成功的舞台剧版《了不起的盖茨比》，外加这部小说电影版权的出售。好莱坞现在盯上了这位年轻一代中最著名的作家。因此，菲茨杰拉德被邀请去海边为康斯坦斯·塔尔梅奇[1]写一部青春喜剧。

*

他和泽尔达被安排在大使酒店的一处独立公寓的套房里，"正好位于电影圈的两大明星之间：一边

1　美国女演员，无声片时代最受欢迎的明星之一。——编者注

是波拉·尼格丽[1]，另一边是约翰·巴里摩尔[2]"。而其他邻居中，有一个他们在纽约认识的人，他就是双性恋作家兼摄影师（也是"新黑人文艺复兴"的赞助人）卡尔·范·韦希滕。电影《了不起的盖茨比》上映时，菲茨杰拉德一家还在法国，所以两人趁此机会去好莱坞看了这部电影。泽尔达给斯科蒂写信说它"糟糕透顶，奇烂无比，所以我们走了"。

斯科特和泽尔达属于第一代通过电影塑造梦想的人。《我遗失的城市》是他为早年的纽约生活所做的一首优美的怀旧挽歌，其中有两段具有象征意义的记忆：一段是他十岁时乘坐的摆渡船"黎明时分从泽西海岸缓缓驶来"，另一段是他十五岁时从学校到这座城市参观。就为了看看《贵格会女孩》里的艾娜·克莱尔和《小男孩布鲁》里的格特鲁德·布莱恩："我对他们俩的爱绝望而忧郁，冲得我昏头昏脑，无法在她们之间做出选择，于是她们融合成了一个可爱的整体，少女。她是我心中纽约的第二个象征。摆渡船代表胜利，少女代表浪漫。"她们给了

1　波兰女演员，十七岁时成为华沙颇有名气的舞台新星，后旋即进入电影界发展。——编者注
2　美国戏剧和电影演员，被认为是当时最伟大、最杰出的演员之一，以扮演的自信潇洒的男性角色和对莎士比亚戏剧的演绎而深入人心。——编者注

他将要征服的城市，却让他失去了"混沌初开时的斑斓彩虹"。

第一国家电影公司（一家电影制作公司，很快被华纳兄弟收购）为剧本预付了三千五百美元，并承诺如果剧本的最终版本被采纳，将再支付一点二五万美元的稿费。菲茨杰拉德将剧本命名为《口红》，计划让塔尔梅奇在片中扮演女主角，这个女孩在一支令每个男人都不禁想吻她的神奇口红的帮助下，从监狱一路逃到了上流社会。可惜剧本最终没有被采纳。菲茨杰拉德太过专注于时尚散文，这令剧本缺乏喜剧情节和环境背景。不过，第一次涉足电影世界，却让他结识了两个后来被改编为小说人物的人。

有一个人一直位于成功阶梯的顶端。欧文·萨尔伯格被誉为好莱坞的奇迹少年。年仅二十六岁的他就成为米高梅公司的制片主管。他是一个工作能力极强的人。坐在米高梅公司的销售部里，他给菲茨杰拉德讲述了一个关于领导力的寓言。假设，你想开凿一条穿过一座山脉的隧道。测量员告诉你有六种可能的路线。如果你是决策者，你会慢慢地、理性地权衡所有的可能性吗？不，你会果断做出决定并坚持下去，然后假装你有一个很好的理由。没必要让任何人知道或去猜测其实并没有什么特别原因，也不应该让他们认为你对自己的决定有任何怀疑。

另一个人，和其他无数年轻女性一样，希望借助美貌的力量，爬上成功的阶梯。两年前，十六岁的鲁伊·莫兰首次亮相好莱坞，与罗纳德·考尔曼和小道格拉斯·范朋克一起出演了塞缪尔·戈尔德温根据奥莉芙·希金斯·普劳蒂的小说改编的电影《斯黛拉·达拉斯》。她扮演一个小镇女人的女儿，女人嫁给了一个有钱人，然后和他闹翻了。当菲茨杰拉德夫妇来到好莱坞时，鲁伊·莫兰已经主演了《青春旋风》《音乐大师》（由艾伦·德万执导）和《宣传疯狂》（由安尼塔·卢斯编剧，灵感来自林德伯格夫妇的飞行故事）等电影。斯科特是在道格拉斯·范朋克和玛丽·毕克馥这对好莱坞当红明星夫妇家里认识她的，当时他和泽尔达受邀前往这对夫妇位于比弗利山庄一处占地十八英亩的仿都铎式豪宅"皮克菲尔"共进午餐。她仰慕他的名声和才华，他欣赏她的年轻和美貌。她能说一口流利的法语，喜欢阅读和音乐，甚至把诗歌抄在一本小册子里，而且喜欢《了不起的盖茨比》——确实曾有考虑让她出演这部电影。她总是由寡居的母亲陪伴，所以他们从来没有机会单独在一起过，但斯科特开始主动去她的公寓，他们一起吃草莓和鱼子酱。在拥挤的聚会上，他们会溜到楼梯间，但只限于聊天。鲁伊梦想着他们能一起主演她的下一部电影。她甚至为他安排了一次试镜，但结果并不理想。

半个世纪后，在接受一位菲茨杰拉德传记作家的采访时，莫兰回忆说，有一次，她和母亲邀请斯科特和泽尔达参加一个下午茶聚会，斯科特收集了在场所有客人的手表、男士和女士钱包，试图借此戏弄一番。泽尔达对这种调情并不感兴趣，尤其是当斯科特责备她没有像鲁伊那样更好地展现自己时。她在别墅的浴缸里烧掉了自己的衣服，在回东部的火车上把她的白金手表——斯科特送给她的结婚礼物——扔了出去。虽然剧本没有被采纳，但第一次加州之行为他撰写几部关于好莱坞诱惑，特别是关于鲁伊·莫兰诱惑的短篇小说提供了素材。其中最好的一篇叫作《魅力》，主人公包括以鲁伊为原型的女明星海伦·埃弗里，还有像泽尔达一样担心自己在生完孩子后变老、失去魅力的妻子凯：

> 他从未对海伦·埃弗里说过一句可能会
> 让凯不悦的话，但是他们之间已经产生某种反
> 应……凯感觉到这种反应在空气中蔓延……海
> 伦·埃弗里的声音和她说完话时低垂的眼睛，
> 就像一种控制力练习一样，令他着迷。他觉得
> 他们俩都容忍了某些事，都对人生的一些秘密
> 有自己的理解，如果他们冲到彼此身边，就会
> 出现令人难以置信的浪漫交流。

这段婚姻开始出现裂痕了。小说中的乔治·汉纳弗德是一个菲茨杰拉德式的人物（他是一位著名演员，斯科特曾幻想着在试镜后成为像他这样的演员），他梦到了盖茨比式的星光，在黑暗的水面上闪闪发亮，他回忆起了早年腾空高飞的爱情，现在正坠落到尘土中。

*

回到欧洲后，泽尔达的行为开始变得怪异。部

351

分原因来自斯科特对其他女性的关注，这激怒了她。在尼斯山上的圣保罗·德·旺斯，他曾与著名的舞蹈家伊莎多拉·邓肯眉来眼去。泽尔达一直想成为一名芭蕾舞者，结果自己不慎从一列石阶上摔了下去。还有一次，她指责斯科特是同性恋，这激怒了他，因为在他的性格中，有强烈的恐同倾向。反过来，泽尔达接受了奥斯卡·王尔德的侄女多莉的关注，后者当时是巴黎最著名的女同性恋。这些紧张关系体现在了斯科特一稿又一稿的小说中。在洛桑的一家同性恋酒吧里，"仙女们"之间的戏谑场景并没有被删除。女同性恋主题最终在出版的小说中得以保留：玛丽·诺斯在酗酒的作曲家丈夫亚伯·诺斯去世后，与多莉·王尔德式的女同性恋发生了婚外情。

《重返巴比伦》是菲茨杰拉德后期最好的短篇小说之一，主人公在20世纪30年代重返巴黎，发现那里的美国人几乎踪迹全无，也不再有20年代巴比伦式的繁复。他在1929年的华尔街股灾中损失惨重，但在经济繁荣时期却失去了真正珍视的东西——他的妻子和女儿。失去了她们的原因是他的酗酒。故事的结尾，他孤独地待在酒吧里："现在，他只怀念他的孩子，除了这个，已经没有任何东西能让他觉得美好了。"

在小说中，主人公的妻子死了。在现实中，斯科特也因泽尔达的精神疾病而失去了她。他在总账中把 1929 年秋至 1930 年秋这一年描述为"崩溃！泽尔达和美国"。她的家族有精神疾病史：三个姐姐和一个哥哥都患有"神经衰弱症"，她的父亲塞尔法官曾精神崩溃，她的外祖母和一个姨妈自杀了。三年后，她的哥哥安东尼也自杀了，因为他有杀死母亲的暴力幻想。

在舞蹈课上，泽尔达的精力近乎狂躁，对教练叶戈罗娃夫人也充满了炽热情感，叶戈罗娃曾是俄罗斯皇家芭蕾舞团的成员，后来听从迪亚吉列夫的建议在巴黎开办了一所舞蹈学校。泽尔达还曾学习绘画；她也尝试写小说；她曾和斯科特去阿尔及尔做了一次短暂的旅行，希望能在那儿晒晒冬日的阳光，让自己恢复健康，结果却觉得完全被斯科特疏远了。每当回想起这次旅行，她就会指责丈夫没有帮助她，而是沉迷于酒精和网球，并憎恨她的戒酒要求。

1930 年莎士比亚诞辰那天，她进入了巴黎郊外的玛尔梅森诊所，据医生称，她当时处于极度焦虑和不安的状态之中。她不断地说，她需要工作，她快要死了，她永远也治不好了，但她必须工作。叶戈罗娃夫人带给了她巨大的快乐，伟大艺术的快乐、芬芳交织的快乐；她爱上了她，但她害怕成为女同性恋者。三周后，她不顾医嘱出院了。她开始产生幻觉，会看到可怕的幻影。她开始企图自杀，这是多次自杀企图中的第一起。在朋友的建议下，她去了另一家诊所，就在瑞士蒙特勒附近。斯科特去那里看望她时，气氛很紧张，两人因互相指责对方是同性恋而爆发争吵。

这家诊所没有处理心理健康疑难病例的专门知识。于是他们请来了日内瓦湖畔知名的普朗然精神病诊所的奥斯卡·弗瑞尔医生。作为弗洛伊德的弟子，他的最大成就是诊断出精神分裂症，并开设了一门高强度的精神分析课程。泽尔达搬到了普朗然。在接下来的一年里，斯科特往返于巴黎和普朗然之间，并尽他所能照顾女儿斯科蒂。泽尔达的诊断结果得到了尤金·布鲁勒医生的证实，他是精神分裂症的命名者和这方面的权威（他也是优生绝育的倡导者，但他没有让泽尔达走上这条路）。菲茨杰拉德在他的总账上写道："在洛桑的一年。等待。从黑暗到希望。"

*

他的愿望实现了。泽尔达看起来好多了，因此他们决定搬到她的家乡亚拉巴马州蒙哥马利，寻找平静的生活。回到美国是及时的，因为斯科特收到了好莱坞的第二份邀请，是一份为期五周的合同，周薪高达一千两百美元。他的工作是将机敏的畅销小说家凯瑟琳·布拉什的一部轻佻小说改编成电影脚本。小说名为《红发美人》，故事开始于一个女孩，她在餐桌上丢下约会对象，穿过化妆间，在树林里遇到一个富家子弟，后来又试图勾引她已婚的老板。尽管有另一位合作者的协助，斯科特还是未能完成剩余的七十六页，到了小说"你自己也没那么差，老伙计"这一句，改编就中断了。随后安尼塔·卢斯接手了剧本，这部电影成了珍·哈露向银幕性感女星迈进的转型之作，故事充斥着婚前性行为和通奸的情节，这些都在一定程度上促使1934年《海斯法典》的诞生。

这一次，菲茨杰拉德醉醺醺地出现在欧文·萨尔伯格的一个派对上，并唱了一首关于狗的歌，他语无伦次，声音很大，也很难听，这让他在好莱坞颜面扫地。后来他把这件事写入了一篇名为《疯狂星期日》的小说，"可一讲完，他就后悔地意识到，自己在电影界一些举足轻重的人物面前丢人现眼了，而他的事业还要仰仗他们的青睐"。与此同时，泽尔达继续定期给他写信，语气冷静，充满爱意："亲爱的，我的爱。你脖子后面那片绒毛之地是最可爱的地方，等你回来的时候，我可以用鼻子在那里蹭啊蹭的，就像小马在饲料袋里舔舐一样，我真的非常、非常幸运。"

她健康的状态并没有维持多久。1932 年 2 月，她住进了巴尔的摩约翰斯·霍普金斯大学医院的精神病诊所。斯科特在附近租了一栋大房子，而泽尔达则在住院和门诊之间不断切换。她不再跳舞了，但仍继续画画和写作。尤其值得一提的是，她正在写关于他们婚姻的小说，特别是在里维埃拉的那些年——而这正是斯科特近十年来一直在创作的素材。她把手稿寄给珀金斯，却没有给斯科特看，甚至没有告诉他这件事。

当斯科特看到这本书时，他的愤怒无法抑制。她甚至给书中的丈夫起名叫艾默里·布莱恩，并将他塑造成一个二流的肖像画家。"我的上帝，"他在给泽尔达的医生的信中写道，"我的小说让她成为一个传奇，而她在书中对我的扁平化描写，却只为了让我显得不值一提。"在最初的针锋相对之后，他们最终在珀金斯的巧妙调解下达成了协议。泽尔达会继续出版小说，但在斯科特的坚持下，要做一定的删减和修改。而且她还必须同意不再以他们的婚姻为题材写任何小说。在斯科特看来，他的领地不容有第二次侵犯。

第十四章
"夜色温柔"

受这种竞争的刺激，菲茨杰拉德终于完成了自己版本的小说。《夜色温柔》于1934年初在《斯克里布纳杂志》上连载，并于同年4月出版成书。对于任何认识菲茨杰拉德夫妇的人来说，故事的主人公迪克·戴弗和妮可·戴弗夫妇显然是杰拉尔德·墨菲和萨拉·墨菲夫妇与菲茨杰拉德夫妇的结合体。

这部小说围绕着妮可脆弱的心理健康展开。事实上，正如菲茨杰拉德在这部小说的工作笔记中明确指出的那样，这个人物是泽尔达的写照。1931年11月，她的父亲塞尔法官去世，这是导致她第二次精神崩溃的原因之一。在寄往好莱坞的信中，她不断提到自己的父亲，以及对他的无限思念。也正是在这个时候，斯科特在自己小说中对妮可的精神病给出了弗洛伊德式的解释："十五岁时，她在异常状态下被自己的父亲强奸。"强奸导致了精神崩溃，第二年，妮可被送往瑞士的一家诊所，在那里，她爱上了自己的医生迪克·戴弗。只有精神分析的移情才能使她摆脱杀人倾向，并将她从因受虐而意图报复杀人的欲望中拯救出来。

小说中，许多描写妮可精神疾病的段落，都直接取材于泽尔达在各个诊所写给他的信件，有的甚至是从布鲁勒医生写给斯科特的那些关于泽尔达病情诊断的信中摘取的。因此，人们不禁怀疑，这起强奸案是否真有其事。正因如此，斯科特才想方设法，尽可能久地不让泽尔达看到这本书，但当她最终还是在精神科诊所读到它时，她说自己"有点难过"，"让我生气的是，他把这个女孩写得太糟糕了，不断地重申她是如何毁了他的人生，我忍不住把自己和她联系在一起，因为她有太多和我相似的经历了"。她"毁了他的人生"：泽尔达想表达的是，通过写妮可毁了迪克的人生，斯科特事实上是在指责她毁了他的人生。在某种程度上，把出现精神问题的责任推到她父亲身上，斯科特其实在试图为自己开脱。这难道是因为他不想将泽尔达的崩溃归咎于她自己？抑或他说的都是实话？

泽尔达十五岁时曾遭遇性侵。在一封写给她的某个姐姐的控诉信中，斯科特写道："你的母亲把泽尔达照顾得太糟糕了，这让约翰·塞勒斯在她十五岁的时候就能勾引她。"塞勒斯是个富家子弟，其父是蒙哥马利一个富有的棉花经纪人。塞勒斯和他的狐朋佩顿·马西斯，绰号金尘双星。泽尔达未完成的第二部小说《恺撒之物》，与她的第一部小说一样是自传性的。小说中，有两个小混混强迫泽尔达式的女主人公在校园的一个阴暗角落里与其发生性关系，他们显然是以这一对人物为原型塑造的。她的身心遭受了巨大的创伤，"她是那么痛苦，那么相信别人，她的心都碎了，许多年后，她甚至都不想活了。但还是继续苟活下去吧"。泽尔达在谈到《夜色温柔》中妮可的经历时表示："我觉得这不是真的——我觉得这跟事实有所出入。"她的模棱两可令人惊讶。她还说"这是一种时间的畸变"，她的意思有可能是，斯科特把她十五岁时与塞勒斯和马西斯的经历与（更早的？）涉及她父亲的事件混在了一起。

菲茨杰拉德说过，真正艺术家的标志是，能在头脑中同时存有两种截然不同的思想。因此，有人可能会说,《夜色温柔》中的强奸情节同时达到了几个不同的目的:这是对泽尔达的精神病因进行解释的痛苦尝试,是对出版《给我留下华尔兹》这一不可原谅行为的报复,也是一个纯粹的艺术决定,最终用亲子乱伦的弗洛伊德式禁忌为一本沉浸在精神分析中的小说画上一个圆满的句号。

小说中,以鲁伊·莫兰为原型的天真少女罗丝玛丽·霍伊特因电影《爸爸的女儿》而走红。她和迪克·戴弗的恋情是斯科特与鲁伊之间并未发生的恋情的幻想投射。但其中对她的描述却让人略感不安。她

粉红色的手掌心似乎蕴含着魔力,脸颊闪烁着可爱的光泽,就像孩子们晚上洗完冷水澡后激起的红晕。她那精巧的前额轻柔地向上倾斜,直至发际线处,掩映入宛若盔帽,呈淡褐或金色的侧辫、鬈发和发丝的纹饰之中。她那双清澈的大眼睛明亮水润、神采奕奕,她的脸色泛红,那是年轻的心脏在强烈跳动时展现的色彩。她的身形依旧微妙地徘徊在童年的最后边缘——她快十八岁了,几乎长大成人,但仍

然稚气未脱。

对此，戴弗医生的精神分析同行们会有很多话要说。

*

在《夜色温柔》的开头，好莱坞新星罗丝玛丽·霍伊特第一次来到昂蒂布海角，她问迪克和妮可·戴弗是否喜欢这个地方。"他们必须得喜欢它，"他们的同伴亚伯·诺斯（一个爱酗酒的音乐家，大致以林·拉德纳为原型，他曾陷入抑郁和酗酒）回答说，"这个地方是他们创造出来的。"他慢慢地转动他那雅致的头，"这样他的眼睛就能温柔而深情地注视着戴弗夫妇了"。

据说，在20世纪20年代之前，法国的里维埃拉仅仅是一个冬季度假胜地。没有哪个有钱的欧洲人会梦想着在如此炎热的地方避暑。但后来戴弗夫妇来到此地，说服高斯先生让他的德斯艾特昂格尔斯酒店在整个夏天都继续营业。他们在附近建了一栋别墅，迪克用耙子和自己的双手清理了一小片海滩上的海草和岩石。没过几年，时尚的美国人开始光顾这里，朱安雷宾[1]还建起了一座赌场，避暑胜地就这样诞生了。当然，这是关于墨菲夫妇的故事。

尽管斯科特·菲茨杰拉德在小说风格和道德观上与亨利·詹姆斯截然不同，但想象力的广度却在很大程度上得益于后者。詹姆斯小说的主题往往围绕着身在复杂欧洲的天真美国人展开。这一主题不仅丰富了情节，让人物形象产生对比，还提供了一种手段，借以探索作为一种独特新现象的美国小说与传承悠久传统的欧洲小说之间的微妙关系。此外，詹姆斯还引入了南北轴线以及美国与欧洲之间的东西向旅程，使其小说结构愈加复杂。因此，在《一位女士的画像》中，伊莎贝尔·阿切尔从英国乡村的豪宅到意大利别墅的旅程与她跨越大西洋的旅程一样意义非凡。

在《夜色温柔》中，斯科特·菲茨杰拉德重访了美国人在欧洲的詹姆斯式领地。他的小说也以北方和南方为主题。"打电报，打电报，打电报！"罗丝玛丽·霍伊特在给母亲的信中写道，"是你去北方

---

1 昂蒂布的全称为昂蒂布-朱安雷宾。——编者注

还是我跟戴弗夫妇一起去南方？"正如斯科特和泽尔达夫妇本人的生活经历一样，这部小说也包含了在巴黎和法国南部之间的多次旅行。南北之间更重要的区别是象征性的，而非地理上的：戴弗夫妇之间的关系是在瑞士阿尔卑斯山确立的，然后在法国里维埃拉蓬勃发展，接着降温疏离。虽然这两个地方之间的旅程并不是严格意义上的从北到南，但就情感天气的变化而言，这就是它的感觉。尼斯和戛纳吸引着富豪、魅力人士和艺术家，就像蜜罐吸引着蜜蜂，而苏黎世和洛桑则是不合群者、病人和迷失者的目的地："与其说欧洲这个角落是有多么吸引人，倒不如说它只接纳他们而不提出令人烦恼的问题。好几条路在此交汇——人们前往山里的私人疗养院或肺结核休养中心，这些人在法国或意大利已不再是受欢迎的人。"

这部小说在地理学上的象征意义并不局限于场景。它也存在于一些人物的名字中。在小说结尾处，迪克·戴弗变得颓废消沉的标志就是，他没能用漂亮的招牌动作跳入地中海，这绝非巧合。正如迪克·戴弗（Dick Diver）代表着跳水者（diver）一样，亚伯·诺斯（Abe North）代表着北方的世界

（the world of the north），尤其是那些以混乱和暴力为特征的大城市——比如巴黎，那里曾发生了一起与黑人死亡有关的不光彩事件，再比如纽约，亚伯在一间地下酒吧结束了悲惨的一生。相比之下，导致妮可和迪克分手的情人叫汤米·巴尔班（Tommy Barban），虽然已经是一个欧洲化的美国人了，但他的名字表明其骨子里还是个野蛮人（barbarian）。故事的重头戏发生在戛纳附近的一条船上，此时妮可和迪克的婚姻已经走到了无法挽回的地步，与巴尔班的婚外情也已不可避免。小说中，有个一句话的段落言简意赅地点出了戴弗夫妇婚姻的结局："他转过身去，望向非洲大陆上的那片星光。"不久之后，妮可和汤米在去往蒙特卡洛路上的一家破旧的酒店里结了婚，蒙特卡洛是暴发户的新家园。

迪克·戴弗是最后的浪漫主义者之一。正如这本小说的济慈式书名所显示的那样，他在灵魂深处渴望《夜莺颂》中的"南方的温热"，渴望"舞蹈，歌人／的吟唱，欢乐的阳光"。迪克去了济慈在罗马病逝的地方，结果却卷入了一场酒后斗殴，还被宪兵毒打了一顿。回来之后，他向由自己创造却又失去的海滩告别，就像他重新创造了妮可，又失去了她一样:"让他看看吧——他的海滩,为了迎合毫无品味之人的口味,现在已经被糟蹋得不成样子了。"我们希望他能去往更远的南方,或许是那一片星空之下的非洲,开始一段新的恋情。但是,可悲的是,他别无选择,最后只身返回美国西北部,消失在纽约北部小镇被人遗忘的生活中。

大海是《夜色温柔》的核心,也是济慈想象力的核心。当妮可在考虑她和汤米的恋情时,"她坐在海堤的矮墙上,俯瞰着大海。但是,她已从另一个海洋,从那浩瀚而汹涌的幻想之海中,捞出了一些实实在在的东西,放在她其他的战利品旁边"。在这部小说中,男主人公是一名精神病医生,他原本前往维也纳,心里天真地盘算着,希望一枚飞过的炸弹刚好落在弗洛伊德博士身上,从而在精神分析这个美丽新世界留下一个空缺,这样他就能取而代之成为头号人物。在这部小说中,伴随着"浪涛汹涌的幻想",大海不可避免地与潜意识联系在一起。无论真实原因是否如此,迪克对妮可的诊断都符合弗洛伊德时代的流行分析:在父亲床上遭受的性虐待使她变成了精神分裂症患者。由此类推,小说中美国 / 欧洲和北方 / 南方的象征性地理位置本身就是一种精神分裂症。人物因为被两个世界撕裂而分崩离析。

　　故事的时间顺序给菲茨杰拉德带来了一个结构性的问题。他有三份个人素材要处理：里维埃拉的魅力、巴黎的肮脏与醉酒事件，以及泽尔达在瑞士精神病院的治疗。事实上，里维埃拉的故事排在第一位。而从小说的故事时间线来看，医生和病人的相遇并结婚是首先发生的。但他还是决定从里维埃拉开始讲述故事，并在书的中间部分以倒叙的方式处理与精神病学相关的内容。然而，他自始至终不确定这种处理方式是否妥当；晚年时，他留下遗言，要求小说再版时，将原来的第一卷和第二卷的顺序相互调换，而人们在他死后也遵循了这个意愿。作为一个讲述迪克·戴弗之颓废消沉的故事，内容还是以他最初出版时的顺序为最佳，小说以"在法国里维埃拉风光旖旎的海岸上"的"酒店和亮棕色跪毯一般的沙滩"开头，以戴弗婚姻破裂，独自离开复杂的欧洲，放弃专业精神病学研究并转而从事全科医学结束。

*

　　这部小说上印着"献给杰拉尔德和萨拉，快乐永在"的题词。斯科特在给杰拉尔德·墨菲的信中写道："这部小说的灵感源自你和萨拉，源自我对你俩的感觉以及你的生活方式，最后一卷则基于泽尔达和我，因为你和萨拉与我和泽尔达是同一类人。"最后这句话显然言过其实：杰拉尔德和萨拉与斯科特和泽尔达是完全不同的两类人。萨拉讨厌这本小说，并断然否认该书与她自己、她丈夫或任何他们在里维埃拉时期认识的人有任何相似之处。鉴于妮可的原型以及萨拉与自己父亲关系不好的事实，她这一断然否认也就不奇怪了。事实上，杰拉尔德也承认，小说第一卷中几乎每一个细节——事件和对话——都基于与他们有关的真实事件，尽管"在细节上经常被篡改或歪曲"。三十年后，记者加尔文·汤姆金斯在采访墨菲夫妇时，准确地捕捉到了菲茨杰拉德当时的所作所为——

　　菲茨杰拉德曾写道："当我欣赏他人时，我希望变成他们那样——我希望丢掉那些赋

369

予我个性的外在品质，变得像他们一样。"菲茨杰拉德想成为杰拉尔德·墨菲那样的人，因为后者是他最崇拜的人，而且墨菲夫妇为自己和朋友创造的生活让他完全着迷，有时甚至让他彻底迷失。这是一种极具独创性、极具美感的生活，这种生活方式的某些特质在《夜色温柔》的前一百页就显现无疑了。在年轻女演员罗丝玛丽·霍伊特眼中，戴弗夫妇代表了"一个阶层最彻底的进化，以至于大多数人在他们旁边都显得手足无措"。迪克·戴弗拥有着"非同凡响的交际能力"，他那"细致周到的关心"，他那"彬彬有礼的举止迅速而直观，唯有凭其结果才能加以检验"，所有这些都曾是，也仍是杰拉尔德·墨菲的品质，戴弗夫妇和墨菲夫妇对朋友的影响有许多相似之处。与墨菲夫妇相识四十年的约翰·多斯·帕索斯曾说，"同墨菲夫妇在一起，人们总是能表现出最好的自己"，认识他们更久的阿奇博尔德·麦克利什则说，自墨菲夫妇在欧洲生活的开始，"一个接一个地——英国人、法国人、美国人——每个见到他们的人，在离开时都说，他们真的是生活艺术的大师"。

但是，菲茨杰拉德对墨菲夫妇所体现出来的教养亦有几分鄙视。在这部小说多年的创作过程中，他愈发被奥斯瓦尔德·斯宾格勒的《西方的没落》所吸引，这本书认为，所有文化都会经历一个由盛转衰的过程，而西方正处于这一过程的最后阶段。第一次世界大战的大屠杀就是其主要表现。正是出于这种病态的斯宾格勒式的好奇心，以及对自己从未上过前线的遗憾，斯科特在 20 世纪 20 年代末游历了凡尔登、索姆河等战役旧址。这一点在他的小说中也有体现。当小说人物们参观亚眠附近一条修复后的战壕时，迪克哀悼道："随着一阵极其强烈的爱的爆发，我那整个美丽可爱的安全世界在这里被炸得灰飞烟灭了。"

他认为，"把人格分裂称作'schizophrêne'十分贴切"，"妮可是一个什么都不需要向她解释的人，也是一个什么都无法向她解释的人"。如果说妮可是被黑暗的无意识所支配，那么迪克则是一个因自我意识过剩而无法自愈的医生。他的分析能力使其产生了一种无法治愈的与现代世界的疏离感。这一点，我们可以从他就索姆河战役对一战所产生意义的精彩分析中看到："打这种仗，需要宗教信仰、多年的丰饶和极大的把握，以及存在于各阶级之间的确切关系。"我们可以在他梦见残疾士兵时看到这一点——只是略带讽刺的是，他把自己的病情诊断为非战斗人员的弹震症——以及，在回到美国参加父亲葬礼时，我们可以从他感受到的失落和渴望中再次看到这一点：

> 他跪在坚硬的地上。这些死去的人，他全都认识，他们的面孔饱经风霜，蓝色的眼睛闪烁着光芒，身体瘦削而刚劲，灵魂是由17世纪重重黑暗森林中的新土铸成的。
>
> "别了，我的父亲——别了，我所有的先辈。"

斯宾格勒将一种衰落的文化称为"文明"（Zivilisation）。也就是说，"文明"成了一个贬义词。这会让我们对小说产生新的解读，菲茨杰拉德以墨菲夫妇的一天为原型，对戴弗夫妇一天的生活进行了貌似恭维的描述："戴弗夫妇每一天的生活都安排得像古老文明时期的一天，让手头的材料产生最大的收益，并使所有的过渡阶段都充分体现出它们的价值，她不知道的是，眼下在全神贯注的游泳和喋喋不休的普罗旺斯式午餐之间，还会有另一个过渡阶段。"从理想化的角度来看，这是一种极其文明的存在。从斯宾格勒的角度来看，这是一个行将消失、也理应消失的排他世界。

现在它肯定已经消失了。如果去昂蒂布海角寻访墨菲的"美国别墅"，你只能瞥见屋顶的露台和菩提树，现如今，别墅的外墙布满了安保系统，大门背后也支起了黑色的钢板，以遮挡窥探的目光。慕名而来的传记作家决定不再拥入其中。当初，热情好客的墨菲夫妇，就像小说里的戴弗夫妇一样，会毫不犹豫地邀请路过的作家和他们一起吃一顿简单的午餐。但今时的富人已不同往日了。菲茨杰拉德小说中的人物身上虽然散发着金钱的气息，但他们渴望爱情，心胸开阔。"美国别墅"的现任主人，不管他们是谁，都关门闭户，拒人于千里之外。

当菲茨杰拉德喝醉时，他常在聚会上捣乱，试图摧毁这个人间天堂。在好莱坞，尽管他喜欢和鲁伊·莫兰一起吃鱼子酱、喝香槟，但他同样会谴责它们所代表的生活方式。有一次，墨菲夫妇和他们的宾客们都在一家餐厅吃饭，一个年纪大得多的男人带着一个年轻漂亮的女孩走了进来，坐在邻桌。菲茨杰拉德知道这都是那个男人金钱的力量。他眼睛瞪着他们，接着开始朝他们那边扔烟灰缸。尽管是主人，杰拉尔德还是忍不住站起来离开了聚会。类似的例子，墨菲夫妇可以讲出一箩筐。他们在"美国别墅"举办了许多派对，小说中迪克和妮可参加的众多派对就是受此启发，在其中的某次派对上，菲茨杰拉德前脚刚到，后脚就用恐同言论侮辱了一位同性恋客人。吃完甜点后，他"从一碗菠萝果子露中挑出一颗无花果，朝德拉曼·卡拉曼·奇迈公主扔了过去"——"无花果击中了她的肩胛骨；她愣了一下，然后继续说下去，好像什么事也没发生"。阿奇博尔德·麦克利什走过去试图让斯科特冷静下来，斯科特给了他一记右勾拳，打在他的下巴上。"依旧觉得自己没有受到足够的关注"，斯科特开始把萨拉镶金边的威尼斯红酒杯朝花园外扔去，"等到杰拉尔德上前阻拦时，他已经摔碎了三个酒杯。大家散去的时候，杰拉尔德走到斯科特跟前（他是最后离开的人之一），告诉他三个星期内，他们家不再欢迎他的到来——这个为期三周的逐客令一直持续到了今天"。这样或那样的逐客令将在斯科特和泽尔达余生中一再上演。

*

马修·阿诺德是菲茨杰拉德接触批评艺术的试金石，他将文化描述为人类思想和言语中最好的东西。在《夜色温柔》中，菲茨杰拉德试图同时捕捉自己文化中最好的和最坏的一面。他在尝试创作一部现代生活的史诗，但与乔伊斯把故事内容集中在一天之内的《尤利西斯》不同，这部史诗的跨度很大。多年来，他一直在这本书的结构和风格上挣扎，却从未企及所期望的史诗境界，如同济慈在其神圣起源史诗的结构和风格上挣扎一样。

《世界博览会》（*The World's Fair*）是菲茨杰拉德为这部小说拟定的书名之一。这是一个很巧妙的双关语。这部小说有潜力成为一个文学上的"世界博览会"，在那里，不同的国家和文化聚集在一起，展示他们的商品和发明。但它的诞生也是为了检验"世界是公平的"这一命题。显而易见的是，这个世界是不公平的：撇开对不公的指责不谈，有些人富有而更多人贫穷，有些人在战争中丧生，有些人没有机会证明自己是英雄，有些人的事业以失败告终，许多人的生命受到精神疾病的折磨，这是不公平的。唯一的安慰，唯一的希望，就是温柔以待。

对于菲茨杰拉德和济慈来说，没有什么比亲吻更温柔了，但亲吻也可能是一种背叛。在小说第一卷结尾处的巴黎，罗丝玛丽的性格变得愈发坚毅，最终在银幕上大获成功。她脑海中一直回荡着一首诗（也许是济慈的作品）和比弗利山庄的雨。迪克敲门走了进来。不一会儿，她在他的嘴巴上"亲吻了好几下，她的脸靠近时，似乎比以前更加丰润了：他从未见过什么东西能比她那莹洁光滑的皮肤更加耀眼夺目了"。他告诉她雨停了，太阳出来了。她回答道："哦，我们俩多么像演员——你和我。"这呼应了《魅力》中以鲁伊·莫兰为原型的角色的台词。但他已经不再扮演情人的角色。在接吻的那一刻，"他想到了自己对妮可负有的责任，想到了她可能就在走廊对面相隔两个房门的房间里，因为美有时会激发出一个人内心最高尚的情操"。于是两人的关系到此为止。迪克要对自己的妻子负责，她在浴室里快要发疯了。温柔的嘴唇必须屈服于温柔的灵魂。在菲茨杰拉德非常熟悉的一封信中，济慈曾论述道，诗歌要想打动读者，就须将诗人最崇高的思想一语道出，使它恍如回忆般似曾相识。济慈和菲茨杰拉德笔下无数次的亲吻，都是他们对极致浪漫的想象和回忆，但这可能与他们"最高尚的情操"相冲突。同《恩底弥翁》一样，《夜色温柔》的副标题也是"一部罗曼史"。但济慈和菲茨杰拉德知道他们必须超越浪漫。"你难道看不出一个充满痛苦与烦恼的世界对于培养智慧和铸就灵魂是多么必要吗？"济慈在他 1819 年春天寄往美国的信中写道，"多么需要一个能使心灵以上千种方式感受痛苦的所在！"

对菲茨杰拉德夫妇来说，那个所在就是他们的婚姻。

第十五章
"明亮的星"

在《夜色温柔》中的里维埃拉，白种俄罗斯人重温了他们"逝去的鱼子酱时光"，而戴弗夫妇则在尼斯享用"浓味海鲜汤，这是一种用岩鱼和小龙虾炖成的汤，以许多藏红花调味，再配上一瓶冰镇夏布利酒"。用完午餐，妮可开始了地中海炎热午后的购物之旅，她买了蜂蜜，以及"彩色的念珠、可折叠的沙滩靠垫、人造花……还有三码[1]对虾色的新布料"。这部小说在人物饮酒方面堪比《美丽与诅咒》，但在美食方面则远超后者。《秋颂》是关于成熟的典范诗，而《夜色温柔》则唤起了对过度成熟和过度腐烂的回忆："沿着村庄那一侧的围墙，到处都布满了尘土，蜿蜒的葡萄藤、柠檬树和桉树，那随意丢弃的手推车，放置时间虽不久，却已陷入小

---

1 1 码约为 0.9144 米。——编者注

径的泥土中，略显衰败腐朽了。"

"光线黑暗、烟雾弥漫的餐厅里，自助餐桌上丰富多样的生食弥漫着各种气味，妮可身着天蓝色套装，恰似一片浮云悄然而入"：和济慈一样，菲茨杰拉德也是一位能将食物、色彩和天气融合在一起的厨艺大师。济慈没有墨菲夫妇那样富裕，后者曾在南方温热的恋歌和欢乐骄阳中，热情款待斯科特和泽尔达，但在 1819 年秋天那快乐而孤独的几周里，济慈从食物和天气中获得了慰藉。写完颂诗的第二天，他在信中这样描述自己："此刻，我正一手握笔书写，一手拿着油桃送入口中——我的上帝，这滋味多美好啊，多么软糯、柔嫩、多汁可口——那美味的蜜汁在我的喉咙里融化，仿佛一颗巨大的草莓。我肯定要发酵了。"那首最新的，也是最后的颂诗，如同成熟的果实，进入了他的身体，为他带来短暂的健康和幸福。

《秋颂》中的晨雾和微风，农舍花园和水草地，谷仓和榨苹果汁机，燕子和红胸知更鸟，无不弥漫着欢快的英格兰的气息。当济慈搬到中世纪的温彻斯特城时，他不由得想起了诗人托马斯·查特顿，一个在十七岁时便自杀身亡的少年神童。查特顿在

18 世纪 60 年代——于他死后——因其创作的一些诗歌和诗体戏剧而成名，其中一些作品是他冒充一个虚构出来的中世纪作家罗利之手所写，采用伪乔叟式的风格，如《斯普林茨的议会》和《拉明格顿的欢乐把戏》等。

济慈之所以喜欢查特顿，是因为后者较之于拉丁语词汇，似乎更钟情盎格鲁－撒克逊语词汇。在回到怀特岛后，他继续创作未完成的《海伯利安》，开始计划将其重铸为梦境（一种中世纪的形式），而非史诗（一种总是笼罩在荷马和维吉尔阴影之下的形式）。他将这首诗分成不同的"卷"，就像但丁的《神曲》和"罗曼史"传统一样，而不是像在第一个版本中那样一味模仿弥尔顿和古典史诗的"篇"。他首先以第一人称的形式，介绍了泰坦族巨神陨落的故事前奏，拉开了长诗序曲，在诗中，一个诗人的身影走近了摩涅塔的神殿（摩涅塔是希腊女神摩涅莫绪涅的拉丁名）。当踏上通往她的神殿台阶时，他感到了来自死亡的寒意，这时，他听到了女神的告诫，告诉他通过接近死亡而非生存，他将获得某种特殊的力量：

你已经感受到了

死后重生

的滋味。你有能力这样做

是为了你自己的安全；你的末日已经

命中注定。[1]

　　这就好像，在目睹了汤姆的死亡后，济慈既看到了自己死亡的预兆，又完整穿过"初思室"，认识到世界上的"悲伤、心碎、痛苦、疾病和压迫"。摩涅塔告诉他，这会是一种成就，它将塑造出一个真正的诗人，而不是一个纯粹的梦想者。"没有人能超越这个高度，"她解释道，"但世界的苦难对他们来说 / 是痛苦的，且不会让他们安息。"[2]济慈以梦想者的身份来到这里，但必定会以诗人的身份离开。他将进入记忆之颅的"黑暗密室"，在那里上演一幕海伯利安的"纯粹悲剧"。从这一点来说，手稿变成了

1　孙峰译。——译者注
2　出自菲茨杰拉德所藏版本的《海伯利安：幻境》，被收录在济慈《补充诗篇》中。没有确凿的证据表明斯科特通读过该诗。同米尔尼斯的做法一样，菲氏版本中该诗亦被删除了一小段（即现代版本中的第 187—210 行），伍德豪斯手稿抄本上的注释显示，济慈曾打算删除该小段：第一人称叙述者挑战摩涅塔，声称"诗人是圣人，/ 人文主义者，所有人的医生"；她回答说，他是"梦想者部落的一员"，"诗人和梦想者是截然不同的，/ 不一样的，完全相反的，两个极端"。一个"向世界倾吐香膏"，而另一个则"使世界烦恼"。但谁是谁也不完全清楚：济慈自问是诗人还是梦想者。

对原诗的大幅删减和修改。然而，它还是过早中断了，就像海伯利安的耀斑划过天空那样。

他尚未成功地去弥尔顿化。1819 年 9 月 21 日，他写信给雷诺兹、伍德豪斯和乔治·济慈夫妇，讲述他的散步和受此启发写下的秋日诗歌，他宣称：

> 我已经放弃了《海伯利安》——其中有太多弥尔顿式的倒置诗句——弥尔顿式的诗只能以一种巧妙的，或更确切地说是艺术家的幽默来创作。我希望自己可以投入其他的情感之中。英语应被发扬光大。你不妨从《海伯利安》中摘出一些句子，在那些娇揉造作的伪美之句后打上"×"，在那些发自肺腑的真正声音后打上"‖"，那会是很有趣的事情。我的灵魂沉浸在无法分辨的想象之中——弥尔顿的调子不时在其中响起——但我不能恰如其分地把它剔出来。事实上我须得散一会儿步。

他需要清理头脑中华丽的诗意辞藻和倒置的拉丁语序。弥尔顿式的诗歌只能有意识地去构思创作；为了成为一个具有消极能力的诗人，他需要让自己沉浸在"其他的情感之中"，屈从于华兹华斯所说的"明智的被动"，从而让缪斯向他靠近，而不是主动地去追求她。他在《秋颂》中表达了一种更加"英国"的声音，但现在他需要以更为广泛的"纯粹悲剧"形式来维持这种声音。他在抒情诗方面和查特顿不相上下，但他知道查特顿的伪悲剧是可怜的东西，而《奥托大帝》不过是雅各布时代的模仿之作。济慈的任务是写一部真正的莎士比亚式的悲剧。

但他也需要谋生。他决定返回伦敦，租间便宜的房子，投身于文学的世界中。也许他可以成为第二个哈兹利特："在这个问题上，不管谁给我付钱我都会为他自由地挥笔……努力写点戏剧方面的东西作为开始。"他开始撰写另一出以斯蒂芬国王统治时期为背景的悲剧，但仅仅是写了四个简短的场景后便不了了之。出于对自由主义政治的热情，他转而又尝试以斯宾塞体这一传统形式去创作一部奇特的喜剧童话故事，他在其中插入了针对肥胖摄政王婚姻困境的尖刻讽刺，以及一系列时事典故——例如，煤气灯的发明和肮脏的出租马车。这部戏剧他没有写完，更没有出版。[1]

　　发生在莎士比亚时代的另一个发人深省的悲剧，是深受伊丽莎白女王恩宠的莱斯特伯爵罗伯特·达德利的故事。济慈就这个话题向他的出版商征求意见，并在一本讽刺漫画的某页上草草写了几行有力的诗句，也许是有意为之：

　　　　这只活生生的手，如今温暖且能

　　　　热诚地抓握，假使冷去

　　　　在冰寒沉默的墓里，它将

　　　　如是纠缠你的白日，冷却你的夜梦

　　　　让你祈求自己的心血液尽失

　　　　好使我的血脉再度流动着艳红的生命

　　　　而你良心得安——看，它就在这里——

　　　　我把它举向你的眼前。[2]

1　据布朗称，他的计划是"以露西·沃恩·劳埃德的名义"出版这本书，书名要么是《洋相百出》，要么是《嫉妒》。1820 年 8 月，利·亨特在《指示者》杂志上发表了一篇题为《论马车》的文章，文中提到了这段关于马车的有趣故事。济慈传记作者安德鲁·莫辛和尼古拉斯·罗伊详细论述了他的政治热情。然而，值得注意的是，当时最富有洞见的文学编辑约翰·斯科特在其 1820 年《伦敦杂志》的评论中明确指出，济慈先生"不是政治作家"。

2　译文出自 2018 年北京联合出版公司出版的《有一天，我把她的名字写在沙滩上》，陈黎、张芬龄译。——译者注如果这不是真正莎士比亚式的，它肯定有约翰·韦伯斯特的风格，这位詹姆斯一世时期的剧作家"被死亡迷住了"，他也被济慈的圈子推崇为吟游诗人最有成就的继任者。[1]

当这个诗段首次发表时，没有任何证据表明它是写给芳妮·布劳恩的——鉴于其令人毛骨悚然的语气，把它送给芳妮无疑是非常残忍的。然而，在1819年10月回到伦敦时，他确实给她写了三首情诗。在他们重逢的第二天，他欣喜若狂地写信给她：

> 我亲爱的姑娘，我今天似乎仍活在昨天，这一整天我都在魂不守舍中度过，我感到自己已经拜倒在你的石榴裙下了。给我写哪怕是寥寥数行，告诉我你对我永远都会如昨日那般仁慈——你把我迷得神魂颠倒——世上没有别的东西能如此炫目优雅……我已经吻过上千次，对此我发自心底地感谢爱情——可是如果你拒绝我吻第一千零一次——那就是在考验我

1　T. S. 艾略特在他的《不朽的低语》(《诗集》，1920 年）一诗中对韦伯斯特做了令人印象深刻的描述。

能承受住多大的痛苦。

这三首诗讲述了她悦耳的声音和她诱人的身体，同时，也讲述了他受困于对她的爱之中，并为此而做斗争：

> 妙音、甜唇、柔荑，温软的胸脯，
> 呼吸切切、温言软语，
> 眼眸闪闪、温香软玉！ [1]
>
> 让我感受这无处不在的温暖气息
> 在我的发梢上散发狂喜，
> 哦，痛苦的甜美！
>
> 啊！但愿你整个属于我，整个！
> 形体，美质，爱的细微的情趣，
> 你的吻，你的手，你那迷人的秋波，
> 温暖、莹白、令人销魂的胸脯。 [2]

----

[1] 《白昼消失了》，可能写于 1819 年 10 月 10 日，在他返回伦敦第一次见到芳妮之后。收录于 1848 年《遗存》中。

[2] 《我恳求你疼我》，载于 1819 年《遗存》，在菲茨杰拉德所藏版济慈诗集中名为《致芳妮》。

触碰是一种记忆。哦，说吧，爱，说吧。

我怎样才能扼杀它，去获得自由

在我曾经的自由里？[1]

　　在济慈死后，这些诗被收录在菲茨杰拉德所藏版的济慈诗集中，并被冠以"献给芳妮·布劳恩"之名，其中还引用了济慈致芳妮信中的一段话，他说，希望通过给她写信，能够让他暂时从对她的思念中解放出来，这样他就能安心写作了。几个月后，他以同样的风格写了最后一首献给她的诗，虽然带有嫉妒的色彩，但这首诗反映了他的阴暗情绪，他在这封信中称自己对她的爱既带给他快乐，也让他痛苦，还说他害怕她可能会像乔叟和莎士比亚笔下的克瑞西达那样不忠。[2]

*

1　济慈，《我能做什么》。
2　这首诗可能写于 1820 年 2 月，开头是"自然医生！让我的灵魂热血沸腾"；1848 年以《芳妮颂》为题发表在《遗存》中，包括菲茨杰拉德所藏版本在内的早期版本都认为，该诗写于济慈与芳妮恋人关系的早期。

前一年的夏天，乔治·济慈和他的新婚妻子乔治亚娜·怀利在费城下船，乘马车前往匹兹堡，然后乘坐平底船沿着俄亥俄河继续向南航行，到达肯塔基州的亨德森。乔治随后前往伊利诺伊州，试图加入一群流亡的英国政治自由主义者和激进分子，这些人正在一个以自由、平等和博爱为宗旨的社区里试验创新的农业方法，例如杂交繁殖绵羊。在意识到这不是一个创造个人财富的好机会时，乔治便返回了亨德森，和乔治亚娜在约翰·詹姆斯·奥杜邦的家里过冬，后者后来因绘制了精彩的美洲鸟类图鉴而闻名于世。当时，奥杜邦在亨德森经商，拥有一家面粉厂，并正四处购买奴隶。他说服乔治参与一项投资计划，在俄亥俄河上经营一艘蒸汽船，做运输。晚年时，奥杜邦曾沮丧地回忆起这次冒险："我们还想要经营一艘蒸汽船，是和一位从费城来修理磨坊引擎的工程师合作的。这项计划最后也以彻底的失败而告终，不幸接踵而至，就像雪崩一样降临到我们身上，既可怕又具有破坏性。"

随后，奥杜邦的姐夫抓住了这个机会，说服乔治成为他位于肯塔基州路易斯维尔锯木厂的合伙人。在进行了这项投资，并对第二艘蒸汽船计划做了投入之后，乔治发现自己的资金严重短缺，他别无选择，不得不借了一笔路费返回英国，希望从家族信托中提取出属于他的那份遗产，而汤姆的去世则增加了他的遗产份额。1820年1月初，他与哥哥团聚。尽管济慈在写给乔治亚娜的信中充满热情地提到了他们与老朋友们欢快热闹的晚宴和聚会，但乔治三周的逗留事实上却充满了紧张气氛：财产问题一直纠缠不清，约翰觉得自己被利用了，而乔治也似乎对芳妮·布劳恩并不感冒。

乔治随后启程前往利物浦，并在那儿乘船穿越大西洋返回美国，六天后，济慈在晚上十一点出现大出血。查尔斯·布朗急忙去请外科医生，医生要求他多休息，并称他的肺部没有问题。在给妹妹范妮的信中，济慈轻描淡写地说："天气转暖后我麻痹大意脱掉了大衣，结果着了凉，又引起肺部感染。"布朗——他的记忆有时很夸张，而且经常出错——回忆说济慈当时的反应要严重得多。凭借着自己的医学专长，他让布朗带来一支蜡烛，检查了床单上的一滴血。然后他抬头看了看自己的朋友——如果布朗的话可信的话——用平静的语气说："我知道那滴血的颜色；——它是动脉血；——我不会弄错血迹颜色的；——那滴血宣判了我的死刑；——我将必死无疑。"

在接下来的几个月里，他病倒了，稍微恢复，接着又病倒。反复发烧，并伴有胸闷和咳血。在状态较好的日子里，他会躺在布朗家客厅前厅的沙发床上，观看着眼前流逝的世界：送煤的工人，路过的酒馆侍者，"拿着卷线轴，戴着得体的女帽，穿着红色的斗篷"前往汉普斯特德西斯的老妇人，一个腋下夹着木钟——不停敲打着——的男人，"他的两手交叠在屁股后面，满脸都是政治阴谋"的法国老移民。他不断把自己的病情变化写信告诉妹妹范妮，同时又会说一些花边新闻让她开心，比如保证她的狗得到了很好的照顾。医生很肯定地说，济慈的问题出在"精神焦虑"和"对诗歌的狂热"上，这是"神经过敏和整个身体系统的全面衰弱"——这与诗人约翰·克莱尔的医生对他的诊断并无太大区别，克莱尔因为"多年沉溺于诗歌创作"而被送进疯人院。

有一段时间，济慈病得很严重，无法为出版社准备下一部诗集的出版事宜，好在最终还是完成了校样。6 月底，他收到了新诗集的预印本，不过这本诗集的名字有些不太起眼——《拉弥亚、伊莎贝拉、圣亚尼节前夕及其他》。诗集开始是三首叙事诗，然后是六首颂诗（其中四首写于1819年5月，还有《秋颂》和更早的《激情与欢乐的吟游诗人》），以及另外三首短诗，最后是残缺的第一版《海伯利安》。对新诗集的评论褒贬不一，但总体上比第一部及《恩底弥翁》要好得多。查尔斯·兰姆一如既往地善良和敏锐，对新诗集毫不吝啬溢美之词。他特别赞扬了其中的《圣亚尼节前夕》一诗，认为"月光透过古老的窗户洒在少女的四肢和衣服上，简直就是一幅乔叟式的画作，这位诗人用它照亮了所触及的每一个主题。在现代的描述中，我们几乎找不到这样的东西。它带我们回到古代，'美艳成就了古老的诗赋'"（最后半句出自莎士比亚的中世纪十四行诗第一百零六首）。[1] 其他几篇评论关注的不是新诗集的优点，而是早些时候《布莱克伍德爱丁堡杂志》和《评论季刊》对济慈的不公正抨击。几乎所有的注意力都集中在济慈的叙事诗上。《伦敦杂志》编辑约翰·斯科特对《海伯利安》的描写尤

---

[1] 兰姆认为《伊莎贝拉》是诗集中最好的一首。

为喜爱；尽管最终并未完成，但它是"任何现代想象力中最非凡的创造之一"。令人遗憾的是，对于济慈的颂诗，评论寥寥无几，而正是这些颂诗，让济慈在死后声名显赫。

*

7月初，济慈的医生告诉他，虽然咯血的症状暂时得到了缓解，但要恢复健康还需要几个月的时间，最好的办法是到意大利去，以避开接下来英国冬季的寒冷和潮湿。于是济慈开始在他那本心爱的斯宾塞诗集上标记出"最美丽的句子"，以便在离开英国之前送给芳妮。他想起《仙后》中的一个场景，代表暴政的钢铁巨人被正义骑士击败，于是在诗集空白处以斯宾塞体匆匆写下一节诗，在其中，他想象书籍取代武器，成为自由和改革的工具。理查德·蒙克顿·米尔尼斯是《济慈的生平、书信和文学遗存》的编辑，他将这些诗句视为济慈"坚信通过传播知识的力量，自由和平等会获得最终的胜利"的预言。布朗认为，这九行诗——以"在后世，有一个博学的圣人／名叫印刷者"开头——是济慈留给世界的最后诗句。还是个十几岁的少年时，济慈曾经与查尔斯·考登·克拉克一起阅读《仙后》，从此对诗歌产生了兴趣；和人生的第一首诗一样，他生命中的最后一个诗歌片段依然是对斯宾塞的模仿。

济慈的胸口疼痛变得愈发厉害。他开始担忧海上的长途旅程，于是给出版商留下了一份简单的遗嘱。他请好朋友约瑟夫·塞汶为自己绘制一幅小型画像以送给芳妮。1820年9月16日，在护照办妥之后，他把自己的著作权转让给了泰勒和赫西出版公司。第二天早上，在塞汶的陪同下，他登上了前往那不勒斯的"玛丽亚·克罗塞尔"号双桅帆船。

他们沿着泰晤士河一路航行，中途在格雷夫森德做短暂停留，等候一位女乘客上船。他们等待期间，济慈和船长一起在船舱里用餐，他很喜欢船长的猫。不久那位女士到了，是科特勒尔小姐，也患有肺结核，她将前往那不勒斯，希望那儿的天气能让她的肺部状况得到缓解。

他们乘着顺风绕过了肯特郡海岸，在一个美丽的早晨，当他们在甲板上吃早餐时，发现远处的布莱顿已极目可视。然而，没过多久，一场猛烈的暴风雨就到来了，把他们困在狭小船舱里的床上，船舱里只有六个铺位，行李箱在地板上来回滚动。塞汶和船上的女士们晕船得很厉害，济慈却显得异常平静，没有任何抱怨。暴风雨把他们赶回了邓杰内斯，风暴停止后，他们在那儿休整了三天，才起程继续前往朴次茅斯，他们在那里登陆，济慈也上岸过夜。第二天起航时，他们遇到了逆风，被吹到了济慈曾待过的怀特岛。10月1日，他们再次登陆，这次是在多塞特海岸的卢沃斯湾。

济慈随身携带了一本雷诺兹送给他的莎士比亚诗集，在上面，济慈对许多喜爱的十四行诗句做了标记。他打算把这本书留给塞汶，作为友谊的象征，以感谢后者在旅途中的陪伴。也许是因为靠近怀特岛，他在那里给芳妮·布劳恩写了首批令人神魂颠倒的情书，济慈把自己的一首十四行诗抄写在《爱人的怨诉》一诗的空白页上，《爱人的怨诉》是莎士比亚1609年初版诗集中紧随在那些十四行诗之后的一首长诗。

这是一首献给芳妮的诗，[1] 长期以来一直被认为是济慈最后的作品。在斯科特·菲茨杰拉德所藏版的济慈诗集中，它被贴上了"最后的十四行诗"的标签，并附有一个解释性的批注：

前往意大利疗养是济慈寻求重生的最后机会。所乘帆船在英吉利海峡航行了两周之后，济慈终于有机会在多塞特海岸登陆做短暂休整。济慈传记作者霍顿爵士[蒙克顿·米尔尼斯]说："明媚的白昼和美丽的景色使诗人萎靡不振的心重现活力。即使在回到船上之后，这种灵感仍萦绕在他心间，挥之不去。正是在那时，他写出了那首庄严而温柔的十四行诗。"

事实上，他是在抄写而非创作这首诗。另一份幸存下来的手稿显示，该诗是他在此前一年写的，要么是在7月，当时济慈在怀特岛，在致芳妮的一封信的结尾他写道："今晚我会把你想象成维纳斯并

1　这首诗毫无疑问是写给芳妮的，尽管吉廷斯认为是写给琼斯夫人的：芳妮满怀深情地把它誊录在凯里翻译的但丁《神曲》上，这本书是济慈在离开英国前送给她的。

且对你祈祷，像异教徒那样祈祷又祈祷。美妙的星星，你永远的约翰·济慈。"要么是在10月，在当时写的一组情诗中，他不断地提及她"温暖、莹白、令人销魂的胸脯"。

亮星！但愿我像你一样坚持——

不是在夜空高挂着孤独的美光，

像那大自然的坚忍不眠的隐士，

睁开着一双眼睑永远在守望

动荡的海水如教士那样工作，

绕地上人类的涯岸作涤净的洗礼，

或者凝视着白雪初次降落，

面具般轻轻戴上高山和大地——

不是这样，——但依然坚持不变：

枕在我爱人的正在成熟的胸脯上，

以便感到它柔和的起伏，永远，

永远清醒地感到那甜蜜的动荡：

永远倾听她温柔的呼吸不止，

就这样永远活下去——或昏醉而死。[1]

---

1 济慈《明亮的星》。——译者注

在斯科特·菲茨杰拉德看来，此诗是济慈最伟大的十四行诗，甚至是自莎士比亚以来最伟大的十四行诗。所有济慈式的诗歌音乐都在这里得以呈现——节奏和重复，半谐韵和头韵，尤其是咝擦音，轻柔起伏，既像宁静的呼吸，又像大海的声音——但同时也蕴含着渴望已久却无法企及的爱人的形象。性欲被净化成浪漫，流水的"纯洁洗礼"预示着菲茨杰拉德的《赦免》将是对盖茨比主题的首次尝试。但只有在梦境和诗歌中，爱人的头才会永远枕在她美丽的胸脯上。现实中，明亮的星离海岸很远。

*

盖茨比第一次出现在月光下的草坪上，注视着"银胡椒粉般的星辰"。在那些明亮的星星下面，他面对着黑黢黢的大海张开双臂。在海峡的另一边，尼克看到了"一盏绿灯，微弱而遥远，那里可能是码头的尽头"。盖茨比把房子租了下来，这样他就可以看到了。那颗代表芳妮·布劳恩的明亮的星，已经成为黛西码头上绿色的光。

菲茨杰拉德认为，济慈以查普曼译《荷马史诗》为主题的十四行诗使他成了伟大的诗人，而《明亮的星》则是他"最后的十四行诗"。在前者中，初次看到太平洋时，矮胖的科尔特斯和他的全体伙伴都面面相觑，带着狂热的臆猜，这就是希望的象征。当《了不起的盖茨比》中的人物开车进入纽约时，这首诗就回荡在菲茨杰拉德的脑海里。尼克说，从皇后区大桥上看到的曼哈顿总是"一如初见，让人沉醉于它一开始便肆意呈现的独特神秘与美妙"。《初读查普曼译荷马史诗》是一首开端光明的诗歌。相比之下，《明亮的星》就像《了不起的盖茨比》中自纽约归来时的致命旅程一样，是一首"在冰冷的暮色中驶向死亡"的诗。济慈不可能像星星一样坚定。他再也见不到芳妮了。

在《了不起的盖茨比》的结尾，菲茨杰拉德将两首十四行诗、两种情绪结合在了一起。尼克漫步到海边，仰天躺在沙滩上，就像济慈在多塞特海岸为塞汶抄写《明亮的星》时所做的那样。那些海滨大别墅现在大多已经关闭了。一艘渡船穿过长岛海峡，就像济慈在给芳妮写完第一封情书后，从怀特岛乘渡船穿过索伦特海峡一样。十四行诗中她那

"成熟的胸脯"，以及"柔和的起伏"，被潮水的起伏所取代：

> 我逐渐看见了当年曾令荷兰水手眼睛大放异彩的这个古岛——一片清新碧绿的新世界。它那些消失了的树木，那些为盖茨比的别墅让路而被砍伐的树木，曾经一度迎风飘拂，在这里低声响应着人类最后的，也是最伟大的梦想……

此时，菲茨杰拉德继续守望着苍天，见一颗新星向他的视野流进来，科尔特斯凝视着太平洋，而他的全体伙伴"都面面相觑，带着狂热的臆猜"。此时的尼克孤身一人，并不是站在达连的山峰上，屏息凝神，而是躺在荷兰水手第一次看到曼哈顿时踩过的沙滩上：

> 在沉醉的一瞬间，人类面对这片新大陆一定会屏息凝神，不由自主地沉浸到无法理解也不企求理解的美学思索中，也是人类在历史上最后一次面对与其感受奇迹的能力相称的奇异

景象。

然后他想起盖茨比"第一次认出了黛西家码头尽头的那盏绿灯"时所感到的惊奇。盖茨比的美国梦本应有一个极乐的未来；他没有意识到，"这梦想早已离他而去，被遗弃在城市之外一片漫无边际的混沌中，被遗弃在寂寂长夜里一望无垠的合众国的黑色原野上"。年复一年，未来在我们面前渐行渐远，总是可望而不可即，就像希腊古瓮上的恋人，永远在疯狂地追求。

在卢沃斯湾，济慈把《明亮的星》写在了莎士比亚诗集中，心中深知他再也见不到未婚妻了，济慈就像一条逆流而上的小船，不断地回到过去，凝视着那唯一的光点。

第十六章
"斯塔尔：一部传奇史"

迪克·戴弗这个角色是菲茨杰拉德的自我写照，这与他对最新精神病学理论的研究，以及要求医生告知他泽尔达病情的每一个细节是一致的。他想亲自为她医治，就像迪克为妮可医治一样。

《夜色温柔》的反响不温不火。和菲茨杰拉德一样，许多评论家都对小说的结构感到不满。然而，他还是自豪地在自己的剪贴簿上粘贴了一篇发表在《精神与神经疾病杂志》上的评论，该评论称赞他"在精神疾病的因果平衡方面具有敏锐的洞察力"：

> 对精神病学家和精神分析学家来说，这本书具有特殊的价值，它探索了婚姻中一些重要的动态联系，这些联系受到既定的经济和心理生物学状况的制约，在程度而非种类上有无数的对应物。在母亲去世后，妮可·沃伦遭受

了父亲的性侵。精神病的影响因素，在她的青春期和早熟期累积，最终发展成严重的精神分裂症。

即便他不能成为她的医生，至少也获得了一种满足感，知道已经为读者提供了一个准确的——如果不够温柔的话——关于精神疾病的描述。

菲茨杰拉德联想到了许多与自己家庭相关的事件。迪克·戴弗回到美国参加父亲的葬礼，是基于他自己父亲在 1931 年 1 月去世的经历。他和唯一的妹妹安娜贝尔并不亲近，后者后来嫁给了一位海军军官；他与母亲也不十分亲近，即便在她因病奄奄一息的时候。他没有兄弟，没有儿子。菲茨杰拉德笔下的主人公通常都没有兄弟姐妹；尽管迪克·戴弗很有魅力，善于交际，但他却非常孤独。就像济慈在汤姆死于肺结核、乔治远赴美国之后，愈发专注于诗歌创作，取得斐然成绩一样，菲茨杰拉德在他的小说中找到了归宿，"书本如手足"，他说。盖茨比是他"想象中的兄长"，艾默里是他的弟弟，安东尼是他的"担忧"。迪克是他"关系不错的兄弟"。但他们都"远离家乡"：他希望，当他有勇气用"古老的白光"照亮自己内心的家园时，他就能写出自己最伟大的小说。但事实并非如此。

从那时开始，他最关心的就是如何赚足够的钱来养活泽尔达和斯科蒂。如果不能成为妻子的医生和女儿的老师，他至少要尽力把她们送到最好的医院和最好的学校去。在《夜色温柔》出版一个月后，泽尔达被转移到巴尔的摩附近的谢泼德-普拉特医院，在那里她多次试图自杀。对此，斯科特在总账上记录说自己很不高兴。他也很关心自己的健康。1935 年初，他确信一种原本不活跃的结核菌感染正在侵袭他的肺部，于是到北卡罗来纳州山区的一处疗养地寻求治疗。新的 X 光检查证实了这一诊断。"负债累累"，他在自己的总账中写道，此外还有"戒掉所有含酒精饮料和酒"以及"工作与焦虑"。几个月后，"泽尔达的情况十分糟糕"。从此总账的记录不再有更新。[1]

那年夏天，他和一个名叫比特丽斯·丹斯的已婚得州女富婆有过一段短暂的恋情。她住在阿什维尔，她的妹妹因神经衰弱在那里接受治疗。当她的

1　总账的记录时间截至 1935 年 3 月。

丈夫也来到镇上时，一场好戏于是上演。菲茨杰拉德做了正确的事，给她寄了一封措辞坚定的分手信，就像迪克·戴弗寄给罗丝玛丽·霍伊特的那样：

> 有些情感和我们当下涌动的感觉同样重要——而除了责任感，生活的确没有别的准则。当人们感到迷失，这些情感试图抛出一种混淆视听的迷雾，似乎只有事实的当头棒喝——一次冲突——才能让他们重新清醒。你曾经说过"泽尔达是你的爱！"（只有你会把"love"读成"lu-uv"）。我把我身上的青春和活力都给了她。这是一种投资，就像我的才能、我的孩子、我的钱一样有形：在内心深处，你对我有同样的吸引力，但这不会改变我对另一个人的爱。

对泽尔达的忠诚并没有阻止他和一个叫洛蒂的应召女郎发生性关系，她在阿什维尔的豪华酒店工作。他决定效仿《卖花女》里的做法来训练、改造她。他首先朗诵了《夜莺颂》，然后建议她读《了不起的盖茨比》和《查泰莱夫人的情人》。他对激进的左翼政治越来越感兴趣，于是向她介绍了共产主义记者约翰·里德的生活和工作。里德目睹了俄罗斯革命，并在《震撼世界的十天》中记录了革命的情况。他还寻找佐证，以证明泽尔达经常质疑他的性能力是毫无根据的。海明威提到，有一次，菲茨杰拉德试图通过查看卢浮宫的裸体雕像来消除他对阴茎大小的焦虑。现在，洛蒂用她在这方面的丰富经验安慰他说，他的尺寸在正常范围之内。

这段婚外情的主要见证人是一个名叫托尼·布蒂塔的不太靠谱的作家，此人曾于 1935 年夏天和菲茨杰拉德在阿什维尔一起过喝酒，据他说，当菲茨杰拉德显露出自己的种族偏见时，洛蒂便和他结束了这段关系。菲茨杰拉德对美国共产党的理想表现出了极大的同情，他告诉洛蒂，他与他们的不同之处在于种族平等问题上。她回忆说，"他说话时就像一个彻头彻尾的南方人，以为我是站在他那一边的"。当她透露自己也是混血儿时，菲茨杰拉德变得异常生气，他在房间里走来走去，一边寻找酒瓶，一边叫道："天哪，我怎么了？"洛蒂告诉他，在南方，人们都知道"一个白人男孩如果不抽烟，不在厨房桌子底下发臭，不在谷仓里勾引黑人女孩，就不算男人"。现在，她说，他已经具备了男子气概的三项条件。这段婚外情就这样结束了。

与以往一样，斯克里布纳出版公司在出版了他的新小说之后，又推出了一本短篇小说集[1]，这也为他带来了一些额外的收入。但《夜色温柔》的销量平平，他的代理人哈罗德·奥伯发现，想要在杂志上刊登菲茨杰拉德的新故事开始变得困难起来。奥伯曾像编辑珀金斯一样忠诚地为他服务。当时文学市场正在遭受大萧条的冲击。但1933年创办的《时尚先生》杂志是个例外，它专注于时尚和现在所谓的生活方式。菲茨杰拉德绕过自己的经纪人，与该杂志的编辑建立了联系。他首先修改润色了泽尔达的两篇文章——一篇关于他们多年来住过的所有酒店，另一篇关于他们的财产，然后他以自己的名字发表，这样稿酬会比泽尔达更高。到了失控的1935年，在遭遇了写作瓶颈之后，他要求杂志社预付未来作品的稿费，但对方要求他必须写出点什么，以便编辑出示给杂志商业事务方面的人看。任何东西

1　书名为《清晨起床号》，1935年3月出版；共有十八个故事，包括《疯狂星期日》和《重返巴比伦》，以及分别以"巴兹尔"和"约瑟芬"为主人公的两个故事系列。

都可以，哪怕是格特鲁德·斯泰因式的自发性意识流都行。对此，菲茨杰拉德写了一系列直率、自白的文章，开篇写道："毫无疑问，所有的人生都是一个崩溃的过程。"他们以《崩溃》为名结集出版了这些文章，把他的酗酒行为向美国公众广而告之，也使其在人们心中成了一个过气的作家，一个走向毁灭的金童。

同样是在1935年，一部与菲茨杰拉德这段经历相似的电影上映了。在这部名为《新婚之夜》的电影中，加里·库珀饰演一位小说家，这个小说家的首部小说取得了巨大的成功，但接下来的两部小说却都以失败告终，同时出版商拒绝了其第四部小说，于是，他开始酗酒。破产后，他和妻子搬到了康涅狄格州的乡下。在妻子返回纽约后，小说家爱上了一个更年轻的女人，她是邻居的女儿，已经跟一个她并不爱的有钱人有了婚约。这个故事是由一位名叫埃德温·克诺夫（一位著名出版商的弟弟）的作家构思创作的，他曾在法国南部遇到过菲茨杰拉德一家。故事是为美丽的俄罗斯女演员安娜·斯坦量身定做的，塞缪尔·戈尔德温希望把她打造成下一个嘉宝。她在电影中扮演了那个年轻的女人。克诺夫以自己的失败和酗酒经历为基础，塑造了这位崩溃的作家，但却使他看起来更像众所周知的斯科特·菲茨杰拉德。在初稿中，这对夫妇名叫斯科特和泽尔达，但当电影上映时，他们变成了托尼和朵拉·巴雷特（一个奇怪的巧合是，克诺夫的故事情节是由一位多产的编剧设计的，她名叫伊迪丝·菲茨杰拉德，与斯科特·菲茨杰拉德没有任何关系）。

直到第二年《时尚先生》陆续刊登了《崩溃》的系列文章，埃德温·克诺夫才发现，他对菲茨杰拉德的刻画是如此入木三分。他决定施以援手，于是建议米高梅公司雇用斯科特做编剧。"斯科特是谁？"这是制片人路易斯·B.梅耶当时听到他名字的第一反应。电影公司主管埃迪·曼尼克斯知道菲茨杰拉德是谁，但他还是询问道："他最近做了些什么？"克诺夫回答说："没做什么。"不过他最终还是说服了他们去冒这个险。当时，泽尔达已经进入阿什维尔的高地医院。她患上了宗教狂热症，这是精神分裂症的常见症状。来自医院和斯科蒂寄宿学校的账单越来越多。

1937 年 7 月，斯科特·菲茨杰拉德第三次来到好莱坞。在克诺夫的争取下，他与米高梅签订了一份为期六个月的初始合同。他住在日落大道的阿拉花园酒店，与电影明星和作家们同在一处。每天，他都会从卡尔弗城米高梅电影公司入口的罗马柱廊下经过，然后前往编剧大楼的三楼，在那里，他一般会从上午九点工作到下午六点。他已经戒酒了。每天他都靠不停地喝可口可乐来度过，除了早上服用苯丙胺以及晚上服用氯醛和戊巴比妥外，由于开始出现心脏震颤，他又增加了洋地黄苷。

他的第一个任务是编写剧本《牛津风云》，但是他充其量只是写作团队中的一个小角色，就好像盖茨比度过的"牛京（津）高才生"时光那样，只不过是战争结束后美国退役军官获得的短暂进修机会而已。菲茨杰拉德说，他为这部剧登上银幕做出的唯一贡献，是写出了五月的一个早晨，平底船上的罗伯特·泰勒和莫琳·奥沙利文听唱诗班男孩们在马格达伦塔顶唱歌这一幕，以及那句标志性的台词："别把睡眠从你的眼中抹去。它是美丽的睡眠。"

菲茨杰拉德唯一一部获得编剧头衔的电影，是根据埃里希·玛丽亚·雷马克的小说改编的《战后三友》。菲茨杰拉德希望这部电影会是他在银幕方面的突破，成为雷马克最著名小说《西线无战事》电影版的一个有价值的续集。这三个战友都是老兵，他们对战争、魏玛德国高企的通货膨胀和失业率，以及纳粹与共产党之间的街头斗争深感失望。主人公是一个濒临破产的二手车经销商，他遇到了一个神秘、漂亮、社会阶层较高的年轻女子。他教她赌博和喝酒。后来因肺出血，她被送到了瑞士的一家疗养院。他跟随她去了那片群山之中，在她弥留之际的几个月里，他的虚无主义被爱所救赎。与斯科特和泽尔达之间的微妙相似之处，使得这部电影成为他的最佳写照，而他的剧本也非常忠实于雷马克的小说。

但这是好莱坞，编剧往往处于社会底层，而制片人（乔·曼凯维奇）总是坚持要做出改变，并且总是我行我素。以前珀金斯会以委婉的方式提出改写意见，而曼凯维奇却总是大声咆哮着说他们该怎么做。菲茨杰拉德将批评视为一种拒绝，他在笔记本上潦草地写道："耿耿于怀——从吉尼芙拉到乔·曼凯维奇。"他带着一起去参加首映式的同伴还记得他对《战后三友》最终剪辑的反应：

"至少他们保留了我的开头。"他在路上说。但随着影片继续，斯科特在座位上越陷越深。最后他说："他们甚至连开头也改了。"他很是难过。"那个狗娘养的，"他回到家后咆哮着咒骂道，然后显得异常愤怒而无助，好像要猛击什么东西似的，狠狠地捶着墙，"天哪，他不知道自己干了什么吗？"

这个同伴名叫希拉·格雷厄姆，一个英国出生的八卦专栏作家，后来成了他的情人。他们初识于阿拉花园的一个派对上，当时是在庆祝她与多尼戈尔侯爵的订婚。侯爵到好莱坞来的目的，是打算带她回国。后来，他在编剧协会的晚宴舞会上与她再次相逢，于是，他的激情被点燃了。她为解除婚约而感到高兴，尽管付出了经济上的代价。好莱坞是未来，古老的英国是过去。

希拉让他记起了那个年轻、美丽、健康的泽尔达。他们会吵架，会分手，也会重归于好，但希拉则会一直陪在他身边，直到最后。他陷入了深深的痛苦之中。他仍然爱着泽尔达，但她似乎受到了无法弥补的伤害，而一次又一次重塑自我的希拉则代表着重获新生的希望。另一方面，希拉有一种无情的野心，他不禁担心，如果有更好的人出现，她会弃他而去。在菲茨杰拉德死后，希拉从相框中取出了自己送给他的一张照片，发现背面写着"一个妓女的肖像"，这无疑是他喝醉时写的，她为此深感伤心。

菲茨杰拉德接下来的工作内容是一部名字暂定为《不忠》的电影剧本，可以说，这绝不是一种巧合。在好莱坞，这种主题是一个棘手的类型，因为《海斯法典》的要求是：

性。婚姻制度及家庭的神圣性应予以维护。影片不得将低俗的性关系表现为普遍接受或司空见惯之事。

1. 作为必要情节素材的通奸行为，不得过于直白展现，或表现得正当与诱人。

2. 激情场景

（1）如非情节所需，不应出现。

（2）不得表现过度淫荡的亲吻与拥抱，以及带有性暗示的姿势与手势。

（3）一般情况下，场景中不得出现包含使

人产生低俗与下流想法的要素。

对于这个问题，菲茨杰拉德想出了一个解决办法。毕竟，法典执行局办公室肯定不会反对根据莎士比亚戏剧改编的故事吧？

> 我一直在考虑一个非常奇妙的主意……如果奥赛罗穿着现代服装出现在银幕上，人们会怎么想？对于作家来说，这将是一份颇具吸引力的工作，我认为，对于导演来说亦是如此。当然，摩尔人、伊阿古和苔丝狄蒙娜这些重要角色都属于古代。对你来说，不忠已经到了极限。我越想越喜欢。

还有比用这样一个故事绕过《海斯法典》更好的办法吗？在这个故事中，对通奸的指控是虚假的，而真正的不忠来自主人公所谓的朋友。只有一个问题：《海斯法典》还禁止异族通婚。再转念一想，将要担任女主角的琼·克劳馥会同意这个想法吗？此外，"为了南方贸易，必须改变摩尔人"。因此，菲茨杰拉德最终放弃了这个打算，转而写了一个体现不少负罪感并带有很强自传性的剧本。在剧中，一对有钱夫妇的婚姻因丈夫与前秘书的一夜情而破裂。这是他最好的一部剧本，但是，正如他在给斯科蒂的信中"无比失望"地表示的那样，他们"遇到了审查障碍"："这部剧将不会成为琼的下一部电影，我们要把它搁置一段时间，直至我们想出办法来应对愚蠢的海斯和他的道德审查协会。"

在信的下一段，斯科特以济慈的诗歌为例，就写作的艺术给了女儿一些建议：

关于形容词：所有优美的散文都是依靠动词来呈现句子的。它们使句子灵动活泼起来。英语中动词运用得最好的诗歌大概要算济慈的《圣亚尼节前夕》。比如这一句诗——"野兔颤抖着拐过冰冻的草叶"，诗句非常鲜活，你也许会在阅读时一掠而过，根本注意不到它，但其中的动作却为整首诗增添了色彩——跛行、颤抖和冰冻就在你眼前发生。所以，你能读一读这首诗，然后跟我谈谈感受吗？

他是一位天生的教育者。在好莱坞的那些年

里，他给斯科蒂写了许多满含慈爱的信件，对她的学习鼓励有加。他告诉女儿，好的写作就像"在水中潜游，要屏住呼吸"。他同时还告诫她，不要放弃学习数学；要学习基本的科学原理，注意哲学史上唯名论者和现实主义者之间的区别；在学习驾驶时，要记住，在雨天应该只踩刹车，"不要踩离合器"。

他希望女儿热爱文学，这样或许可以成为一名作家，但更重要的是，他希望她接受全面的教育，为父母的老去做好准备，以应对生活可能给她带来的一切。就诗歌而言，他会对她循循善诱，但并不强迫。你要么对它有激情，要么没有："诗歌要么如火焰一样在你内心生生不息——就像音乐之于音乐家，马克思主义之于共产主义者——要么一无是处，只是空洞和形式化的无聊东西，学究们可以没完没了地围绕着它喋喋不休地谈着自己的理解和观点。"任何一个有欣赏能力并研究过济慈最好诗歌的人——颂诗、最好的十四行诗、《伊莎贝拉》和《圣亚尼节前夕》——都能够"在阅读中区分出金子和糟粕"："对于任何想真正了解文字，以及它们在唤起、说服和展现魅力方面所具备的最大价值的人来说，这八首诗本身就是一种造诣的衡量尺度。"

他和泽尔达也保持着通信联系，大部分时候，字里行间都是满含爱意的，但有时也会相互指责。希拉·格雷厄姆的陪伴让他在洛杉矶的山上不再感到孤单，此外她还满足了他的性需求，并试图帮助他控制饮酒，因为酗酒会导致言语暴力甚至身体暴力，但她知道，他之所以待在好莱坞，是为了从电影公司赚取收入。他永远不会和泽尔达离婚。1937年圣诞节，他去阿什维尔看望了她，并带她去佛罗里达度假，还去蒙哥马利看望了她的母亲。他们在弗吉尼亚海滩见到了斯科蒂，但后来又争吵起来，于是斯科特一回到洛杉矶就喝了个酩酊大醉。

　　第二年春天，他在马里布海滩租了一所小屋，那是希拉·格雷厄姆替他找到的。在好莱坞，他们已经被视为一对了。那年秋天，女儿斯科蒂就读瓦萨学院，于是他又搬到了恩西诺的爱德华·埃弗雷特·霍顿庄园内的一座小别墅，位置就在山那边的圣费尔南多谷里。他创作了一部名为《女人们》的剧本，在剧中，他塑造了一个兼具泽尔达和希拉特征的人物。米高梅并不喜欢这个故事；剧本最后在安尼塔·卢斯的手上得以重生，这种由他人接手剧本的情况经常出现。后来，当英国作家奥尔德斯·赫胥黎离开电影公司时，他接手改编一个关于玛丽·居里夫人的历史故事，但后来这个任务又泡汤了，因为他想让剧本以讲述科学为主，而米高梅公司则希望能包含更多的浪漫情节，因为这部电影是专为嘉宝量身定制的。

当年年底，米高梅没有和菲茨杰拉德续签合同，因此他只能转做自由职业者。他加入了制片人大卫·O.塞尔兹尼克和导演乔治·库克的团队，协助改编《乱世佳人》剧本，他试图用玛格丽特·米切尔原著中更真实、更感人的台词来取代老掉牙的电影对白，但这种建议始终遭到拒绝。当艾希礼向斯嘉丽描绘南部邦联军队"没有武器，没有食物"的情景时，斯科特在剧本草稿的空白处写道："南方军队没有武器打仗算是新闻吗？"最后，在为如何把佩蒂姑妈这个角色变得更有趣而爆发争吵之后，他被解雇了。

此时，他已经陷入了无法阻止的疯狂。希拉·格雷厄姆签下一份合约，每周在电台为自己的报纸八卦专栏做一期节目。斯科特于是帮助她写脚本。然而，由于距离位于芝加哥的联合广播电台总部太远，广播时间需要延迟，这使得她的节目效果并不理想。在被解雇之前，她得到了前往芝加哥现场广播的机会，看看这样能否让声音平静下来，不再磕磕绊绊。斯科特和她一起坐飞机前去，但在途经阿尔伯克基，首次降落加油时，他喝得烂醉如泥，被禁止再回到飞机上，因而不得不独自返回洛杉矶。这一事件在 1959 年的电影《痴情恨》中得到了戏剧性的演绎，这部电影根据希拉对两人关系的回忆录改编而成。一段时间后，另一次飞行经历，让他遭遇了更加公开的羞辱。他受派前往新罕布什尔州的达特茅斯为一部校园电影做调研，结果在拍摄现场喝得酩酊大醉，于是被解雇。此外，在带泽尔达离开医院去哈瓦那度周末的时候，他再次喝醉了。当时，他还试图制止街上的一场斗鸡，结果惨遭一顿痛打。

他的自尊心也遭受了打击。有一次，他走进洛杉矶的一家书店，想要一本他自己的作品，但店里没有，书店老板甚至都没听说过斯科特·菲茨杰拉德这个名字。还有一次，他兴奋地在《洛杉矶时报》上看到，帕萨迪纳剧院将上演话剧版《一颗如里兹饭店般大的钻石》。演出当晚，他雇了一辆豪华轿车，带着希拉去高档的特罗卡德罗餐厅吃晚餐。当他们吃完饭到达帕萨迪纳时，发现剧院里一片漆黑。在大厅里，他询问工作人员是不是搞错了时间，对方告诉他，这是一场业余的学生演出，将在楼上大厅举行。他们于是上楼坐在那儿看完了整个节目，现场只有少数观众。菲茨杰拉德随后优雅地去了后台。"他们都是好孩子，"回家路上，他在豪华轿车里对希拉如是说，"当我介绍自己的时候，他们看起来有点尴尬。我告诉他们，演出很精彩。"

*

1940年4月，泽尔达出院并搬去与母亲同住。在接下来的一个月，斯科特依旧辗转于五大影业公司之间从事自由职业，其间他搬到了紧邻西好莱坞日落大道的北劳瑞大街1403号居住。他着手将自己的小说《重返巴比伦》改编成剧本——同时也开始写一部计划中的好莱坞小说。他开始感到自己小说家的才华正在恢复。10月底，他在给泽尔达的信中写道："我现在沉浸在小说中，生活在其中，它让我很快乐。这是一部精心构思之作，跟《了不起的盖茨比》一样，在适合的情节中，会穿插诗意的散文，但不像《夜色温柔》那样有沉思或插曲。每一件事都应该为戏剧化情节服务。"在一年多的时间里，他把所有的精力都投入到这部改编剧本中，与此同时，他也仍在创作剧本和短篇小说，尤其投身于为《时尚先生》创作的一个短篇小说系列中，他塑造了一个爱酗酒的过气编剧帕特·霍比的形象，并以此自嘲。

他有条不紊地勾勒出全剧的大纲、章节梗概、注释、想法和示例段落。就像电影一样，小说也是情节性的。到1940年圣诞节前的最后一个工作日，故事已经进展到一半。他完成了剧本原定三十集的第十七集，写到了主人公，一位以欧文·萨尔伯格为原型的电影公司高管，会见工会的共产主义组织者，他们正在扰乱制作。

那天晚上，他和希拉在好莱坞大道的一家餐厅吃了晚餐，然后去参加了一部名为《如此恋爱》的新电影的首映式。离开剧院时，他感到头晕目眩，跌跌撞撞地返回汽车。"我感觉很难受，"他对希拉说，"情况跟那次在施瓦布一模一样。"——前一个月，他在药房买烟的时候，出现了医生所说的"心脏痉挛"。这让他不得不搬出自己那所需要爬一段楼梯的公寓，搬去了希拉位于一楼的住所。希拉不确定她是否应该严肃对待他的病情。因为斯科特一直是个疑病症患者；几个月来，他一直痴迷于测量自己的体温，担心自己的肺结核又复发了。她问他是否需要打电话叫医疗救助，但斯科特说他的医生第二天下午就会来。

第二天，即 1940 年 12 月 21 日，冬至日午后的阳光洒在那间位于西好莱坞的小公寓里，斯科特正心情愉快地坐在扶手椅上阅读普林斯顿校友杂志，同时做着笔记，以预测下一赛季橄榄球队的表现。希拉正在读贝多芬的传记，留声机里放着《英雄交响曲》。突然，斯科特从椅子上跳了起来，手紧紧抓住壁炉架，随后摔倒在地板上。死亡原因是"动脉硬化性心脏病引发的冠状动脉阻塞"。酒精的毒性已经深入他的心肌。

几天后，希拉·格雷厄姆强撑着参加了多萝西·帕克举办的圣诞派对。一到那里，她就崩溃了，躺在床上不停痛哭。用她自己的话说：

　　我吟诵着："大胆的情郎……你可别悲伤，她永远不衰老，尽管摘不到幸福，你永远在爱着，她永远美丽动人！"

　　然后我又泪流不止。"我痛失吾爱，唉，这种失去太心痛了。"

　　多萝西坐在我旁边，和我一起哭泣。

*

　　他给泽尔达最后一封信的结尾是"最深的爱"；她的是"全心全意的"。在历经所有的争吵和指责、酗酒和疯狂、背叛和感情破裂，以及破产的阴霾后，他们最后几年的通信中闪耀着一种深沉的爱。事实上，这种爱比济慈和芳妮·布劳恩在书信中表达的更深刻，因为他们都经历过人生的低谷，接受过灵魂的洗礼。用泽尔达的话说，就是：

　　最亲爱的：你对我的忠诚让我感激不尽，我也一直忠于那些让我们长久地紧密联结在一起的信念，即生活是个悲剧，而一个男人能够给予的精神回报就是坚守他的信念——我们不应彼此伤害。我爱你杰出的写作才华，爱你的宽容与慷慨，爱你快乐的天性。除了这些，没有什么可以让我们幸免于难。

　　全心全意的

　　始终的

　　最深最深感激的

　　泽尔达

*

　　他计划以飞机元素作为小说的开头和结尾。他的工作笔记中有这样一条记录，提醒自己务必精心构思开头："在格兰岱尔降落——又一轮皎洁的加州明月悬挂在天空。（精心描述<u>寂静的汽车</u>、灯光，以展现重归安宁的加州温暖<u>之夜</u>。）"小说以一场飞机失事进入高潮部分，好莱坞传奇天才门罗·斯塔尔在事故中丧生，他的原型是好莱坞传奇人物萨尔伯格。

　　在第一章中，故事叙述者塞西莉亚·布雷迪是一位制片人的女儿，也是一名大学生，她发现自己恰巧和匿名出行的门罗·斯塔尔同在一架飞往洛杉矶的飞机上。塞西莉亚一直爱着斯塔尔，但却置身于小说主要情节之外——"她虽身在好莱坞，却始终是好莱坞的局外人"，菲茨杰拉德在写给珀金斯和某杂志编辑的信中如是说，他希望那本杂志能连载这部小说。好莱坞塑造了塞西莉亚——"斯塔尔本人制作的一些影片实际上塑造了我"，她说——但她并不属于电影公司的演员。这使得她成为一个旁观者，类似于《了不起的盖茨比》中的尼克·卡罗威。然而，当她不在场时，菲茨杰拉德并没有设法解决叙述视角缺失这个问题。他告诉编辑们，他打算赋予自己一项特权，就像康拉德那样，让叙述者去想象其他人物的言行举止。他希望用这种方法"能同时呈现第一人称叙事所带来的真实感，以及对于小说人物经历的所有事件无所不晓的全知视角"。然而，困难在于如何调和这两种模式。因此，他的手稿中有几处不自然的过渡，比如"这里是塞西莉亚接着讲述这个故事"等。

　　一如既往，菲茨杰拉德为小说叫什么名字而烦恼。在他去世后的当年秋天，埃德蒙·威尔逊将这部半成品的打字稿，以及他的一些章节概要和笔记选段，以《最后的大亨：弗·斯科特·菲茨杰拉德未完成的小说》为名出版，同时还重印了《了不起的盖茨比》和威尔逊认为最好的五部短篇小说。[1]在去世前几周，菲茨杰拉德曾问希拉·格雷厄姆，是否觉得《末代大亨的情缘》是个好书名，但后来打字稿的扉页上却不是这样写的。在上面，这本书的名字是

斯塔尔

一部传奇史

作者

弗·斯科特·菲茨杰拉德

好莱坞是群星汇集之地。在打字稿的扉页上，还有菲茨杰拉德的秘书以潦草笔迹手书的"明星私宅"字样，这也是他为《时尚先生》撰写的一篇帕特·霍比系列故事的标题。而明星主题确实贯穿了整部故事集。当斯塔尔正在哀悼他去世的电影明星妻子时，他第一次看到自己未来的新欢，那是在被

---

1 在去世前不久，菲茨杰拉德曾问希拉·格雷厄姆，《末代大亨的情缘》是否是个好书名；他把这个名字写了下来，并加上了一个恰如其分的副标题——"一部西部小说"。威尔逊慧眼识珠，精心挑选了《五一节》《一颗如里兹饭店般大的钻石》《赦免》《阔少爷》和《疯狂星期日》这五部短篇小说编入选集（可惜未选《冬天的梦》）。

洪水淹没的外景场地，当时她坐在湿婆¹神像的硕大头顶上从他身边漂过。他注意到一个细节，她系着一根银色腰带，上面镂刻着星形图案。最吸引他的地方，是她与因火灾而丧生的妻子米娜·戴维斯颇为相像（菲茨杰拉德向萨尔伯格的遗孀诺尔玛·希勒解释说，萨尔伯格死于1936年，年仅三十七岁，至于他是否就是斯塔尔，不应过于计较）。当斯塔尔通过打听再次见到这个女孩时，发现她与自己去世妻子那"繁星掩映般的表情"简直一模一样。在这份不完整的打字稿的倒数第二页，乒乓球散落在斯塔尔郁郁葱葱的草坪上，"像夜空中满天的星星"。

菲茨杰拉德在工作笔记中写道，斯塔尔诱惑凯瑟琳是因为"她要溜走"，而凯瑟琳这个人物在很多方面都受到希拉的启发。他们在马里布度过的那段时光，是菲茨杰拉德写过的最美好的爱情场景，斯塔尔带着凯瑟琳去了他在那里建了一半的海滨别墅："斯塔尔和凯瑟琳的目光交汇、缠结。一瞬间，他们的目光交流着爱意——从此之后再也无人敢如此大胆。他们的目光比拥抱更亲密，比呼唤更急迫。"

1　印度教三大主神之一。——编者注

菲茨杰拉德的小说达到了一种新的成熟与平衡。虽然帕特·霍比系列故事讲述了他对好莱坞的幻灭，但《斯塔尔：一部传奇史》也为他的梦想提供了充足的空间。当菲茨杰拉德搬到马里布时，他挖苦地说，太平洋并没有让他开始"狂热的臆猜"，但在小说的开头部分，"那个叫迪克的男人不断地在汽车上站起来，仿佛他就是科尔特斯或巴尔博亚，俯瞰着一片灰白色的波涛般的羊群"，这无疑指向了济慈那首鼓舞人心的十四行诗。此外，菲茨杰拉德在小说的工作笔记中还写到，"任何增加美感的东西都是要付出代价的"，然而在小说中，斯塔尔感到"高兴的是，世界上毕竟还是有美的，而这种美不必到角色分配部门去过秤，由他们来说几斤几两"。

斯塔尔是菲茨杰拉德基于对萨尔伯格的少量第一手了解——例如他计划修一条穿过山脉的铁路的故事——塑造出的一个引人注目的好莱坞大亨形象。"在影片审查制度实施之前，他带领电影业冲破了戏剧的樊篱，进入了一个黄金时代"；他在片场无情地解雇了一名导演（这让这个可怜的男人悔恨地意识到，他将无法如期娶到他的第三任妻子）。他是一个完美主义者，他愤怒地说，一个精彩的场面给拍砸了，摄像机因为摆放位置的问题只捕捉到了漂亮女演员的头顶——观众可不是奔着这位漂亮女演员的头顶而去电影院的。有人问他，是什么促成了一部电影的统一性？"我就是统一性。"

斯塔尔是一个理想主义者，相信伟大的艺术具有持久的生命力。在对济慈的升华中，他引用了法国浪漫主义者泰奥菲尔·戈蒂耶的话："Tout passe.—L'art robuste /Seul a l'éternité"（"一切都将逝去，唯有强有力的艺术品才能永恒"）。与此同时，他几乎爱上了平静的死亡。萦绕在他心头的是死亡本身，还有他逝去的爱人米娜，她象征着好莱坞的黄金时代正在消逝。然而，与凯瑟琳短暂的恋情让他如获重生，"他对事业辉煌忐忑不安的等待正在消减，他也不会永远沉浸在哀悼之中"。在塑造这个人物的过程中，菲茨杰拉德重新获得了他在塑造迪克·戴弗时所没有的消极能力。要是这部小说完成了的话，萨尔伯格将会成为另一个更加高贵的盖茨比，菲茨杰拉德也会实现他为自己设定的撰写出另一部类似小说的雄心壮志，它"将会像《了不起的盖茨比》一样简短，但同样运用了先验的方法，试图通过一些充满激情的生活片段来展示一个人的生活"。

他还比其他任何作家（也许《蝗灾之日》的作者纳撒尼尔·韦斯特是个例外）更好地捕捉到了20世纪30年代初好莱坞的第一个黄金时代。对于菲茨杰拉德来说，那个时代之于西海岸，就像十年前他的爵士时代之于东海岸一样。随着《海斯法典》的实施和萨尔伯格的早逝，他察觉到这个时代行将终结。在关于斯塔尔的小说工作笔记中，他在某页写到，"他突然被时代抛弃，于是死了"。他继续说道："他们建造了斯塔尔大楼。"接着，他引用了十年前写的《罗勒与克利奥帕特拉》中的一段话：

天空中，一场早雪纷纷扬扬落下，星星泛出清冷的光辉。

他抬头仰望星空，一如既往地，它们是他的星星——是他野心、奋斗和荣耀的象征。风吹过它们，吹出他常听的那种白色的高亢调子，薄薄的褐色云层，列队检阅，等待战争的洗礼。眼前的景象是无比明亮和壮丽的，只有船长那双老练的眼睛才能发现，有一颗星星已消失不见。

受 20 世纪福克斯公司之雇，他将一部非常成功的英国新舞台剧改编为电影剧本，这也是他完成的最后一部剧本。该剧讲述了一位曾经十分优秀的莎士比亚戏剧演员，在一所孤零零的寄宿公寓里喝酒消磨时光的故事。他的剧本因为过于消极颓废而被拒绝了。另一个没有得到电影公司批准的项目是对一部百老汇戏剧的电影改编，它讲述了一对夫妇在失败的婚姻中互相折磨对方的故事。[1] 在看到剧本时，菲茨杰拉德一定有那么一会儿在想，它是否在讲述一个与济慈和芳妮·布劳恩截然不同的故事：因为它的名字也叫《明亮的星》。

---

[1] 该项目以失败告终，不到一周就草草收场。作者菲利普·巴里更擅长浪漫喜剧——他的戏剧《费城故事》被改编成电影，并在菲茨杰拉德去世那年获得六项奥斯卡提名（其中两项获奖）。

第十七章
"我不断看见她的倩影
又不断看见她消失"

在等待着风起时，济慈在"玛丽亚·克罗塞尔"号的船舱里不无绝望地给查尔斯·布朗写信说：

我日日夜夜地盼望死神将我从这种痛苦中解救出来，然后我又希望死亡走开，因为死亡会把这种痛苦也摧毁掉，而有痛苦毕竟聊胜于无。陆地与海洋、虚弱与衰老可以产生巨大的隔离，但是死亡带来的却是永远的告别。当这种悲伤的念头从我的脑海里掠过时，可以说死亡的痛苦对我而言已经过去了。……我想，就算我不提，我死后，你也会成为布劳恩小姐的朋友。你认为她有许多缺点——但是，看在我的分上，姑且认为她是完美无缺的吧——要是有什么可以用言辞或行动帮她的事情，我知道你会做的。

一想到要离开芳妮，"便不寒而栗"，他感到"一种黑暗感"向他扑面而来："我不断看见她的倩影又不断看见她消失。"

重新起航后，海上刮起了急速的风，将他们一路吹向南方。塞汶在自己的铺位上为济慈画了幅素描（可惜此画现已佚失）。[1] 在比斯开湾躲避暴风雨的三天里，济慈从拜伦最新的诗歌《唐璜》中读到了船只失事后的食人场景，但济慈将书丢开，并告诉塞汶，它将人性刻画得太过于黑暗。"拜伦诗歌的独创性微乎其微，他通过使庄严的事物变得欢快，又使欢快的事物变得庄严，以此来体现新意。"在葡萄牙南端的圣文森特角附近，他们的船曾一度因无风而停滞不前；济慈看到拱起大海波浪的鲸鱼时异常高兴，这不禁让他想起了少年时代与查尔斯·考登·克拉克在斯宾塞《仙后》中读到的那句诗。随

---

[1] 《济慈的莎士比亚》的作者卡罗琳·斯珀津声称自己发现了这幅遗失的画作，并将其作为卷首插图印在该书中，但事实上是张冠李戴：那幅被称作《"玛丽亚·克罗塞尔"号上的济慈》的水彩画，由卡罗琳·斯珀津作为彩色卷首画印于其1928年的《济慈的莎士比亚》中，实际上该画为亚历山大·安德森所绘的加勒特·兰辛。

后发生了戏剧性的一幕，两名葡萄牙士兵驾船向他们驶来，其中一人开枪射击，子弹掠过了他们的船头。他们将船靠近，以便听到喇叭中传出的船长的说话声，他问二人是否看到了私掠船，这也是他们正在巡逻的原因。

双桅船"玛丽亚·克罗塞尔"号向东驶入地中海。黎明时分，他们乘着西边吹来的顺风穿过海峡，直布罗陀两边的岩石像一片片巨大的黄玉闪闪发光。塞汶以他画家的眼光尽情地欣赏着这一切："靠近右舷的地方，空气似乎是透明的，整个非洲海岸，金色与宝石般的蓝色交织在一起，一直延伸到珍珠色的薄雾中。"与此同时，济慈则"精神恍惚地躺在那里，憔悴的脸上流露出一种安详的神情"。余下的航程一片风平浪静。

抵达那不勒斯海湾后，他们在船上被隔离了十天。科特勒尔小姐的哥哥是城里的一名银行家，他通过聚集在"玛丽亚·克罗塞尔"号周围的小船，为他们送去了水果和鲜花。济慈一边狼吞虎咽地吃着葡萄，一边给布劳恩太太写信，告诉她他们平安到达了，还告诉她芳妮给他的信物让他感到很欣慰：一把放在银匣里的裁纸刀、一束装入挂坠盒的她的头发，还有一本放在金色网兜里的袖珍书。济慈和塞汶在得到允许上岸后，住在一间可以看到维苏威火山[1]的宽敞房间里。珀西·雪莱邀请济慈去比萨做客，两人曾就诗歌问题进行过通信（包括建议雪莱用矿石填满他艺术主题的每一道裂缝）。他继续抒发着对芳妮的思念："箱子里一切使我想起她的东西都像长矛一样刺穿我的身体。她为我旅行帽加的丝绸衬里烫着我的头皮。"为了转移注意力，他读了塞缪尔·理查森的小说《克拉丽莎》。科特勒尔小姐的哥哥曾是一名海军军官，他带济慈参观了那不勒斯的一些景点，但他并不喜欢这座城市的氛围，因为它处于反动的法国波旁王室的严厉控制之下。据塞汶说，某晚在一家剧院的遭遇，更是让济慈觉得他们应该离开这座城市。当时，两个看起来极其逼真的卫兵雕像矗立在舞台两侧——后来居然动弹起来。原来他们是真正的士兵，目的是来控制人群。据说，济慈声称自己不愿意"被埋葬在一个政治如此败坏的民族之中"。

他们租了一辆破旧的马车向北继续前往罗马。

---

1 意大利境内的活火山，世界著名火山之一。——编者注

它行走得非常缓慢，塞汶甚至可以在车旁一边步行，一边采集些路上的野花。济慈显得疲惫且无精打采，沿途停留地的食物和住宿条件都很差，这让他感到很沮丧，但瞥见大海和闻到山峦的气息又让他感到振奋。塞汶"居然用鲜花装满了小马车"，给济慈带来了"一种奇异的快乐"，让他暂时忘却了痛苦与虚弱。

塞汶关于舞台上哨兵的故事是典型的夸大其词。他们的目的地一直是罗马。在离开英国之前，他们已经做好了安排，济慈将接受罗马著名医生詹姆斯·克拉克的治疗，后者曾在爱丁堡受过训练（他后来成为维多利亚女王的御用医生，并被授予爵士头衔）。当时济慈居住的房间非常安全，位于西班牙广场26号，就在西班牙大台阶的正下方，与医生的家隔广场相望。克拉克告诉济慈在英国的朋友们，他的病症似乎主要出现在胃部；较之于对济慈心脏和肺部的担忧，克拉克更担心他的"精神劳顿"，更不用说他对治疗费用的焦虑了。

他躺在黑暗的卧室里间，无法出门。11月底，他挣扎着给布朗写信："我习惯性地觉得我的真实生命已经完结，我正过着死后的日子。"他渐渐忘记了芳妮，也失去了继续写诗的可能。"有一个念头足以要了我的性命；我曾无病无痛，健康、机敏……曾和她一起散步，而现在——对比的知识、明暗的感觉、创作诗歌所必不可少的一切信息（原始感觉），都成了胃病康复的大敌。"他请布朗把他的健康状况转告乔治，特别是告诉妹妹范妮——"她像幽灵一样在我的想象中徘徊——她太像汤姆了"。他从来不擅长告别，即便是以文字的方式。

> 我的鞠躬总是那么笨拙。
> 愿上帝保佑你！
> 约翰·济慈。

这些是他留给世界的最后文字。

此后，我们对济慈的了解完全来自塞汶。12月中旬，他记录了济慈病情的加重：

> 我一刻也不能离开他——我整天都坐在床边为他朗读，晚上在他精神恍惚时安抚他。他刚刚睡着了——这是八个晚上来的头一次，纯粹是因为已经精疲力竭。……病情严重发作的

那天早晨，我见他醒来时气色不错，精神状态也很好——可是转眼间，一阵剧烈咳嗽突如其来，他吐了将近两杯血。——我立刻找来了克拉克医生，他见此情景，立即从济慈的手臂上放出大约八盎司的血——这些血又黑又黏稠。济慈感到非常惊慌和沮丧——哦，我和他经历的这一天真是糟心透了！他从床上挣扎着起来，说"今天是我的最后一天了"——在我看来，毫无疑问。

这句结束语体现了塞汶的自我主义，琼斯夫人读到塞汶写于济慈病榻旁的信件时敏锐地发现了这一点。

新年伊始，克拉克医生诊断发现济慈肺部出血增多，消化器官也完全受损。济慈的病情日益恶化。塞汶在 1 月 14 日周日午夜前记录道：

可怜的济慈刚刚睡着了——我在边上照顾他，给他读东西——直到他合眼前，他一直对我说："塞汶，我能看到，在你安静的表情下——隐藏着极大的痛苦与挣扎——你不知道自己在读什么——你为我承受的比我希望的还要多——唉！我的大限已至。"

济慈的宗教怀疑主义意味着他无法从对来世的信仰中获得"最后的廉价安慰"。他牙齿打着战对塞汶说："为什么会这样？天啦！我已经尽我所能地为每个人服务了——可结果为什么会这样？我无法理解。"

十天后："又过了一个星期，希望越来越渺茫……他的症状日趋严重——咳出大量黏土一样的痰液，盗汗，身体和四肢严重消瘦，肠道的松弛和痉挛导致了腹泻，吃下去的食物几乎未被消化就很快排出了身体。"他挺到了 2 月，外面的天气又冷又湿，还刮着风：

在他离世前四天，他变得形销骨立，这种变化让我每时每刻都在恐惧中度过，不知道接下来会发生什么。面对死亡的逼近，他冷静而坚定，甚至到了让人惊讶的程度——他告诉我不要颤抖，因为他不认为自己应该颤抖——他说："你曾经亲眼见过谁死去吗？"没有——

"那么我同情你，可怜的塞汶——你为了我惹了多大的麻烦和危险——现在你必须坚定，因为这种状况不会持续太久——我很快就会被埋葬在安静的坟墓里——感谢上帝赐予我安静！我能感觉到冰冷的大地压在我身上——雏菊长满我的坟墓——噢，这份宁静——将是我人生的第一次。"

1821 年 2 月 23 日下午，济慈感到呼吸困难，便请求塞汶把他从床上扶起来。然而，他已经虚弱得连痰都咳不出来了：

他大汗淋漓，甚至连我的呼吸对他来说都是冰冷的。"别对着我呼气——感觉像冰一样。"我把他抱在怀里时，他紧紧地握着我的手，黏液在他体内如同沸腾了一般，喉咙汩汩作响——这声音越来越大，但他似乎一点也不痛苦——他的眼睛望着我，饱含情感，却毫无痛苦之意——十一时许，他在我怀里死去。[1]

1　由于罗马历法的计算方式不同，墓园登记簿和墓碑上的日期为 2 月 24 日。

这是塞汶写给布朗信件的草稿，描述了济慈的去世。他实际寄出的信要短得多，但包含了济慈所谓的临终遗言："塞汶——我——扶我起来——我要死了——我马上就会死掉——不要害怕——要坚强，感谢上帝它来了！"

第二天，石膏铸模师为济慈制作了一副死亡面具。塞汶将济慈离世的消息写信告知了他的朋友和家人。在芳妮·布劳恩从这个悲伤的消息中缓过来后，她以极大的克制和毅力写信给范妮·济慈，一个本来可以成为她小姑子的十七岁女孩：

我知道我的济慈现在是快乐的，比他在这个世界时快乐上千倍，因为范妮，你不知道，你永远也不知道他是如何受苦的。我相信，即使我有能力，我也不会让他复活。现在唯一令我悲伤的是我没有与他在一起。

*

当克拉克医生和一位意大利同事解剖开济慈尸体时，他们目睹了"可能是最糟糕的肺病——肺部彻底受到破坏，细胞完全消失了"。连同一绺芳妮·布劳恩的头发、一个钱包，以及一封妹妹范妮寄来但未开启的信件，济慈被葬在了城市南部边缘的新教公墓（即英国公墓），离埋葬雪莱三岁儿子的遗骸之处只有几码远。根据克拉克医生的安排，坟墓上方铺上了栽满雏菊的草皮。济慈曾要求塞汶在他的墓碑上刻上这样一句话："此地长眠者，声名水上书。"

*

墓碑是在他去世两年后立起来的。正如他对塞汶要求的那样，碑文略去了他的名字，但附上了墓志铭：

此地长眠者
声名水上书

在这句话的上方，有一段铭文，是布朗为了报复在《布莱克伍德爱丁堡杂志》和《评论季刊》上嘲笑和痛斥药剂师济慈的托利派评论家而写的：

这座坟墓中

埋葬着

一位

年轻的英国诗人

他曾在病榻上

因仇敌的权势和凶恶

而满心愁苦

盼望

在自己的墓碑上镌刻以下句子

　　没有证据表明济慈在构思自己的墓志铭时，曾考虑过《恩底弥翁》不受欢迎的情况。他更在意的是，可能还没有足够的资本使自己死后跻身英国诗人之列。然而，济慈死于恶评的说法却让雪莱难以释怀，他以此为基础创作了《阿多尼》，这首挽歌是他对自己诗人同伴的追忆，以济慈喜爱的斯宾塞诗体形式写成。雪莱从不会有意压抑自己的情感，他认为那些恶评者是"不朽姓名上微不足道的污泥"，而火烫的羞耻将燃烧在他们的额际，接着，他歌颂了济慈的不朽：

安静！安静！他没有死，也没有睡——

他只是从人生的噩梦之中一朝觉醒……

……死去的是死本身，

不是他，不必哭泣……

他曾使美表现得更美，

如今他已是美的一部分。[1]

　　仅凭这首诗是无法将济慈封圣的。其他朋友也纷纷撰写悼词，但最需要的是写一本济慈传记。出版商约翰·泰勒宣布即将出版一本济慈的《生平》，而律师兼诗人朋友 J. H. 雷诺兹则希望能获得邀请写一本。不过，泰勒很快放弃了这个打算。而考登·克拉克和利·亨特也只撰写了关于济慈的简短个人回忆。塞汶认为布朗是承担这项工作的最佳人选。但后者对两人之间友谊的记忆过于粗芜，同时，济慈死于批评者口诛笔伐的这一信念使其愤怒，这都致使布朗的撰写工作停滞了很多年。他还认为，乔治·济慈剥夺了约翰对他的继承权，所以没有就济慈寄往美国的信件与乔治寻求合作，这些信件是

1　译文出自 1996 年湖南文艺出版社出版的《雪莱抒情诗全集》，江枫译。——译者注

最接近济慈内心生活的东西。

甚至在济慈去世二十年后，布朗还记录说，每次他开始动笔为自己朋友写传记时，"我有一种强烈的感觉，难以名状……他似乎就坐在我身边，用严肃的目光在我和书稿之间来回注视，观察着我的一举一动。如果你愿意，可以称之为紧张；但正是由于这种紧张的感觉，我无法对他的声誉做出恰如其分的评价"。在布朗生前，《生平》唯一得以出版的部分，是1840年秋在《普利茅斯和德文波特周刊》上连载的一篇关于北上湖区和高地的游记。之后，布朗把书稿交给了朋友理查德·蒙克顿·米尔尼斯，作为一名苦修者，他是弗洛伦斯·南丁格尔的追求者，也是济慈的崇拜者，但并没有更多关于济慈的第一手资料。1841年，乔治·济慈死于疑似肠道结核，在那之后，蒙克顿·米尔尼斯才有机会把布朗的回忆和济慈写给弟弟乔治的所有通信汇集起来，从而在1848年出版第一卷的《济慈的生平、书信和文学遗存》。这部传记作品被布朗自称为"济慈价值与天才的标志性纪念碑"，树立了他作为典型浪漫主义诗人的不朽形象：书信展示了济慈极度敏感的思想（"他内心深处生活的书面证据"）、优美的诗歌语言，以及因肺结核而英年早逝的诅咒。从这一刻起，济慈的名声就有了保证，尽管他的一些信件——尤其是三十年后出版的写给芳妮·布劳恩的信件——让维多利亚时代的人们感到尴尬。[1]

蒙克顿·米尔尼斯是剑桥大学秘密精英社团"使徒会"的成员，该社团以潜移默化的方式，对维多利亚时代的品味产生了巨大的影响。另一位成员是后来成为桂冠诗人的阿尔弗雷德·丁尼生，其早期作品深受济慈影响，他说"在济慈几乎所有作品中，都蕴含着诗歌最内在的灵魂"。丁尼生相信，如果济慈还活着，他将成为继弥尔顿之后最伟大的英国诗人。在前拉斐尔派中，这样的捍卫是形成济慈崇拜的主要因素——但丁·加布里埃尔·罗塞蒂宣称济慈是该团体的精神之父，而他的弟弟威廉·迈克尔·罗塞蒂则撰写了一本济慈传记。受到济慈中世纪风格、明亮色彩和感观细节的启发，阿瑟·休斯、约翰·埃弗里特·米莱斯和威廉·霍尔曼·亨

---

1 但是，正如最杰出的现代济慈评论家所指出的那样，在表达羞怯、脸红、难为情（例如对亲吻）和半口吃导致的尴尬方面，他是一位伟大的诗人。

特都根据《圣亚尼节前夕》中的场景绘制了画作，米莱斯和亨特还通过各自的创作，精确表达了他们对《伊莎贝拉》中某一瞬间的美妙想象。

对于斯科特·菲茨杰拉德来说，将济慈列入英国文学名人堂的最权威声音，来自马修·阿诺德1853年的诗歌选集序言——尽管他自己偶尔也会对某些特定观点做出些许反驳。这篇序言后来转载于阿诺德的《批评二集》中，菲茨杰拉德曾送了一本给希拉·格雷厄姆。她在书中读到：

> 凭借着对美的感觉和对美与真的感知，济慈在诗歌领域取得了巨大的成就，可以说，在诗歌两大诠释模式之一的方面，在自然主义诠释的能力方面，在我们所谓的自然魔力方面，他可以与莎士比亚并驾齐驱……在英语诗歌中，除了莎士比亚，没有人能表达出济慈那种迷人的幸福感，那种完美的可爱。"我想，"他谦卑地说，"我死后将跻身英国诗人之列。"他做到了；他可以比肩莎士比亚。

第十八章
工作笔记

　　莉莉·希尔出生于一个乌克兰犹太裁缝家庭，是八个孩子中最小的一个。她的父亲为了躲避哥萨克的大屠杀而独自逃到德国，并在希尔还在襁褓中时便因肺结核死于柏林。她的母亲住在东伦敦贫民区斯特普尼的一间地下室里，靠在公共澡堂里当洗衣女工勉强维持生计，辛辛苦苦地把孩子们带大。因此，莉莉被送到了位于诺伍德郊区的犹太人医院兼孤儿院，在那儿，她一头金色长发被剪光，以防止不断滋生虱子。她在十八岁时嫁人，并成为一名音乐厅舞女，有过无数的风流韵事，凭借自己姣好的容貌和独特个性跻身上流社会，得到在王室中亮相的机会，并受到一位侯爵的追求。在飞往加州追寻新生活后，她把自己的名字改成了希拉·格雷厄姆。[1] 她很聪明，但几乎没有受过什么正规教育，因此在一个沉迷于伟大文学的情人陪伴下，她并没有什么安全感。

她的文学教育开始于 1939 年 5 月的某个晚上，当时，她和菲茨杰拉德刚刚参加完一部电影的预演，开车返回——他习惯以每小时二十英里的速度爬行——位于恩西诺的公寓。路上，斯科特教了她一首名为《别带露露》的滑稽流行歌曲的歌词："她是那种聪明人 / 每次聚会都搞破坏 / 吵吵闹闹，别带露露。"他们放声歌唱，笑得前仰后合。然后是一阵沉默，斯科特陷入了沉思。他开始低声背诵一些完全不同的东西：

> 树下的美少年，你永远不停止歌唱，
> 那些树木也永远不可能凋枯；
> 大胆的情郎，你永远得不到一吻，
> 虽然接近了目标——你可别悲伤，
> 她永远不衰老，尽管摘不到幸福，

1　自 1959 年出版的《痴情恨》开始，她在一系列自传中讲述了自己的生活以及与菲茨杰拉德的婚外情。迄今为止，对她的生活和这段关系的最好描述来自其子，他得益于一本附有其母注释的《痴情恨》，在书中，她对自己夸大或捏造的一切进行了解释。

你永远在爱着，她永远美丽动人！

他把目光从方向盘上移开，想看看她是否在听。这是一种考验：她是欣赏这样的诗歌呢，还是只是个贪玩的女孩，满足于《别带露露》？她凑过去问道："这是谁写的？"他们在孤儿院学过几首诗，但没学过这样的。她通过了考验，证明自己值得接受教育。他解释说出自他喜爱的济慈之手，名为《希腊古瓮颂》。除此之外，他没有对希拉说太多，但在他的心目中，诗中那个情郎也可以是杰伊·盖茨比，他从自己四十英亩的长岛庄园望着海峡，接近了赢得黛西·费伊的目标，但他知道他永远得不到一吻。她永远不衰老。尽管盖茨比摘不到幸福，但他永远在爱着，她永远美丽动人！——这是尼克·卡罗威的叙述。

斯科特小心翼翼地把那辆破旧的福特双门轿跑车停在恩西诺租来的公寓院子里，领着希拉走进客厅，书架上最显眼的地方摆着一本济慈的诗集。她回忆说："他紧挨着我坐着，把整首诗念给我听，细细品味着每一个词。"然后，他又读了安德鲁·马维尔的《致羞怯的情人》。希拉"内心产生了一种难以抗拒的惊奇感"，因为生活在这么久远以前的人们，竟然会用一种与她自己的感受相呼应的方式来描写爱情。"希拉，"斯科特说，"这是所有文学作品的一个美妙之处。你发现你的渴望是普遍的渴望，你不孤独，也没有与世隔绝。你和大家同在。"

那天晚上，他为自己所谓的"一人大学"制定教学大纲，一直熬到深夜才睡：替希拉量身打造定向阅读课程。她诗歌教育的核心，是仔细研读济慈的十三首诗。在送给她的那本《约翰·济慈诗集》扉页上，菲茨杰拉德引用了另一首自己最喜欢的诗，《伊莎贝拉》：

> 献给希拉
> ——噢，可悲！
> "是谁呀，偷走了我的
> 罗勒花盆！"
> 借以纪念那段抑扬格时光
> 斯科特，1940 年。

"抑扬格时光"：他对文学创作的细节有着工匠般的热爱。诗歌课程的"初级"教学内容是"韵律学及最常见的格律"：

我们把诗行分解成"音步"。根据重音的不同，我们给这些"音步"起不同的名字。最重要的是抑扬格。"Âlōne"就是一个抑扬格。"Ôh Yeāh"也是一个抑扬格。五个抑扬格组成一行抑扬格五音步（*在希腊语中意为五个音步*）

例如
Bût stīll / thê hōūse / âffāīrs / woûld cāll / hêr hēnce

（《奥赛罗》）

莎士比亚的作品都是不押韵的抑扬格五音步（诗歌除外）。当然，他在音节上很随意，有时会多加一个音节，或者省略一个音节，或者倒置一个音步。在某一场次的结尾，他有时也会使用押韵对句（两个诗行）。[1]

1　画线部分为打字版"一人大学"课程大纲中的"一些术语"（我用斜体字来表示菲氏的手写插入）。菲茨杰拉德忘记了，莎士比亚早期的戏剧更多地使用了押韵，而且他的许多场次都是用散文写成的。

希拉·格雷厄姆并没有记录下他可能会举什么例子来说明"Alone"在抑扬格中的位置。也许是《冷酷的妖女》中骑士的"脸色苍白，孤独彷徨"（Alone and palely loitering），或者并非出自某一场次结尾，而来自十四行诗《"我恐惧，我可能就要停止呼吸"》结尾，济慈在诗的最后使用的"押韵对句（两个诗行）"：

> ——于是，我一人独自
> 站立在广大世界的涯岸上，思考……
> 等爱情和名誉沉降为虚无缥渺。

首先是韵律，然后是形式：与"无韵诗"（"有格律模式但没有韵律"）相比，"押韵诗"有"格律模式（音步）和韵律"。然后是"诗歌类型"，比如民谣（"短叙事诗"）、史诗（"长叙事诗"）和颂诗（"演说诗"）。然后是"一些常见的形式"，包括十四行诗："共十四行（由前八行和后六行两部分组成）抑扬格五音步诗句，有完整的韵式。"最后是菲茨杰拉德非常喜欢的一种修辞手法："夸张。"

在诗歌技术性问题得以解决后，他们就可以着手解决诗歌问题本身了。《诗歌简介（有中断）》课程阅读清单的开头是：

    《圣亚尼节前夕》（济慈）

科尔文《济慈传》第一至八章（含）

    《伊莎贝拉》（济慈）

科尔文《济慈传》第九章至结束

    《明亮的星》（济慈）

    《"我恐惧，我可能就要停止呼吸"》（济慈）

    《初读查普曼译荷马史诗》（济慈）

      查普曼译《奥德赛》——一页

      布彻和朗译《奥德赛》第一至三册

   阿诺德论诗歌

    科尔文对济慈生平的划分是经过深思熟虑的：第八章以济慈启程北上结束；第九章以"在利物浦告别结束后"开始，接着是苏格兰徒步之旅。那个夏天确实是济慈人生的一个转折点，也是他最具创造力之年的开始。

    菲茨杰拉德对科尔文的济慈传记推崇备至。在为希拉·格雷厄姆开设"一人大学"的同时，他也给十八岁的女儿斯科蒂写了很多信。1940 年 7 月下旬，当她在瓦萨学院准备选择二年级课程时，他毫不犹豫地对她说："此时此刻，对你来说唯一明智的课程选择是'英国诗歌——从布莱克到济慈'（英语 241）。"然而，几天后他又来信了。原因是，他的编辑麦克斯韦尔·珀金斯的一个女儿路过洛杉矶，碰巧向他提到，她在瓦萨学院时上过这门课。她告诉他，课程教授为济慈选择了一个不同的人生，即诗人艾米·洛威尔所著济慈传记中的那种人生。菲茨杰拉德认为这是批评判断上的一个严重错误，这立刻让他对这门课程不那么热心了，因为洛威尔的传记"与科尔文的相比是一部煽情夸张之作"。

"阿诺德论诗歌"指的是马修·阿诺德的《批评二集》。菲茨杰拉德在这本书上题写了"献给希拉，带着爱（和注解）"，并指引她阅读关于华兹华斯和济慈的文章。他给书中阿诺德的一句话打上了引号：

> 然而，我坚信，在莎士比亚和弥尔顿之后——因为他们的诗歌价值已得到全世界的认

可——自伊丽莎白时期至今，毫无疑问，华兹华斯的诗歌在英国文学中是最值得重视的。

在该页空白处他写道：

> 这个句子，以及随后的评论，是知名的批评话语。它为什么会被视为权威评价并获得广泛认可，还是维多利亚时代中期的一个谜——但它影响了每个人。我认为济慈要比他更值得重视，但这只是我个人的观点，也许是错的，因为这个该死的句子太直率了。*F. S. F.*

然而，"一人大学"并不是阿诺德式的"世界上最优秀的知识和言论"[1]的试金石。它还包含了真正的学问。斯科特解释了《伊莎贝拉》是如何从薄伽丘改编过来的，并在文本细节方面显得信手拈来。在送给她的那本 1910 年牛津版《约翰·济慈诗集》中，他在《冷酷的妖女》一诗的页边空白处写下"这个糟糕的版本出自利·亨特之手"，以及"见

1　阿诺德在其著作《文化与无政府状态》（1875 年）的序言中对文化的著名定义。

下方",指明了他更喜欢的一个不同版本。[1]

　　课程中也不乏一些戏谑模仿之处,比如菲茨杰拉德会用冷酷的硬汉小说语言改写《希腊古瓮颂》,然后潦草地写在帕尔格雷夫的《英诗金库》封底内页,送给自己的金发情人:

　　他们挖出一个希腊罐子

　　她简直像新的一样!想想它被埋了多久。从中我们可以了解到很多历史知识——关于古代历史上的乡巴佬,比从任何关于他们的诗歌中了解到的都要多。罐子上面的图案一定是讲述了某个故事——也许是关于他们的神,或者只是关于普通人——关于一个叫腾坡的乡下地方的生活。也可能是在阿卡狄谷地。这些追逐少女的家伙要么是神,要么只是普通人——罐子上没有名字。他们肯定是在追求她们,而那些少女正试图逃躲。瞧,这些家伙有一个风笛,或者是一个双簧管,他们要去城镇里,

1 《冷酷的妖女》最早发表于利·亨特主编的《指示者》。该诗此版本开头为"喂,是什么让你苦恼,可怜人",自 1819 年 4 月 21 日济慈在致弟弟及弟媳的日记式长信中首次写下该诗始,一直以来有许多不同的版本出现,而菲茨杰拉德更喜欢这个版本。

等等。

在他送给她的那些书中，这并不是唯一的济慈
式题词。在她的那本《美丽与诅咒》卷首衬页空白
处，也有一句出自《希腊古瓮颂》的亲笔题词：

> 献给从几乎被诅咒到美丽的人。
> "怎样的逃躲。"
> 带着
> 斯科特·菲茨杰拉德
> 对希拉·格雷厄姆的爱
> 1940 年新年之际。

*

在作家生命最后一年的某个傍晚，他们沿着好
莱坞大道散步。他像往常一样轻声朗诵着一首诗。
他熟知很多经典诗歌。当时他们刚参加完一部新电
影的试映，正在返回停车场的路上。他们碰巧路
过一家小商店，外面有一个牌子："制作自己的唱
片——听自己说话。"

在磁带录音机问世之前，人们可以利用专门设备，通过麦克风直接把声音自动录制到铝盘上，然后可以在任何留声机上以七十八转每分钟的速度播放。正如威尔考克斯-盖伊唱片录音机的芝加哥供应商发布的广告所暗示的那样，这些自己动手录制的唱片经常被用来制作情人节讯息。威尔考克斯-盖伊唱片录音机于 1939 年问世，据报道，该型号在生产的第一年就卖出了二点五万台。

弗·斯科特·菲茨杰拉德和希拉·格雷厄姆走进好莱坞大道上的录音商店。设备一调试好，他就凭记忆背诵了三段诗歌。他从约翰·梅斯菲尔德的双十四行诗 [1]《渐老》的前半部分开始背起。此时的菲茨杰拉德才四十出头，但酒精、肺结核、动荡婚姻和不稳定生活的蹂躏，让他觉得自己正在渐渐老去，终有一死。几年前，他曾独自一人在米高梅电影公司的员工餐厅吃午饭。当时在场的格鲁乔·马克思对他的印象是"一个病态的老人——不是什么有趣的家伙"。

---

1 double sonnets，由两段十四行诗组成，全诗共二十八行。——编者注

他开始对着麦克风说话，声音柔和而低沉，如催眠一般：

和我在一起吧，美人，因为火焰快要熄灭了；

我的狗和我都老了，老得不能四处游荡了。

他年轻的激情让浪花飞扬，

很快就会因为太弱而不能前进，太冷而不能爱。

我拿起书，聚到火旁，

变老的黄叶；每一分钟的

时钟在我的心上嘀嗒作响。一根枯萎的线，

拨动着钢琴上微弱的音乐幽灵。

我不能在你的海洋中航行，我不能徘徊

你的玉米地，你的丘陵，你的山谷

永远不会再来，也不会参与那边的战斗

受伤的骑兵中队的年轻骑士集结的地方。

只在我的思绪还在的时候保持安静

火之美源于余烬之美。

在最后一行重复"美"的时候，菲茨杰拉德的声音里有一种哽咽的感觉，几乎让人窒息，仿佛在自己生命的余烬中，他正试图让年轻时的美好时光重燃。

　　梅斯菲尔德是英国的桂冠诗人。出生在维多利亚时代的他，年轻时曾是一名水手，在20世纪爱德华时代的第一个十年发表了《海之恋》一诗，并因此闻名于世："我定要再次到海上，去领受那海天的寂寞苍凉／我要的是一只大船和一颗星星指航。"和他那个时代的几乎所有主要诗人一样，梅斯菲尔德也崇拜约翰·济慈。他甚至为权威学术版的济慈作品集撰写了导言。《渐老》的基调和语言无疑是济慈式的：提及美（Beauty）时首字母大写，死亡和消逝的感觉（"微弱的音乐幽灵"），失去自由的感觉，对宁静和回忆的渴望，灯光的游戏，就像火上的余烬，闪烁着微弱的光芒，回应着他年轻时航行在海上的那颗明亮的星星。

　　这一切深深地触动了菲茨杰拉德。正如梅斯菲尔德在这首双十四行诗的第二部分感叹的那样，作为一个年迈的作家，他不能分享强者的力量、富人的财富，或年轻人的优雅。他已经离开了"这个闪耀的时尚世界"，但如果美能够从那个失去的世界给他留下"智慧和激情"，那么"尽管黑暗即将来临"，"即使是黑夜也会像玫瑰一样绽放"。菲茨杰拉德没有朗读这首双十四行诗的第二部分，可能是因为他没有完全记住它。此外，唱片六分钟的时长容量，他已经用了一分十一秒，所以换了另一个喜欢的内容。他开始复述曾在好莱坞大道温暖的夜空下朗诵的诗句：

> 我的心疼痛，困倦和麻木使神经
> 痛楚，仿佛我啜饮了毒汁满杯，
> 或者吞服了鸦片，一点不剩，
> 一会儿，我就沉入了忘川河水：
> 并不是嫉妒你那幸福的命运，
> 是你的欢乐使我过分地欣喜——
> 想到你呀，轻翼的林中天仙，
> 你让悠扬的乐音
> 充盈在山毛榉的一片葱茏和浓荫里，
> 你放开嗓门，尽情地歌唱着夏天。

> 哦，来一口葡萄酒吧！来一口

长期在深深的地窖里冷藏的佳酿！
尝一口，就想到花神，田野绿油油，
舞蹈，歌人的吟唱，欢乐的阳光！
来一大杯吧，盛满了南方的温热，
盛满了诗神的泉水，鲜红，清冽，
还有泡沫在杯沿闪烁如珍珠，
把杯口也染成紫色；
我要痛饮呵，再悄悄离开这世界，
同你一起隐入那幽深的林木：

远远地隐去，消失，完全忘掉
你在绿叶里永不知晓的事情，
忘掉这里的疲倦，病热，烦躁，
这里，人们对坐着互相听呻吟，
瘫痪病颤动着几根灰白的发丝，
青春渐渐地苍白，瘦削，死亡；
这里，只要想一想就发愁，伤悲，
绝望中两眼呆滞；
这里，美人保不住慧眼的光芒，
新生的爱情顷刻间就为之憔悴。

从朗诵录音中，你可以感觉到他在品味着每一个词，在把握着诗歌的抑扬格节奏。他非常注意"purple-stainèd"（染成紫色）最后一个音节中的额外节拍。由于是凭记忆背诵，他犯了几个小错误：把"as though"读成了"as if"，把"One minute past"读成了"A moment since"，把"draught"读成了"drop"，把"sunburnt"读成了"sunbeam"，在第二节的结尾漏掉了"and leave the world unseen"，把"quite forget"读成了"fast forget"。在第三节朗读到一半的时候，他似乎被街上的警报声分散了注意力。于是，即将逝去的青春由"pale, and spectre-thin"变成了"dumb and fever-thin"，然后，菲茨杰拉德直接跳到了这一节的最后几行，不过读得很混乱，"And new love cannot live beyond tomorrow"——片刻犹豫后又修正说——"or beauty cannot live"，他的声音有种渐行渐远的感觉。

　　然后他停了下来，记忆之索解开了。是因为注意力被转移，还是因为发现济慈不仅在谈论他本人对死亡的感觉，更不可思议地预测到菲茨杰拉德担心自己对希拉·格雷厄姆的新爱不能长久，从而感到不知所措？他在自己小说中试图捕捉的美——其中一部小说躺在他公寓里的工作台上，被指责是半成品——也会消失吗？和梅斯菲尔德一样，关于美终将逝去的想法令他陷入沉默。

铝盘上还有三分钟的空间。他没有继续朗读《夜莺颂》，而是将记忆转向了最伟大的作家，济慈的诗神——威廉·莎士比亚。奥赛罗受到指控，于是向威尼斯元老们发表演说，为自己辩护。这一次，菲茨杰拉德以一种洪亮的、演员般的声调开始了朗诵："威严无比、德高望重的各位大人……"他继续朗读，尽管偶尔读错一两句，他变得滔滔不绝起来，开始融入奥赛罗的角色中，讲述了"一段质朴无文的"，关于他的"恋爱的全部经过的故事"，"总是问起过去生命中的历史"，他声称，自己用以赢得爱情的唯一妖术，就是编织一张神奇的魔法文字之网。菲茨杰拉德懂得如何用优美的语言来吸引漂亮的女人。他也知道，就像《奥赛罗》中的婚姻那样，自己的婚姻可能也会以悲剧收场：泽尔达的精神分裂症越来越严重，她仍然被关在遥远的北卡罗来纳州阿什维尔的高地医院里。她已经病了八年，进进出出高地医院无数次，通过电击疗法和胰岛素治疗，病情不但没有好转，反而恶化了，于是她住在疗养院中央大厦顶层一间上锁的房间里，在镇静剂的作用下才能睡着——尽管她一直是自愿入院的病人。那天晚上她去参加了医院的舞会。据当时在舞会现场的一位朋友的朋友说，她的头脑"非常清醒"，而且"她很有魅力，优雅、迷人"。那天晚上十一点半，厨房里起火了。火势沿着送饭菜的小升降机井向上蔓延开来。三天之后，根据泽尔达房间的位置、"她的牙齿记录和烧焦尸体下一只烧焦的拖鞋"，她的遗体才被辨认出来。死亡证明上说，她是被困在着火的大楼里窒息而死的。

*

斯科特把录音盘送给了希拉。这张铝盘，连同他的手稿一起，保存在她遗赠给普林斯顿大学图书馆的收藏中。她在录音盘正中央题写道："一个新的、更好的巴里摩尔"（约翰·巴里摩尔是美国最著名的莎士比亚戏剧演员）。多年后，在菲茨杰拉德去世之后，她再次听了这张录音盘，并"惊讶于他那深沉的专业语调，要比现实生活中低沉得多"。其中让她印象尤其深刻的是济慈。梅斯菲尔德是序曲，而奥赛罗是尾声。

济慈的名字并非真的写在水上。只要一读他的诗，它就会鲜活起来。他对塞汶说了最后一句遗言，但他的文字声音在所写的信中一直流传。多亏了这张铝盘，斯科特·菲茨杰拉德的真实声音才得以留存。也多亏了互联网，我们才可以聆听到他朗诵的《夜莺颂》开头部分。

"我的心疼痛，困倦和麻木使神经 / 痛楚……"

现在就去吧，去听一听吧。[1]

1　听过之后，读者可能进而想观看四部再现济慈与菲茨杰拉德世界的精彩电影，它们都包含了许多真实的细节，以及司空见惯的好莱坞式添枝加叶：《明亮的星》（2009 年），导演简·坎皮恩对济慈与芳妮·布劳恩之间恋情的演绎；《痴情恨》（1959 年），由格利高里·派克和黛博拉·蔻儿主演，改编自希拉·格雷厄姆的第一本书，忠实再现了她与斯科特·菲茨杰拉德之间的婚外情；伍迪·艾伦导演的《午夜巴黎》（2011 年），是一部关于 20 世纪 20 年代身处巴黎的美国作家群体的幻想曲，汤姆·希德勒斯顿饰演菲茨杰拉德，凯西·贝茨根据格特鲁德·斯泰因对《了不起的盖茨比》的评价，对电影中斯泰因这一角色进行了精彩的演绎；以及，《天才捕手》（2016 年），片中珀金斯是一位富有远见的文学编辑，电影主要讲述了珀金斯（科林·费斯饰）和托马斯·沃尔夫（裘德·洛饰）的故事，但片中还出现了菲茨杰拉德，由盖伊·皮尔斯客串。根据菲茨杰拉德小说改编的电影没有一部完全令人满意：尽管罗伯特·雷德福和米娅·法罗（1974 年，由杰克·克莱顿执导，弗朗西斯·福特·科波拉编剧）以及莱昂纳多·迪卡普里奥和凯瑞·穆里根（2013 年，由巴兹·鲁赫曼改编并执导）都做出了最大的努力，两部《了不起的盖茨比》电影仍难尽如人意。

后记

济慈："我认为我死后将跻身英国诗人之列。"

马修·阿诺德："他与莎士比亚同在。"

菲茨杰拉德："我进入英语文学史的愿望即将实现。"

菲茨杰拉德的遗体被安放在皮尔斯兄弟殡仪馆的威廉·华兹华斯室，这是一家位于洛杉矶市中心并可以提供全方位服务的殡葬公司。仅有少数几个朋友前来悼念。多萝西·帕克就是其中之一；她第一次见到斯科特和泽尔达，是目睹他们在一辆出租车的车顶上，当时正值他们在纽约最辉煌的日子。看着这位饱受酒精蹂躏的失败编剧经过防腐处理的尸体，以及他被殡葬员涂了腮红的脸颊，她脱口而出猫头鹰眼镜男在参加者寥寥的盖茨比葬礼上的那句话："这家伙真他妈的可怜。"[1]至少斯科特现在勉

---

1 在接受《巴黎评论》（1956 年夏）"小说的艺术第 13 期"采访时，帕克证实她确实说过这句话，这是她当时的真实感受，而不是什么俏皮话。

469

强跻身英语诗人之列了。

但是，在济慈去世两百年后，在菲茨杰拉德成为爵士时代的代言人一百年后，我们为什么还要继续阅读他们的作品呢？[1]

他们不属于我们这个时代。在济慈的作品中，女性更多的是客体而不是主体。在菲茨杰拉德的小说中，有一种令人厌恶的种族主义——尽管丑陋的汤姆·布坎南对此表达得最为强烈——并且有一种美化财富的倾向。海明威对菲茨杰拉德的小说《阔少爷》做过有力的反驳——"让我把富豪的情况告诉你吧。他们跟你我不一样"——"是的，他们有更多的钱"。不过，菲茨杰拉德该段接下来的内容，并没有体现出海明威所指责他的对富人的"浪漫敬畏"：

1　巧合的是，济慈于 1821 年去世，菲茨杰拉德则在 1921 年恰好达到济慈去世时的年龄，而这本关于两人平行人生的书则将于 2021 年出版。菲茨杰拉德 1922 年的短篇小说集似乎是最早使用"爵士时代"这一短语的，尽管报纸早在 1920 年末就开始谈论爵士时代的生活了。在《爵士时代的故事》目录部分所附注释中，菲茨杰拉德谈到了故事《五一节》："这个不太愉快的故事，曾作为短篇小说发表在 1920 年 7 月号的《上流社会》上，讲的是前一年春天发生的一系列事件……在生活中，这些事件彼此毫不相干，但有一个共同点，那就是开启爵士年代的那个春天普遍流传的歇斯底里情绪。"

他们出生就拥有财富并尽情享受，这在很大程度上塑造了他们，让他们在我们激愤严厉时宽容温和，在我们深信不疑时玩世不恭。除非你也是含着金汤匙出生的，否则很难理解这些东西。从心底里，他们就自认比我们优越，因为我们必须得为自己寻找生活的补偿物与庇护所。哪怕家道中落，或是沦入比我们更糟的境地，他们仍然会认为自己要比我们强。

他给海明威的回答是，只有那些既有魅力又有名望的富人才能让他着迷。当他说自己本质上是个马克思主义者时，这并非完全在开玩笑——他给年轻作家的建议是阅读马克思和托尔斯泰。他的准马克思主义之处在于，他认识到我们的阶级地位深刻地塑造了我们作为人类的潜能，这是他很早就学到的一课，当时他清楚地意识到，他不具备合适的社会素质，不适合他所爱的女孩。

普鲁塔克在《希腊罗马名人传》中进行比较的目的之一，是让读者思考"希腊人"和"罗马人"的习惯、美德和恶习之间的异同。例如，在比较亚西比德和科里奥兰纳斯两位伟大的战士时，他将前者希腊同性恋式的挥霍与后者罗马式的厉行节俭进行了对比。但他所写的都是将军和政治家。在文艺复兴时期及以后，他的研究对象被解读为具有缺陷的公共服务的典型。人们理所当然地认为，领导者应该对其态度和行为负责。但诗人和小说家不是公务员。文学传记因此应该区别于普鲁塔克式的政治传记。如果济慈的信念是正确的，即"消极能力"创造了"特别是文学成就"的品质，那么作为文学传记作家，我们应该克制来自自己时代的假设，转而努力证明我们的主题是"随我们的脉搏而动的"，就好像我们"和作者走的是同一条路"。

消极的传记将会让其他作家停留在历史偏见带来的罪恶和痛苦上。如何对待菲茨杰拉德的种族主义，我们只能说，要像 W. H. 奥登对待 W. B. 叶芝同情法西斯主义那样，

> 时间对勇敢和天真的人
>
> 可以表示不能容忍……
>
> 却崇拜语言，把每个
>
> 使语言常活的人都宽赦……
>
> 时间以这样奇怪的诡辩

原谅了吉卜林和他的观点，

还将原谅保尔·克劳德[1]，

原谅他写得比较出色。

当然，吉卜林是一个帝国主义者；保罗·克洛岱尔是法国天主教诗人和剧作家，他的右翼观点臭名昭著。所幸，纳粹德国和苏联促使菲茨杰拉德最终放弃了共产主义。"这里的同志们处境艰难，"他在好莱坞左翼主义的温床上写道，"我们的政党路线是让国家社会主义（纳粹主义）征服我们，然后以某种方式从希特勒贫瘠的乳头中挤出马克思主义！"

为什么我们现在要继续阅读济慈和菲茨杰拉德？因为他们以语言为生，因为他们写就了优秀的作品。因为主要的"平行"之处是，他们在一个终有一死的世界里创造了美的文字并留下了美的印记。菲茨杰拉德以自己所处时代的编年史家而闻名，他将这个时代称为"爵士时代"，但他不像社会学家或历史学家那样去记录一战后席卷美国的文化变迁，

1　即保罗·克洛岱尔。此处译文出自 2020 年人民文学出版社出版的《穆旦译文集》，穆旦译，故作保留。——编著注

而是试图用小说来捕捉自己的世界。[1]他最初的理想是成为一名诗人，虽然他的诗歌水平很糟糕，但他的散文比同时代的人更富有诗意。他从济慈那里学到，诗歌的目的不是对权力说真话，而是对美说真话，这样做是为了证明，艺术可以死里逃生。

济慈深受一位诗人的影响，这位诗人在其所处的时代广受欢迎，他就是爱尔兰抒情诗人托马斯（汤姆）·穆尔。然而，两百年后，济慈仍然能给人们带来快乐，穆尔却几乎被世界遗忘殆尽。恒久，即死亡不灭的表达能力，使济慈成为"经典"。在菲茨杰拉德看来，传记是最虚假的艺术，因为"在济慈之前没有济慈崇拜者"，他的意思是，我们对济慈成长的了解，将永远被我们对他如何成为作家及对其命运遭遇的了解所遮蔽。但经典地位只能在死后被授予：济慈的不朽是由他之后的济慈崇拜者创造的，菲茨杰拉德本人就是其中之一。

和济慈一样，菲茨杰拉德去世时，他的作品受

---

1 这并非说菲茨杰拉德的所有作品，无论是小说还是非小说，都没有直接或间接地对这些变化表达出深刻见解——事实上他是有的，关于这一点，大卫·S.布朗在关于菲氏的最新传记《失去的天堂：弗·斯科特·菲茨杰拉德的一生》（2017年）中，做了最具启发性的阐述。

到忽视，但在死后却成为经典——这在很大程度上归功于其朋友"邦尼"威尔逊对他作品进行的策划和举办的纪念活动。在菲茨杰拉德的有生之年，他敏锐地意识到，有许多当代作家比他拥有更广泛的读者群。他很羡慕那些当时很成功，但如今几乎被人们遗忘的小说——比如迈克尔·阿伦的《绿色帽子》（1924年），或者罗伯特·基布尔的畅销书《名字叫彼得的西门》（1921年）。具有讽刺意味的是，后者之所以广为人知，是因为汤姆·布坎南与情人做爱时，尼克·卡罗威正在隔壁翻阅这本书，他觉得写得太糟糕了，难以卒读。其实，基布尔并非人们想象中的那样一个糟糕作家。但他的小说缺乏菲茨杰拉德的光芒和沉着；从结构上看，他的小说是松散的，而《了不起的盖茨比》则因其对称性和对比性，具有形式上的美感。第二章中，汤姆和默特尔在纽约那间憋闷的小公寓里喝威士忌、做爱，与此场景相对应，第五章中，盖茨比和黛西在尼克租的长岛那间饰以鲜花的小屋里喝茶、谈情说爱。

这一次，尼克没有借助一部口碑欠佳的小说来掩饰自己，而是走进花园，凝视着盖茨比的别墅，用他自己的话说，就像伊曼努尔·康德凝视着教堂尖塔那样。[1] 在世俗与神圣的并置中，有一种刻意的讽刺，这是以尼克为代价的，但与此同时，尼克正在接近一种神圣的暗示，思考比低俗的通奸关系更崇高的事情。对康德而言，在他的《判断力批判》中，真正无私的事物是美，它存在于一个与道德分离的领域。济慈是一位康德主义者，尽管只是在某种程度上，他在信中写道："任何一门艺术的卓越之处都在于强烈的震撼，它能够让所有不尽如人意的东西因贴近美与真而烟消云散。"美即是真，真即是美：这个对称的句子是那首诗的高潮之处。菲茨杰拉德说，他已经读了无数遍，被那不能承受之美所征服。

艺术有时是进步的使女，有时是压迫的工具，但呈现在伟大艺术中的美，也可能是逃避生活中"不愉快事物"的避难所。济慈那首最长诗的开篇就

1　菲茨杰拉德创作《了不起的盖茨比》时，报纸和杂志正在庆祝康德诞辰二百周年；1924 年 4 月 30 日，著名哲学家约翰·杜威的一篇题为《两百年后的康德》的文章发表在《新共和》杂志上，紧跟在菲茨杰拉德的朋友埃德蒙·威尔逊撰写的那篇关于范怀克·布鲁克斯和斯科特·菲茨杰拉德的《想象对话》之后。菲茨杰拉德主要通过赫伯特·欧内斯特·库什曼的《哲学导论》（1911 年）第二卷第十章及第十一章了解康德的思想及其对浪漫主义的影响，这本书是他在普林斯顿上"哲学 301"这门课时购买的，后来送给希拉·格雷厄姆作为"一人大学"教科书。

是这种信念的宣言：

> 美的事物是一种永恒的愉悦：
> 它的美与日俱增；它永不湮灭，
> 它永不消亡；为了我们，它永远
> 保留着一处幽境，让我们安眠，
> 充满了美梦，健康，宁静的呼吸。

以上诗句体现了他们所说的美。它们经由诗歌手法达到了和谐的效果，这些手法由济慈在自己的颂诗中做了进一步完善：中间韵（如：loveliness/nothingness; still/will），半谐韵（如：increases/pass），咒语式的重复（如：and/and/and）。由于患有肺结核，济慈的健康每况愈下，"宁静的呼吸"对他来说越来越困难。对美的梦想，在他的想象中根植，在他的诗歌和信件中释放，给了他精神上生存的希望，即使他年轻的身体正在腐烂。

"今天早晨吃早餐时，我倍感孤独，"他在怀特岛给弟弟们写信说，"所以我打开箱子取出一本莎士比亚的书——'这是我的慰藉'。"这句话出自《暴风雨》中的一个片段，当时，醉醺醺的管家斯丹法诺手里正拿着一瓶从海难中打捞出来的葡萄酒。对于济慈来说,莎士比亚的美提供了酒之外的另一种释放方式。菲茨杰拉德因酗酒而自我毁灭,但当他陷入酗酒和疾病之中时,他与希拉·格雷厄姆分享的书仍然给他以慰藉。其中,最珍贵的是他钟爱的济慈。对两位作家来说,阅读是孤独的良药,是对抗绝望的强心剂。

两百年前,约瑟夫·塞汶在西班牙大台阶旁的房间里目睹了朋友的离世。如今,关于健康的旧定论——流行病之后的个人健康、不平等时代的社会健康,以及前所未有的生态变化时代的自然世界健康——正面临"消失殆尽"的威胁。在全球所面临的各种诅咒的阴影下,济慈的诗歌和菲茨杰拉德的小说变得愈发可爱。他们美丽的作品也许不会万世长存,但在黑暗时期,他们至少可以带来片刻的欢愉。

希拉·格雷厄姆说,斯科特一直讨厌加州,不希望被葬在那里;他的遗体由火车运到了东部马里兰州的罗克维尔,那是他父母晚年居住的地方。因为不信奉天主教,所以他无法以天主教方式安葬。

女儿斯科蒂和约二三十位朋友参加了他的圣公会葬礼，之后他就安葬在这里。根据斯科蒂的建议，也出于对泽尔达的尊重，希拉留在了加州，而泽尔达由于健康状况欠佳，未能参加葬礼。

致谢

作家先是读者，再是作者。作为莎士比亚的
读者，自从选修了一门关于浪漫主义诗人的本科课
程之后，我便对这一现象产生了兴趣。课程的中心
是约翰·济慈的形象，济慈相信，即便是在艰难时
期，在贫困与疾病中，他仍会赞同威廉·哈兹利特
的观点，即"莎士比亚对我们来说已经足够了"。受
到济慈和哈兹利特的启发，这个观点成为我博士论
文和前两本书的主题。感谢已故的约翰·比尔和利
奥·塞林格，是他们促使我走上了这条路。

在把济慈式的"消极能力"作为阅读莎士比亚
作品的试金石后，最近，我发现自己反复在问自己
这样一个问题：莎士比亚影响了济慈，而济慈又影
响了谁？这个问题的答案，部分受到我搬去美国的
启发——为此我要感谢亚利桑那州立大学的新同事
们——这让我有机会重新阅读了这位我喜爱的美国
小说家，同时也意识到他那济慈式的想象力是多么

深刻，这是我以前从未注意到的。可以说，本书中的影响研究是一脉相承的，它可以追溯到我的学术起源时期，我也打算以本书为我作为一个纯粹的文学传记作家和评论家的身份画上一个句号。之后，我将更加持续地关注更为广泛的一些问题，这种关注始于拙作《浪漫主义生态学：华兹华斯与环境传统》和《大地之歌》，在这两本书中，通过阅读气候变化时代的济慈和他的浪漫主义同伴们的作品，我探索了更为广泛的问题。

我由衷地感谢本书的以下阅读者：宝拉·伯恩，书稿一如既往的第一位和最后一位读者；梅尔夫·埃姆雷，我在牛津大学伍斯特学院的优秀同事；本书两位优秀的编辑，威廉·柯林斯出版社的阿拉贝拉·派克和耶鲁大学出版社的詹妮弗·班克斯；以及两位耶鲁的匿名读者。乔·汤普森对本书的出版做了悉心指导。在特雷西·博翰的大力支持下，安德鲁·怀利简直就成了我的哈罗德·奥伯。

本书的问世还离不开我的选题编辑、评论家，以及之前的传记作家们付出的工作，尤其是米里亚姆·阿洛特、约翰·巴纳德、沃尔特·杰克逊·贝特（与我没有血缘关系，虽然他在哈佛教我）、济慈传记作家克里斯托弗·里克斯和尼古拉斯·罗伊；菲茨杰拉德传记作家马修·J.布鲁科利、莎拉·丘奇韦尔、詹姆斯·L.W.维斯特三世和埃德蒙·威尔逊。在此还要特别感谢利物浦大学英语系，正是在那里担任阿尔弗雷德国王英国文学教授的十三年里，我学会了如何将教学与研究转化为写作，使其不仅能被学生读懂，也能被学术圈之外的文学爱好者读懂。

乔纳森·贝特的其他作品

《激进的华兹华斯：改变世界的诗人》

《经典如何塑造莎士比亚》

《特德·休斯：诗歌与生活》

《莎士比亚的英国》（与多拉·桑顿合著）

《莎士比亚的世界》（与多拉·桑顿合著）

《英格兰文学：通识读本》

《莎士比亚：时代灵魂》

《约翰·克莱尔传》

《大地之歌》

《莎翁文采》

《莎士比亚与奥维德》

《浪漫主义生态学：华兹华斯与环境传统》

《莎士比亚的构成：政治、戏剧与批评（1730—1830）》

《莎士比亚与英国浪漫主义想象》

编著类

《阿登版莎士比亚：泰特斯·安德洛尼克斯》

（初版及修订版）

《压力与减压：舒缓心灵的经典诗歌》（合编）

《牛津大学伍斯特学院》（与杰西卡·古德曼合编）

《皇家剧院版莎士比亚合著作品集》（合编）

《人文学科的公共价值》

《皇家剧院版莎士比亚独著作品集》

（与埃里克·拉斯穆森合编，34 卷）

《皇家剧院版莎士比亚全集》

（与埃里克·拉斯穆森合编）

《约翰·克莱尔诗选》

《图解莎士比亚舞台史》（与拉塞尔·杰克逊合作）

《浪漫主义者论莎士比亚》

《查尔斯·兰姆：伊利亚随笔与续笔》

导读类

《拜伦勋爵》

《暴风雨：一部由朱莉·泰莫执导的电影》

《安德鲁·马维尔：诗歌全集》（企鹅经典）

《泰特斯：一部由朱莉·泰莫执导的电影》

创作类

《牧羊人的小屋》(诗歌)

《成为莎士比亚》(西蒙·卡洛的独角戏)

《爱情的治愈》(小说)

图书在版编目（CIP）数据

我可以近乎孤独地度过一生 / (英) 乔纳森·贝特著；
孙峰译. -- 北京：九州出版社，2024.10.（2025.1重印）-- ISBN
978-7-5225-3268-4

Ⅰ．K835.615.6；K837.125.6

中国国家版本馆CIP数据核字第202456DQ92号

BRIGHT STAR, GREEN LIGHT

Copyright©2021, Jonathan Bate

著作权合同登记号：01-2024-3969

我可以近乎孤独地度过一生

作　　者	［英］乔纳森·贝特　著　孙　峰　译
责任编辑	牛　叶
出版发行	九州出版社
地　　址	北京市西城区阜外大街甲35号（100037）
发行电话	（010）68992190/3/5/6
网　　址	www.jiuzhoupress.com
印　　刷	河北中科印刷科技发展有限公司
开　　本	880 毫米 × 1092 毫米　　32 开
印　　张	15.5
字　　数	229 千字
版　　次	2024 年 10 月第 1 版
印　　次	2025 年 1 月第 2 次印刷
书　　号	ISBN 978-7-5225-3268-4
定　　价	88.00元